Schilling
Jugend- und Freizeitarbeit

Johannes Schilling

Jugend- und Freizeitarbeit

Luchterhand

CIP-Titelaufnahme der Deutschen Bibliothek

Schilling, Johannes:
Jugend- und Freizeitarbeit / Johannes Schilling. – Neuwied ;
Berlin ; Frankfurt am Main : Luchterhand, 1991
ISBN 3-472-00674-9

Einband: László Szírmai
Satz: Fotosatz Froitzheim, Bonn
Druck: Plump KG, Rheinbreitbach
Printed in Germany, März 1991.

Inhalt

Einleitung

Quo vadis Jugendarbeit? So hätte man auch den Titel dieses Buches wählen können. Ist Jugendarbeit ein Arbeitsfeld der Sozialarbeit, dem die Aufgabe übertragen wurde, mit ausländischen, arbeitslosen, drogenabhängigen, alkoholsüchtigen, aidsgefährdeten, aggressiven, spielsüchtigen etc. Jugendlichen zu arbeiten? Soll sie Aufgaben sozialer Integration übernehmen? Für alle Probleme der Gesellschaft im Bereich von Kindern und Jugendlichen zuständig sein? So etwa sieht der Trend vor allem in der Offenen Jugendarbeit kommunaler Träger aus.

Ist Jugendarbeit die Vertretung der politischen Interessen Jugendlicher? Soll sie sich für den Frieden in Nicaragua, Kambodscha, Angola etc.; für die Aussöhnung mit Polen; für eine gerechtere Verteilung der Entwicklungshilfe etc. einsetzen; für Abrüstung kämpfen; engagiert für den Umweltschutz eintreten? So etwa sieht der Trend in der Arbeit der Jugendverbände aus.

Was ist Jugendarbeit? Um diese Frage geht es in diesem Buch. Es wird der Versuch unternommen, den Begriff Jugendarbeit von ihrer eigentlichen Idee, ihrem Selbstverständnis her zu entwerfen. Jugendarbeit soll als das dargestellt werden, was sie in der Geschichte und Theorie eigentlich sein sollte. Diese Grundidee (Real-Utopie) muß zunächst herausgearbeitet und in ihrer Wichtigkeit für den Lernprozeß der Kinder und Jugendlichen erkannt werden. Erst dann kann auch die Frage beantwortet werden: Wohin entwickelt sich die Jugendarbeit?

Jugendarbeit soll hier neben Familie und Schule als *dritte Lerninstitution* verstanden werden. Sie ist für den Sozialisationsprozeß von Kindern und Jugendlichen eine unabdingbare Forderung. Wenn aber Jugendarbeit eine dritte Lerninstitution ist, darf sie nicht als Arbeitsfeld der Sozialarbeit, sondern muß sie als Teil der Sozialpädagogik gesehen werden. Jugendarbeit arbeitet prophylaktisch, nicht metaphylaktisch.

Jugendarbeit geht von einem positiven Menschenbild aus. Jeder Mensch besitzt Fähigkeiten, Fertigkeiten, Können, die es gilt zu erkennen und zu fördern. Daß Jugendliche Probleme haben, ist kein Grund, sie als Defizit-Jugend zu etikettieren. Es ist auch falsch, Jugendarbeit in sozialen Brennpunkten oder in Rand- und Problemgruppen anzusiedeln. Von einer solchen Defizit-Pädagogik sollte man Abschied nehmen.

Jugendarbeit orientiert sich an den Bedürfnissen und Interessen Jugendlicher. Dies sind nicht in erster Linie – wie die Jugendverbände gerne den Eindruck vermitteln – politische Interessen. Für einen kleinen Teil Jugendlicher ist dies sehr wichtig, Jugendarbeit soll dieses Interesse auch nach außen hin forciert vertreten. Jedoch darf nicht übersehen werden, daß ein Grundbedürfnis Jugendlicher die Gesellung, die Geselligkeit ist. Jugendliche wollen etwas erleben und sich handelnd mit der Außenwelt auseinandersetzen, um sich selbst und ihren Platz in dieser Welt zu finden. Als Antwort auf dieses Bedürfnis Jugendlicher bietet sich die Geselligkeits- und Erlebnispädagogik für die Jugendarbeit besonders an.

Eine solche Pädagogik der dritten Lerninstitution kann nicht nur von ehrenamtlich tätigen Jugendlichen vermittelt werden. Hauptamtlich angestellte Jugendarbeiter werden notwendig, die eine sozialpädagogische oder ähnliche Ausbildung absolviert haben.

Das Buch bezieht zu diesen Themenbereichen eine engagiert deutliche Stellung und gibt Antwort auf diese Fragen. Diese eher allgemeinen und theoretischen Grundüberlegungen werden durch eher praktische Themen ergänzt. Welche Erwartungen und Forderungen sind an die Mitarbeiter zu stellen? Wie soll das personale Angebot aussehen? Welche Lösungsmöglichkeiten gibt es bei der Raumproblematik? Woher bekommt man Räume für die Jugendarbeit? Wie konzipiert man Kinderarbeit? Welche Informationen sind dafür wichtig? Welche Möglichkeiten bestehen in der Arbeit mit Jugendlichen? Welche Bedürfnisse haben sie? Dies sind die weiteren Fragen, die im praktischen Teil dieses Buches beantwortet werden sollen.

Es handelt sich hier also um ein Theorie-Praxis-Buch. Die theoretischen Grundlagen sind notwendig, um Jugendarbeit als dritte Lerninstitution zu orten, zu sichern und dem Jugendarbeiter dadurch Hilfe zur Selbstfindung und zur Identifikation mit seiner Arbeit zu geben. Erst wenn der Jugendarbeiter sich positiv in eine wie hier entwickelte Jugendarbeit einbringen kann, wird Jugendarbeit ihr Ziel erreichen und der Jugendarbeiter Freude an seiner Arbeit finden.

Ich habe diesem Buch den Titel gegeben *»Jugend- und Freizeitarbeit«*. Damit ist gemeint: Es geht um *Arbeit* und nicht nur um Pädagogik. Pädagogik vermittelt eher den Eindruck von Gefälle, Abhängigkeit. Gegen eine Pädagogisierung des Freizeitbereiches wehren sich Jugendliche mit Recht. Arbeit dagegen versteht sich als handelnde Auseinandersetzung mit der Welt. In diesem Prozeß sind Jugendliche und Jugendarbeiter Partner. Beide sind zugleich Lernende und befinden sich auf dem Weg zur Persönlichkeitsentfaltung, was u. U. ein hartes Stück Arbeit ist. Jugendliche und Jugendarbeiter wollen zusammenarbeiten, um die Gesellschaft zum Besseren zu verändern.

Freizeit-Arbeit besagt: Jugend-Arbeit findet in der Freizeit statt. Freizeit ist ein wesentliches Kriterium der Jugendarbeit. In Zukunft wird es sehr viel Arbeit mit der Freizeit geben. Die Freizeit wird für viele Menschen nicht nur ein Feld der Bewährung, sondern auch der Gefährdung.

Freizeitarbeit versteht sich auch als Abgrenzung zur *Freizeitpädagogik*.

Freizeitpädagogik ist eine Teildisziplin der Allgemeinen Pädagogik und innerhalb dieser wiederum ein neuer Teilbereich der Sozialpädagogik. Sozialpädagogik als Steuerungs- und Metapädagogik hat mehrere Ausbildungen; für den Bereich der Kinder und Jugendlichen speziell ausgewiesen: die Jugendarbeit. Aus der Tradition der Sozialpädagogik heraus ist Jugendarbeit ihr spezifisches Arbeitsfeld. Freizeitpädagogik dagegen bezieht sich auf alle Altersgruppen außerhalb der Jugendarbeit, wobei es Überschneidungen gibt. Jugendarbeit ist zwar Freizeitarbeit, Freizeitpädagogik ist jedoch nicht Jugendarbeit, sondern weiter gefaßt und bezieht sich auf all die nicht-kommerziellen Institutionen, die außerhalb der Jugendarbeit Freizeitangebote machen. Freizeitpädagogik und Jugendarbeit sind zwei eigenständige Bereiche der Allgemeinen Pädagogik und darin zugerechnet der Sozialpädagogik. Die Klärung dieser Begriffe ist wichtig, weil z.B. in Institutionen, Fachschulen und Hochschulen der früheren DDR Studiengänge in Jugendarbeit und Freizeitpädagogik angeboten werden, bei denen ein anderes Verständnis der Begriffe vorausgesetzt wird, was zu Mißverständnissen in der Sache führen kann.

Ziel dieses Buches ist es,

- Jugendarbeit als dritte Lerninstitution und als Teilbereich der Sozialpädagogik herauszuarbeiten,
- Trägern von Jugendarbeit den prophylaktischen Charakter von Jugendarbeit zu verdeutlichen und sie zu motivieren, Jugendarbeit in diesem Sinne zu fördern,
- Jugendarbeitern einen Orientierungsrahmen für ihre Arbeit zu geben und ihnen Mut zu machen, sich für eine so verstandene Jugendarbeit zu engagieren,
- Kindern und Jugendlichen in der Jugendarbeit ein für ihre Persönlichkeitsentfaltung wichtiges Erlebnis- und Handlungsfeld zu erhalten und zu gestalten.

Quo vadis Jugendarbeit? Ich hoffe, Jugendarbeit findet den Weg zu einer anthropologisch begründeten, bedürfnisorientierten Jugendarbeit, die im präventiven Bereich der Sozialpädagogik als dritte Lerninstitution neben Familie und Schule eingebettet ist.

Bedanken möchte ich mich bei den vielen Kollegen, vor allem aus der früheren DDR, und Jugendarbeitern, die mich ermutigt haben, dieses Buch zu schreiben. Auch meiner Frau möchte ich für ihre positiven Anregungen, kritischen Anmerkungen und ihre intensive Unterstützung bei der Erarbeitung des Manuskriptes danken.

Donaueschingen, Januar 1991 — Johannes Schilling

1. Problem- und Lebenslage Jugendlicher

1.1. Problemskizze

»Unsere Jugend ist heruntergekommen. Die Kinder gehorchen den Eltern nicht mehr. Das Ende der Welt ist nahe.« *Ägyptischer Priester, 2000 vor Chr.*

»Diese Jugend ist von Grund auf verdorben, sie ist böse und faul. Sie wird nie wieder so sein wie die Jugend vorher. Ihr wird es nicht gelingen, unsere Kultur zu erhalten.« *Babylonische Tonscherbe, 1000 vor Chr.*

»Ich habe keine Hoffnung mehr für die Zukunft unseres Volkes, wenn diese Zukunft von der leichtfertigen heutigen Jugend abhängt. Denn diese Jugend ist von einer unerträglichen Unverschämtheit und will alles besser wissen. Als ich jung war, brachte man uns gute Manieren und Respekt vor den Eltern bei. Aber die Jugend von heute will immer recht haben und ist voll Widerrede.« *Hesiod, 700 vor Chr.*

»Die Jugend liebt heute den Luxus, sie hat schlechte Manieren, verachtet die Autorität, hat keinen Respekt vor älteren Leuten und plaudert, wo sie arbeiten sollte. Sie verschlingt bei Tisch die Speise, legt die Beine übereinander und tyrannisiert ihre Eltern.« *Sokrates, 470 bis 399 vor Chr.*

»Die Jugend gehorcht hauptsächlich körperlichen Bedingungen, unter denen das sinnliche Vergnügen eine besondere Rolle spielt. Allerdings dominiert auch das Ringen nach sozialer Stellung durch den Drang nach Überlegenheit. Dabei ist Jugend großmütig, weil sie vom Leben noch nicht gedemütigt worden ist, und sie ist voll Hoffnung, weil sie noch nicht enttäuscht wurde. Sie wird durch Konvention erzogen, nicht durch eigene Lebenserfahrung. Jugend zieht die Gesellschaft Gleichaltriger allem anderen Umgang vor. Für die Jugend ist die Zukunft lang und die Vergangenheit kurz. Sie beurteilt nichts auf die Nützlichkeit hin. Alle ihre Irrtümer sind auf Übertreibungen zurückzuführen.« *Aristoteles, 384 bis 322 vor Chr.*

»Die junge Generation, die doch einmal so vielversprechend erschien, ist ein trauriger Haufen. Humor haben diese jungen Leute überhaupt nicht mehr. Sie protestieren immer nur gegen das, was sie für die etablierte Gesellschaftsordnung halten.« *Walther von der Vogelweide, 1160 bis 1227 nach Chr.*

»Ich selbst bin in letzter Zeit von soviel Eltern um Rat gefragt worden, die bekennen, daß sie nicht mehr wissen, wie sie ihre Kinder erziehen sollen; und die frühe Verderbnis der Jugend ist jetzt eine so allgemeine Klage geworden, daß es angebracht erscheint, diese Frage öffentlich zur Diskussion zu stellen und Vorschläge zur Besserung zu machen.« *John Locke, 1632 bis 1704 nach Chr.*

»Die deutsche Jugend ist völlig bindungslos, amoralisch und ohne Glauben. Ungeführt und bar jeglicher Motive ist sie den Verlockungen der Hysterie und Absurdität ausgesetzt. Sie empfindet keinerlei Loyalität, weder gegenüber sich selbst noch gegenüber der Gesellschaft. Sie ist wahrhaft nihilistisch. Wir werden einst von ihr hören, und es werden keine guten Nachrichten sein.« *E. Fromm, 1964 nach Chr.*

»Sie terrorisieren einander, sie streiten sich ununterbrochen . . ., sie vandalisieren das

Allgemeingut ..., sie scheinen unfähig, tiefere und anhaltende Beziehungen zu Menschen oder Sachen einzugehen, ihre Sprache ist arm und ... sie müssen ununterbrochen schreien.« *H. v. Hentig, 1977 nach Chr.*

Diese Zitate vermitteln den Eindruck: Die Jugend war schon immer problematisch. Zu allen Zeiten hat man über sie geklagt. Auch die Jugend unserer Zeit macht da keine Ausnahme. Dieser Gedankengang verleitet schließlich zu der Annahme: Jugend sei eine nach biologischen Gesetzen abgrenzbare Zeitspanne, die zu allen Zeiten und bei allen Menschen etwa gleich verläuft. Wenn diese These stimmt, haben all die Erwachsenen recht, welche die heutige Jugend mit der von früher vergleichen und dabei zu dem Schluß kommen: Die heutige Jugend müsse mehr gefordert werden. Man müsse sie härter anfassen.

Jugendliche, aber auch Erwachsene, die in der Jugendarbeit tätig sind, kennen diese Vergleiche mit früher, die die Kommunikation untereinander nicht gerade erleichtern.

Ich möchte hier eine Gegenthese aufstellen und sie im folgenden zu belegen versuchen:

Jugend ist keine biologisch determinierte, nach festen Regeln ablaufende Zwischenzeit, sondern Jugend ist eine bio-kulturelle Prägung, d.h., jede Gesellschaft und damit auch jede Zeit prägt ihre Jugend. Ein Vergleich zwischen den Jugendlichen aus verschiedenen Zeiten ist nicht möglich.

Mit dieser These soll gesagt werden, daß das Jugendalter sowohl eine biologische als auch eine gesellschaftliche Ebene hat. Der gesellschaftliche Einfluß läßt sich z.B. sehr deutlich daran erkennen, daß entsprechend der Wirtschafts- und Arbeitsmarktlage die Phase des Jugendalters verlängert oder verkürzt wird, je nachdem, ob die Wirtschaft junge Arbeitskräfte benötigt oder nicht. Will man also Jugendliche richtig verstehen, und das ist die Voraussetzung für Jugendarbeit, so muß man das Jugendproblem in einen größeren Zusammenhang stellen und von daher erklären. Dies soll im folgenden geschehen, indem auf drei Problemfelder näher eingegangen wird: Gesellschaft – Freizeit – Jugend.

1.2. Gesellschaft – eine neue Tatsache

Margaret Mead arbeitet einen interessanten Bezug zwischen Jugend und Gesellschaft heraus.[1] Sie gliedert die Entwicklung der Gesellschaft in drei Stufen:

1. Stufe (postfigurative Kultur): Auf dieser Stufe geht der Wandel so

1 Vgl. M. Mead: Der Konflikt der Generationen Freiburg: Lambertus 1971.

langsam und unmerklich vonstatten, daß die Großeltern sich für ihre neugeborenen Enkel keine andere Zukunft vorstellen können als ihre eigene Vergangenheit. Das wesentliche Merkmal dieser Kulturstufe ist die physische Präsenz mindestens dreier Generationen.

2. Stufe (kofigurative Kultur): In dieser Zeit ist die ältere Generation durch verschiedene Umstände nicht mehr präsent, so daß die Mitglieder der Gesellschaft ihr Verhalten nicht nach den Vorbildern der Zeitgenossen ausrichten können. Da die Großeltern als Bezugsgruppe fehlen, werden die Zukunftserfahrungen des Kindes um eine Generation verkürzt und seine Bindung an die Vergangenheit geschwächt. Die unter solchen Bedingungen aufwachsende Generation muß neue Lebensformen suchen und erlernen, wodurch sie sich zu einer flexibleren Generation entwickelt.

3. Stufe (präfigurative Kultur): In den beiden erwähnten Stufen galt das Prinzip: die Zukunft ist im wesentlichen eine Erweiterung der Vergangenheit. Für die dritte Stufe gilt dies seit dem Beginn der industriellen Revolution und den darin abgelaufenen Wandlungsprozessen nicht mehr. Die neue Phase der Kultur ist einzigartig und ohne Parallele in der Geschichte. Für sie können die Eltern und Großeltern kein Vorbild sein, weil es für diese Phase keine Vorfahren gibt.

In den Sozialwissenschaften wird die Gesellschaft, in der wir heute leben, als eine offene, pluralistische Gesellschaft bezeichnet. In ihr werden auf offenem Markt sehr unterschiedliche Werte und Normen, nicht zuletzt über die Medien diskutiert und vertreten. Die in der Gesellschaft vertretenen Werte entsprechen vielfach nicht mehr denen in der Familie. Die Gesellschaft vertritt eigene Gesetzlichkeiten und Interessen wie z.B. Leistung, Rationalität, Konsum, Liberalität etc. Aufgrund der Andersartigkeit der Gesellschaft gegenüber der Strukturierung der Familie gerät nicht nur der junge Mensch in Rollen- und Normenkonflikte. Bereits dem Kleinkind wird es nicht leicht gemacht. Es muß sich in dieser Gesellschaft sehr früh einen eigenen Standpunkt suchen, sich sein Urteil bilden. Deshalb sind auch die Kinder gegenüber früheren Zeiten erheblich selbstsicherer und *sagen* frei heraus, was sie denken und fühlen, was früher die Erwachsenen vielleicht nicht einmal zu *denken* gewagt hätten.

Damit steht die moderne Jugend in einer neuen bis dahin unbekannten Situation, die man folgendermaßen umschreiben könnte:

»1. Das Heranwachsen in der Gesellschaft geschieht heute nicht mehr wie in konzentrischen Kreisen, sondern wie in sich überschneidenden Kreisen, die wohl immer noch ein Stück gemeinsam haben, deren Mittelpunkte aber weit auseinanderliegen können. 2. Die sogenannten ›primären‹ und ›sekundären‹ Gruppen innerhalb der Gesellschaft verlangen nicht nur je besondere Fertigkeiten und Verhaltensweisen, sondern auch je besondere Wertungen, Gesittungen und Gesinnungen. 3. Infolgedessen entsprechen auch die sozialen Rollen, die der einzelne zu spielen und in sich zu vereinigen hat, nicht bruchlos einander, sondern stellen an ihn bisweilen widersprechende Anforderungen. 4. Da in alldem die Identität der Person gewahrt werden soll, erfordert es die moderne Form sozialen Daseins, daß diese Identität sich gerade im Verschiedenen und Disparaten zur Geltung bringt, ohne sich in ihm zu verlieren.«[2]

Ebenfalls neu und ganz anders als zu anderen Zeiten ist, daß unsere Gesellschaft so kompliziert geworden ist, daß nicht mehr die Familie allein ihre Kinder darauf vorbereiten kann, in dieser Gesellschaft zu bestehen. Als erstes sprang die Schule ein und übernahm einen großen Teil der neuen Sozialisationsaufgaben. Jedoch blieb in unserer Leistungs- und Wohlstandsgesellschaft ein Bereich recht unbeachtet: *die Freizeit.* Zwar haben sich kommunale und freie Jugendpflege dieses Problems angenommen, doch wird ihre Bedeutung und Wichtigkeit in der Öffentlichkeit viel zuwenig erkannt. Deshalb soll auf dieses zweite Problemfeld eingegangen werden, das im Zusammenhang mit Gesellschaft – Jugend – Jugendarbeit zu sehen ist.

1.3. Freizeit – eine neue Tatsache

1.3.1. Freizeitumfang

Das Freizeitproblem kann man unter quantitativen und qualitativen Gesichtspunkten diskutieren. Unter quantitativem Aspekt gerät man vielleicht vordergründig zu der Auffassung, wir befänden uns auf dem Weg in eine »Freizeitgesellschaft«. Der Bundesbürger verfügt heute über 70 Prozent mehr freie Zeit als vor dreißig Jahren. Die disponible Freizeit ist von täglich 2,5 Stunden (1952) auf etwa 4,5 Stunden (1983) angewachsen. 1960 standen 261 Arbeitstagen 105 freie Tage gegenüber; 1985 wurde nur noch an 207 Tagen gearbeitet, 158 Tage waren frei. Für das Jahr 2010 rechnet man mit dem umgekehrten Verhältnis: 163 Tage Arbeit und 202 Tage Freizeit. Aufgrund der anhaltenden Verkürzung der Wochen-, Jahres- sowie Lebensarbeitszeit entwickelt sich die Freizeit innerhalb eines relativ kurzen Zeitraumes von einer »Restkategorie« des Zeitbudgets zu einem Lebensbereich, auf den sich die Orientierung der Individuen immer stärker konzentriert. Freizeit wird zu einem Bereich, in dem die Sinngebung des Lebens gesucht wird.

Es ist allerdings falsch, davon zu sprechen, alle Bewohner von Industrienationen oder speziell Deutschlands würden gleichermaßen in den verlän-

2 K. Mollenhauer: Einführung in die Sozialpädagogik. Weinheim: Beltz 1968, S. 26.

gerten Freizeitgenuß gelangen. Es hat eine entscheidende Umverteilung der freien Zeit stattgefunden, das heißt, die Arbeiterschicht, die früher kaum freie Zeit hatte, bekommt heute mehr arbeitsfreie Zeit, während diejenigen, die früher privilegiert waren, heute weniger freie Zeit veranschlagen können. Neu sind also die Umverteilung, das verlängerte Wochenende und der regelmäßige Urlaub. Alle drei Teile erzeugen, in bezug auf die Jugend gesehen, eine Reihe von neuen Problemen.

Als Resümee können wir festhalten: *Die Freizeit, wie wir sie heute erleben, ist eine noch nie dagewesene, völlig neue Situation und damit ein entschieden politisches wie pädagogisches Problem.*

1.3.2. »Sinnvolle« Freizeitgestaltung

Sieht man die Freizeit unter qualitativem Aspekt, so stellt sich das Problem recht kompliziert dar. Die Klagen der Erzieher über das Konsumverhalten, die Passivität und das Gammeln der Jugendlichen sind allen bekannt. Vorurteile, harte Vorwürfe werden über junge Menschen laut, weil sie nur Musik hören, vielleicht noch tanzen, ansonsten aber in Ruhe gelassen werden wollen; sie wollen sich zusammensetzen und diskutieren. Dieses Verhalten wird von Erwachsenen oft disqualifiziert, weil man das Nichtstun nicht für »sinnvoll«, nicht für »wertvoll« erachtet. Junge Menschen sollen ihre Freizeit »sinnvoll« verbringen.

Hier nun muß jedoch auf zwei Dinge eingegangen und vorab geklärt werden, was unter »sinnvoller Freizeitgestaltung« zu verstehen ist.

Zunächst ist zu klären, warum vielen Erwachsenen Gammeln, Nichtstun, verdächtig vorkommt, bzw. weshalb sie es als kein adäquates Freizeitverhalten ansehen. Die Wurzeln für solche Wertskalen und solche Wertvorstellungen liegen im Calvinismus, Puritanismus und Rationalismus der Aufklärung.

Die puritanisch/calvinistische Arbeitsgesinnung, die für die Entwicklung der Industrialisierung wesentlich mitbestimmend war, war freizeitfeindlich; etwas »Sinnvolles« tun, bedeutete Erbauung, Erlernen von Kultur, Weiterbildung usw., das heißt also arbeitartige Tätigkeiten. Nichtstun ist in dieser Kategorie nicht auffindbar.

Ähnliches können wir auch vom Rationalismus der Aufklärung sagen: Die Aufklärung tendierte mit ihrer Idee des rationalen Gestaltens des Lebens zum Zweck der Glückseligkeit des Menschen geradezu nach maximaler Verbreitung des Wissens. Lernen und sich rational mit den Dingen der Welt befassen war höchstes Ziel des Menschen. Dieses Bildungsideal hat die Schulpädagogik bis heute entscheidend geprägt. Erziehen bedeutet, etwas lehren. Wer aber etwas gelernt hat, der weiß mit seiner freien Zeit etwas anzufangen, der verbringt sie »sinnvoll«, weil er sich im Sinne der Schule mit sinnvollen Dingen beschäftigen wird. Daher auch die Schwierigkeit, im Nichtstun z.B. eine sinnvolle Beschäftigung zu erkennen.

Ein weiteres könnte man anfügen: Bildung dient in unserer Gesellschaft als Symbol des Fortschritts. Der Fortschritt wiederum wird durch Leistung erreicht. Fortschritt – Leistung – Bildung, diese drei programmatischen Gesichtspunkte gehören in einer modernen Leistungsgesellschaft zusammen. Nichtstun, Gammeln und ähnliches Verhalten wären geradezu Sabotage an diesem System, also kann man es nicht für gut halten.

In der ehemaligen DDR war das Bewußtsein der Einheit von Arbeitszeit und Freizeit stark ausgeprägt. Nach *Marx* und *Engels* galt die Arbeit als erstes Lebensbedürfnis des Menschen. Im Kommunistischen Manifest wurde die ökonomische Arbeit als die Wurzel jeglicher Kultur gepriesen. Das 11. Plenum des Zentralkomitees der SED betonte z.B.: »Arbeitszeit und Freizeit unterscheiden sich in ihrer Bedeutung für die Persönlichkeitsentwicklung nicht grundsätzlich. Sowohl in ihrer Arbeit als auch in der Freizeit erhalten die Werktätigen Impulse für die Entwicklung ihres Denkens, Fühlens und Handelns.«[3] Im Sozialismus war der Gegensatz zwischen Arbeitszeit und Freizeit weniger dominant. Freizeit diente nicht als Ausgleich für Langeweile in der Arbeitszeit, sondern gesellschaftliche Arbeit wurde zum Freizeitinhalt. Arbeitskollektive gingen z.B. gemeinsam ins Theater, unternahmen Arbeitseinsätze, gingen zu Veranstaltungen, Tagungen. Diese enge Verknüpfung von Arbeit und Freizeit ließ ein Freizeitproblem, wie es in kapitalistischen Ländern besteht, nicht aufkommen. Aufgrund dieser langjährigen Lebenserfahrung werden die Bürger der ehemaligen DDR in Zukunft wahrscheinlich Probleme mit der Freizeit bekommen, da der gesellschaftliche Orientierungsrahmen verlorengegangen ist und vom kapitalistischen System diesbezüglich keine besonderen Hilfen zu erwarten sind.

Noch ein weiterer Gesichtspunkt in bezug auf sinnvolle Freizeitgestaltung soll angesprochen werden. Was heißt »sinnvoll«, wer definiert, *was* »sinnvoll« ist? Bisweilen hat man den Eindruck, Erwachsene wissen, was »sinnvoll« ist bzw. nehmen für sich in Anspruch, es zu wissen. Sie brauchen es nicht mehr zu lernen, ihre Freizeit »sinnvoll« zu gestalten. Lernen ist eine Angelegenheit der Kinder und Jugendlichen.

Die Freizeit als Problem einer sinnvollen Gestaltung dürfte wohl aber völlig unabhängig vom Alter sein. Jugendliche erklären in Interviews, daß sie nicht so wie ihre Eltern sinnlos und inhaltsleer vor dem Fernsehgerät ihre Freizeit verbringen möchten. Und wie wenig die Erwachsenen es

3 H. Teßmann: Arbeitszeit und Freizeit in der wissenschaftlich-technischen Revolution. In: Zeitschrift für Philosophie 1966, S. 737.

gelernt haben, ihre Freizeit »sinnvoll« zu verbringen, sehen wir z.B. am Altenproblem, wie stumpfsinnig alte Menschen mitunter ihren Lebensabend gestalten.

1.3.3. Passivität und Langeweile

Versuchen wir, das Phänomen der »Passivität« in der Freizeit des Jugendlichen zu erklären.

Es ist in unserer Leistungsgesellschaft nicht mehr ohne weiteres möglich, nach dem Leistungsdruck der Schule oder der Arbeit direkt auf eine neue aktive Tätigkeit umzuschalten.

Zudem ist beim jungen Menschen zu berücksichtigen, daß er in besonderer Weise auf Bestätigung angewiesen ist. Je nach Situation ist diese jedoch in der Schule oder im Betrieb ausgeblieben. Um diese Frustrationen zu kompensieren, bedarf er eines entsprechenden Raumes, der für ihn nicht einmal Anforderungscharakter einnimmt.

Eine weitere Überlegung führt uns dahin, daß wir viele passive Freizeitverhaltensweisen des Jugendlichen zuerst näher analysieren müßten, bevor möglicherweise vorschnell falsche Urteile gefällt werden. Die beliebteste Freizeitbeschäftigung Jugendlicher besteht z.B. darin, sich informell zu treffen und miteinander zu diskutieren. Kulturkritiker würden sagen: Die Jugendlichen tun nichts; denn selbst das, was sie Diskutieren nennen, ist bisweilen ein schwerfälliges Reden auf niedrigem Niveau. Die Jugendlichen sprechen zwar sehr viel vom Diskutieren, wenn man aber mit ihnen »sinnvoll« diskutieren will, es ihnen anbietet, dann sind sie dazu nicht imstande.

Wenn man sich in der Gruppendynamik und der Kommunikationsforschung auskennt, weiß man, daß für Jugendliche die informellen Treffs eine sehr aktive Bedeutung bekommen und daß Jugendliche in Gruppen sehr aktiv beteiligt sind. Da die Clique für den Jugendlichen und für seine Persönlichkeitsentwicklung einen hohen Stellenwert hat, erfordert ein scheinbar passives Gammeln und Diskutieren in einer Gruppe für den Jugendlichen höchste Aktivität.

Aus sozial- und tiefenpsychologischer Sicht kann man zur Passivität folgendes sagen: Passivität ist ein recht mißverständliches Wort, weil es zumeist nur als Gegenteil von Aktivität und damit als das Fehlen des Gegenteils aufgefaßt wird. Die Tiefenpsychologie weist darauf hin, daß Passivität paradoxerweise meistens auf ein durchaus aktives Bedürfnis zurückgeht. Hinter der leeren Fassade der Passivität verbirgt sich ein Bedürfnis nach Ruhe und Erholung, aber auch der Wunsch nach Geborgenheit, Wärme, Häuslichkeit.

Einen nicht zu unterschätzenden Energieaufwand hat der junge Mensch zu leisten, um seine sexuellen Probleme in den Griff zu bekommen, zumal der zeitliche Abstand zwischen sexueller Reife und Ehereife immer größer wird. Es steht außer Zweifel, daß der Jugendliche in diesem Bereich weit mehr Reizen ausgesetzt ist und sich folglich eine weit größere Frustrationstoleranz erarbeiten muß.

Daß ein Jugendlicher aufgrund dieser Befindlichkeiten seinen Energiehaushalt eher erschöpft hat und daher das Ausspannen sehr notwendig braucht – notwendiger als die Erwachsenen –, dürfte gleichfalls nicht übersehen werden.

Es bleibt noch die Frage nach der »sinnvollen« Freizeittätigkeit zu beantworten. Es dürfte aus den dargelegten Argumenten klar hervorgehen, daß diese Frage nicht mit einer Auflistung von Aktivitäten beantwortet werden kann. Die Antwort kann keine Wertung zwischen positiven und negativen Aktivitäten sein, sondern die Antwort kann nur eine pädagogische sein. All das sind für den Jugendlichen »sinnvolle« Freizeitaktivitäten, die seiner Emanzipation dienen. Das heißt anders formuliert: Immer dann, wenn der Jugendliche sich als Person engagiert, um anerkannt zu werden, um Selbständigkeit zu erlangen, um Hilfe, Unterstützung für seinen notwendigen Loslösungsprozeß von den Eltern und von anderen Personen und Institutionen zu erhalten, erfordern all diese Bestrebungen, die seiner Persönlichkeitsentwicklung dienen, Aktivität und sind daher unbedingt wichtig und »sinnvoll«, wenn das Wort überhaupt noch in diesem Zusammenhang genannt werden soll.

Wenn Herumstehen, Nichtstun, Gammeln der Jugendlichen von Erwachsenen negativ beurteilt werden, dann übersehen sie, daß das »Sichverweigern« und »Abwarten« Jugendlicher nicht nur Protesthaltung ist, sondern auch Unsicherheit signalisiert. Junge Menschen werden stets dort aktiv, wo man ihnen Aufgaben stellt oder Felder eigener Aktivitäten erschließt, die ihren Fähigkeiten und Fertigkeiten entgegenkommen. Sie bleiben überall dort passiv und tauchen unter der Verantwortung weg, wo sie fürchten müssen, in der Situation und an der Aufgabe zu scheitern, die ihnen gestellt wird.

Bringt der Erzieher für dieses Verhalten der Jugendlichen Verständnis auf, akzeptiert er ihr Gammeln und Nichtstun und bietet er ihnen Experimentierfelder zum Einüben von Verantwortlichkeit an, dann wird er auf Bereitschaft vieler Jugendlicher stoßen.

1.4. Jugend – eine neue Tatsache

Unter dem Einfluß der Entwicklungspsychologie hat sich in der Öffentlichkeit und auch bei nicht wenigen Pädagogen und Erziehern die Meinung festgesetzt: Jugend ist ein Problem der *körperlich/geistigen Entwicklung*. Das Kind durchläuft die definierten Stufen: Vorpubertät, Pubertät und Adoleszenz. Nach dieser biologischen Reife, die eine psychologische Krise beinhaltet, normalisiert sich das Leben des Jugendlichen wieder. Um diese Phase und Krise, so meint man, muß der Erzieher wissen und mit Geduld und viel Verständnis jungen Menschen begegnen. Demgegenüber verdanken wir es vor allem der *soziologischen* Forschung, daß wir von dem biologischen Modell abrücken und Jugend als eine soziale Gruppe definieren müssen. Um diese These zu belegen, müßte man eigentlich in der Argumentation recht weit ausholen, doch sollen hier einige Anmerkungen genügen.

Das Phänomen Jugend ist zeitgeschichtlich eine relativ neue Größe. Die Chronisten des 18. Jahrhunderts berichten, daß die Kinder in ihrer Kleidung und ihrem Stil Imitationen der Erwachsenen waren. Den Begriff »Jugendlicher« kennt man erst nach 1900. Bis ins 18. Jahrhundert hinein wurde diese Altersstufe »Knaben«, seit etwa 1770 »Jünglinge« genannt. Erst mit der Industrialisierung, mit der Trennung des Arbeitsplatzes aus dem eigenen Wohnbereich, mit der Entwicklung der maschinellen Produktion, erst als die Industrialisierung es notwendig machte, zwischen Kindesalter und Berufsjahren eine »Lernzeit« einzuschieben, erst seit dieser Zeit sprechen wir von »Jugend«. Man kann heute z.T. noch diese Entwicklung der Jugendphase auf anderen Schauplätzen beobachten. Man denke an industriearme, »unterentwickelte« Länder wie Sizilien, Griechenland, manche Balkan- oder arabische Staaten. Dort gehört es zum selbstverständlichen Alltagsgeschehen, daß Kinder in den Produktionsbetrieb eingesetzt sind z.B. als Kellner, Verkäufer, Händler oder in der Landwirtschaft. Es gibt in diesen Ländern eigentlich nur Kinder und Erwachsene, aber keine Jugendlichen.

Dokumente aus dem 18. Jahrhundert schildern uns für Deutschland ein ganz ähnliches Bild. Dort war es die Regel, daß ein »Jüngling« mit 13 Jahren ernsthafte Berufspläne hegte, mit 14 Jahren ans Heiraten dachte, mit 15 sein Studium begann und es noch vor dem 21. Lebensjahr mit der Promotion beendete. Immatrikulation mit 16, Promotion mit 18 bis 21 Jahren sind im 18. Jahrhundert keineswegs selten.[4]

Der nahtlose Übergang von der Kindheit in das Erwachsenenalter – nach Eintritt der Pubertät – kann auch damit belegt werden, daß z.B. Mädchen mit 15 Jahren als heiratsfähig galten. Von *Adelheid von Humboldt* wird z.B. berichtet, daß sie mit 14 Jahren heiratete, obwohl sie noch mit Puppen spielte. Durch *Wechseln ihrer Kleider* gelingt es ihr, von einem

4 Vgl. H. H. Muchow: Jugend und Zeitgeist. Hamburg: Rowohlt 1962, S. 153.

Tag auf den anderen die Kindheit hinter sich zu lassen und zu den Damen der Gesellschaft gerechnet zu werden.[5]

Das Jugendalter kann man also nicht rein biologisch erklären, denn dann dürfte es keine Unterschiede zwischen Jugendlichen sowohl von früher wie von heute geben. Der biologische Ablauf ist der gleiche geblieben, aber aufgrund sozialer Bedingungen nimmt diese biologische Entwicklung sehr unterschiedliche Formen an. Daher sprechen wir auch von »sozio-biologischen« und »sozio-kulturellen« Bedingungen der Persönlichkeitsentwicklung.

Nachdem der soziologische Aspekt des Jugendalters aufgezeigt worden ist, soll nun der *entwicklungspsychologische* Aspekt angefügt werden.

In der Entwicklungspsychologie unterscheidet man drei Phasen der Entwicklung im Jugendalter: die physische, psychische und kognitive Umbruchphase.

Die *physische* Umbruchphase läßt sich bereits an Äußerlichkeiten erkennen: Die Extremitäten erhalten einen Wachstumsschub. Das äußere Erscheinungsbild des Pubertierenden ist von Disharmonie gezeichnet. Entsprechend gibt sich der junge Mensch auch recht schlampig und lax. Erkennbar wird die Disharmonie auch in seinen Verhaltensweisen, die vielfach Unausgeglichenheit widerspiegeln. Hinzu kommt, daß in dieser Phase die Sexualität für den Jugendlichen eine neue innere Erlebniswelt öffnet, die für den Jugendlichen aufgrund der Menge von Reizquellen immer mehr zum Problem Nummer 1 wird.

Parallel zur physischen Disharmonie geht in der psychischen Umbruchphase eine *seelische* Disharmonie. Sie wird deutlich in der hohen Erregbarkeit, Empfindlichkeit, Labilität, Launenhaftigkeit, Angst, in Minderwertigkeitskomplexen etc. Diese Situation veranlaßt den Jugendlichen, zumal die Lösung der Satellitenbeziehung zu den Eltern gleichfalls in diese Phase fällt, Sicherheit und Anerkennung in der Gruppe der Gleichaltrigen oder »Gleichgelagerten« zu suchen. Da die Gruppe wichtige Stützungsfunktionen in der Umbruchphase übernimmt, schließt sich der Jugendliche dieser oft kompromißlos an.

Als dritte Umbruchphase ist der *kognitive* Bereich zu nennen. Logisches und abstraktes Denken kennzeichnen diese Phase. Mit dieser neuen Denkweise experimentiert der junge Mensch, vielfach zum großen Leidwesen Erwachsener. Diskussionen und Kritik, Schlagworte, Rigorismus und Radikalismus sind Zeichen dieses Experimentierstadiums.

Noch eine weitere Überlegung ist notwendig, um Jugendliche besser verstehen zu können. Augenfällig ist, daß Jugendliche sich gerne in Gruppen Gleichaltriger aufhalten und daß diese Gleichaltrigengruppen auf die

5 Vgl. ebenda.

Jugendlichen einen nicht geringen Einfluß ausüben. In der Jugendsoziologie geht man sogar davon aus, daß die Gleichaltrigengruppen in der Freizeitorientierung eine überragende Bedeutung einnehmen und als wichtigste Bezugsgruppe gelten. Die Mitgliedschaft in informellen Gruppen, Cliquen hat von 16 Prozent (1962) auf 57 Prozent (1983), also um über 40 Prozent zugenommen.[6]

Ich möchte die wichtigsten Funktionen der Gleichaltrigengruppen kurz zusammenfassend beschreiben:

- **Emanzipation und Autonomie:** Die grundlegende Aufgabe des Jugendlichen besteht in der Loslösung aus seiner Herkunftsfamilie (entwicklungspsychologischer Aspekt) und dem Erwerb eines neuen Status, des Erwachsenenstatus (soziologischer Aspekt). Umschreiben kann man diesen Vorgang mit den beiden Begriffen Emanzipation und Autonomie. Bei diesem Bestreben kommt der Altersgruppe eine sehr wichtige Funktion zu. Sie unterstützt das Unabhängigkeitsstreben und befriedigt andererseits bestehende Abhängigkeitsbedürfnisse. Dieser Entwicklungsprozeß ist für die Gewinnung einer bestimmten Autonomie der Persönlichkeit und der Autorität über sich selbst notwendig.
- **Status und Verhaltenssicherheit:** Zur Lösung der Beziehung zu der Herkunftsfamilie gehört auch die Auflösung des bisherigen Status, die zu Verhaltensunsicherheit des Jugendlichen führt. Darüber hinaus erhöhen sich die Erwartungen der Erwachsenen an den Jugendlichen, die allerdings eher widersprüchlich sind. Dies wiederum führt seitens des Jugendlichen zu wechselhaftem und konfliktbesetztem Verhalten.

Freizeit wird für Jugendliche zum Feld jener Orientierung, durch die sie ihr spezifisches Bedürfnis nach Status- und Verhaltenssicherheit am eingehendsten entfalten können. Da die moderne urbane Gesellschaft unfähig ist, dem Jugendlichen primären Status zu gewähren, konstituieren sich Gruppen Gleichaltriger, um dieses entscheidende Bedürfnis zu befriedigen. Das besagt, daß es vor allem die Altersgruppe ist, die dem Jugendlichen einen vollen, ebenbürtigen Status erteilt. Der so erworbene Status ist jedoch ein »Ersatzstatus«, nicht der volle Status eines Erwachsenen, der als soziale Zielvorstellung des Jugendlichen angesehen werden muß.

- **Angstminderung und emotionale Sicherheit:** Altersgruppen entstehen vornehmlich in Übergangsperioden, und zwar, weil der Übergang von den mehr familienorientierten zu den eher gesellschaftsorientierten Beziehungen vom Standpunkt der Persönlichkeit aus am schwierigsten ist. Er erfordert eine erhebliche Änderung von emotionalem Verhalten gegenüber Objekten und eine Änderung der Kriterien, die die Beziehung des Indivi-

6 Vgl. K. Allerbeck/W. Hoag: Jugend ohne Zukunft? München: Piper 1985, S. 38.

duums zu diesen Objekten bestimmt haben. Dieser Übergang bringt eine Gefährdung der emotionalen Sicherheit mit sich, was in Übergangsangst, Unsicherheit und Desorientierung zum Ausdruck kommt. Aus diesem Grunde schließen Jugendliche sich Altersgruppen an, um bei diesen emotionale Sicherheit und emotionale Entlastung zu finden.

- **Orientierungs- und Bezugssystem:** Die marginale Stellung des Jugendlichen in der Gesellschaft führt zu einer Desorientierung und damit zu Angst. Deswegen orientiert sich der junge Mensch in dieser Zeit an Gruppen, die ihm die Unsicherheit und Angst nehmen. Durch diese Funktion der Altersgruppen vergrößert sich erheblich deren Einfluß und Bedeutung als Bezugsgruppe. Hier findet der Jugendliche seine eigentlichen Bezugspersonen, von denen her er sich versteht und handelt. Zwar wird die Familie weiterhin bedeutsames Bezugssystem bleiben, aber die Altersgruppe gewinnt als Bezugssystem der Freizeitorientierung und als Interaktionsfeld des Freizeitverhaltens eine nicht zu übersehende Bedeutung.
- **Ich-Stütze und Ich-Stärke:** Gegenüber den Eltern und Lehrern befindet sich der Jugendliche in einer eher zugeschriebenen, wenig beeinflußbaren Position. Demgegenüber ist die Strukturierung der Rollen in Altersgruppen meist ein Prozeß, an dem jeder Beteiligte selbst mitwirken muß. Die dabei erlangte Position ist primär erworben. An die in Altersgruppen erworbenen Positionen sind Verhaltenserwartungen an das Mitglied gebunden, wie z.B. körperliches Leistungsvermögen, sexuelles Wissen, Mut, Sportlichkeit, Kameradschaftlichkeit, Schlagfertigkeit u.a., die es entsprechend durch Interaktionen – im Wettbewerb oder in Auseinandersetzungen – mit anderen Mitgliedern der Gruppe erfüllen muß. Gelingt es dem Jugendlichen, seine Position in der Gruppenhierarchie zu behaupten, so bedeutet das für ihn eine Ich-Stärkung und Ich-Stütze. Durch die Entdeckung von Intimitätsphänomenen seiner Persönlichkeit gelangt der Jugendliche zu einer erhöhten Ich-Erfahrung, die durch Anerkennung erbrachter Leistungen in der Gruppe von außen zu einer weiteren Ich-Aufwertung und Ich-Stärke führt.
- **Identität und Identifikation:** Pubertät (Reife-Probleme) und Adoleszenz (Status-Probleme) sind wesentliche Verursacher einer Identitätskrise im Leben des Jugendlichen. In dieser Situation bietet die Altersgruppe den Jugendlichen einleuchtende, emotional zugängliche Identitätsmuster. Die Solidarität der Identitätssuche führt zu Gruppenbildung bzw. Mitgliedschaft in bestehenden Gruppen, die ihrerseits den Charakter des natürlichen Identifikationsraumes *neben* Familie und Gesellschaft gewinnen. Jugendliche identifizieren sich sehr stark mit den Normen, Werten und Verhaltensstilen ihrer Gruppe, was ihnen Sicherheit und Stabilisierung gewährt.
- **Selbstdarstellung und Selbstbewußtsein:** Die Bedeutung der Alters-

gruppe kommt besonders auch darin zum Ausdruck, daß sie dem Jugendlichen Möglichkeiten anbietet, sein Selbstbild und sein Selbstbewußtsein zu relativieren, um dadurch zur Aufnahme von neuen Dispositionen zu gelangen.

Der Freizeitbereich erlangt für den Jugendlichen vor allem deswegen größte Bedeutung, weil er ein sozialer Bereich der expressiven und symbolischen Selbstdarstellung ist. Diese Selbstdarstellung vermag der Jugendliche in der Rolle des Konsumenten und in der Orientierung an Gleichaltrigen vorzunehmen. Die Konsumentenrolle ermöglicht Jugendlichen eine bestimmte Souveränität des Verhaltens, da sie als Konsumenten und Kunden des Freizeitmarktes voll akzeptiert werden. Weiter lassen sich in der Freizeitorientierung zwei Grundmuster erkennen: *Geselligkeitsorientierung und Leistungsorientierung.*

Als Folge der expressiven Bedeutung des Freizeitfeldes dominiert in den Freizeitaktivitäten von Jugendlichen in bezug auf Häufigkeit und Dauer der Teilnahme die Geselligkeitsorientierung. Geselligkeit in Altersgruppen wird für Jugendliche zur zentralen Funktion nicht nur der Statussicherheit, Identifikation etc., sondern auch der Selbstdarstellung, der Suche nach Zuwendung, der Werbung und Attraktivität.

● **Solidarität und Konformität:** Solidarität hat ein doppeltes Gesicht: Sie schirmt gegen Ansprüche der Erwachsenenwelt ab, zum anderen wird das Erwachsensein durch die Erlebnis- und Erfahrungssolidarität mit Gleichaltrigen gleichsam experimentell gelebt.

Die Altersgruppe als »Solidaritätsspeicher« gewinnt im Sozialisationsprozeß eine wichtige Funktion, weil damit eine Ausweitung des anfänglich auf die familiale Kleingruppe beschränkten Solidaritätspotentials auf außerfamiliale Sozialgruppen erfolgt. Von daher ist auch zu verstehen, wenn in Gleichaltrigengruppen sehr häufig bedingungslose Solidarität gefordert wird. Neben der Solidarität läßt sich ein weiteres auffälliges Merkmal jugendlicher Gruppen erkennen: die Konformität.

Je intensiver der Jugendliche Kontakte zur Gruppe Gleichaltriger pflegt, um so mehr kommt es zu einer gegenseitigen Angleichung und Konformität, zur strengen Loyalität gegenüber der Gruppe, zur Einhaltung der Normen.

● **Abbau von Frustrationen, dafür Stabilisierung:** Es ist nicht zu übersehen, daß Jugendliche im »Interim-Status« häufig frustriert werden. In dieser instabilen und unklar definierten Phase des Jugendalters kommt den Altersgruppen die Aufgabe zu, die Gesamtbelastung durch Frustrationen herabzusetzen und die gesamte Übergangsperiode zu stabilisieren.

● **Gratifikation und Anerkennung:** Eng mit der Funktion der Stabilisierung ist die der Gratifikation und Anerkennung verbunden. Sehr unterschiedliche und oft gegensätzliche und diffuse Erwartungen werden von

Erwachsenen an Jugendliche herangetragen, denen diese oft nur zum Teil gerecht werden können. Aufgrund ihres unklaren Status bedürfen sie besonders der Altersgruppen, die ihnen neben Sicherheit vor allem Gratifikation und Anerkennung zukommen lassen, die ihnen die Erwachsenen mitunter verweigern.

● **Persönlichkeitsentwicklung und -entfaltung:** Der Status des Jugendlichen ist der einer »Randpersönlichkeit«, einer »Persönlichkeit zwischen Gruppengrenzen«. Innovatives Streben des Jugendlichen ist es daher, diesen Rand-Status durch den voll anerkannten Erwachsenen-Status zu ersetzen. Neben der Sozialisation in Familie und Schule kommt der Altersgruppe diesbezüglich eine erhebliche Bedeutung zu. Zahlreiche Untersuchungen haben gezeigt, daß die Persönlichkeitsentwicklung ohne Teilnahme an Altersgruppen ernstlich beeinträchtigt werden kann.

● **Sozialisationsagentur:** Für die moderne, hochdifferenzierte Leistungsgesellschaft läßt sich sagen, sie entwickelt sich als Pendant zum familialen Bereich. Deswegen kann in modernen Gesellschaften der Sozialisationsprozeß nicht mehr allein von der Familie übernommen und durchgeführt werden, da sie lediglich einen Pol gesellschaftlichen Lebens darstellt. Aus dieser Sicht wird eine außerfamiliale Sozialisation notwendig. Einen wesentlichen Beitrag zur Sozialisation können die Altersgruppen leisten, da sie auf der einen Seite wichtige Elemente des Familienlebens, wie solidarisches Verhalten, emotionale Sicherheit etc. enthalten, auf der anderen Seite jedoch bereits eine Nachbildung der Gesellschaft der Erwachsenen darstellen. Die Altersgruppen werden zu echten Sozialisationsträgern und übernehmen wichtige Sozialisationsfunktionen. Diese bestehen darin, daß die Gruppen für den Jugendlichen soziale Übungsfelder sind, auf denen er Erfahrungen mit sich selbst und mit anderen sammeln kann. Das Freizeitfeld ermöglicht dem Jugendlichen ein risikofreies, experimentelles Rollenspiel; er kann damit relativ unverbindlich Rollen, Symbole, Aktivitäten wechseln.[7]

● **Sexualität:** Der Geselligkeit und der heterosexuellen Werbung in jenen Altersgruppen kommt eine hohe Bedeutung zu. Dominierendes Gruppeninteresse sind erotische und heterosexuelle Bedürfnisse. Da diese im Elternhaus und in der Schule zumeist nicht artikuliert werden können, wird die Altersgruppe zur wichtigsten Erfahrungs- und Sozialisationsagentur, in der über Verabredungen, Parties, Neckereien, Filme, Dating, Petting und sexuelle Beziehungen diskutiert wird und erste Erfahrungen gesammelt werden. Deshalb wird der Besuch von Diskotheken und Tanzveranstaltungen zur beliebtesten Freizeitaktivität. Auf diese Weise übernehmen die Altersgruppen die Vermittlung von Möglichkeiten und

7 Vgl. J. Schilling: Freizeitverhalten Jugendlicher. Weinheim: Beltz 1977, S. 56 bis 60.

Wegen, die neu auftauchenden Wünsche der Jugendlichen nach heterosexuellen Kontakten zu befriedigen. Sie bieten auch ein System von Normen, die das Sexualverhalten der Jugendlichen bestimmen.

- **Politik:** Das Verhalten Jugendlicher in der Clique erhält einen eigenständigen Charakter. Es ist nicht mehr so, daß Jugendliche sich am Verhalten Erwachsener orientieren, sondern Jugendliche sind im Bereich von Konsum, Mode, Freizeit und in der Gestaltung eines spezifischen Lebensstils »Trendsetter« für die ältere Generation und für neue kulturelle Konstellationen. Jugendliche tragen zur kulturellen Neuschöpfung bei. Insofern prägt die junge Generation die Gesellschaft; ihr Verhalten hat politische Auswirkungen.[8]

1.5. Jugend und gesellschaftlicher Wandel

Unsere Gesellschaft hat sich in knapp 20 Jahren deutlich verändert, z.B. hat sich der Anteil der Angestellten und Beamten in diesem Zeitraum beträchtlich erhöht (von 34 Prozent auf 51 Prozent), während im gleichen Zeitraum der Anteil der Arbeiter von 66 Prozent auf 49 Prozent zurückging. Die Lebensphase »Jugend« ist in den letzten Jahrzehnten einem tiefgreifenden Strukturwandel ausgesetzt. *Allerbeck* und *Hoag* z.B. haben die Entwicklung und den Wandel in der Jugendgeneration zwischen 1962 und 1983 empirisch untersucht.[9] Einige Ergebnisse aus dem Bereich Schule und Arbeit sollen hier kurz dargestellt werden.

1.5.1. Jugend und Schule

Eine weitreichende Veränderung ist vor allem durch die Verlängerung der Schulzeit eingetreten. 1962 bildeten die Schüler mit 19,8 Prozent eine Minderheit, 1983 sind sie mit 59 Prozent bei weitem die Mehrheit der Bevölkerung.[10] Fast 40 Prozent der Jugendlichen waren 1962 bereits erwerbstätig, 1983 waren es nur noch 4,6 Prozent. 1962 besaßen 69 Prozent der Schüler einen Hauptschulabschluß, nur 14 Prozent das Abitur. 1983 haben sich die Größenordnungen umgekehrt: Lediglich 30 Prozent der Jugendlichen verlassen die Schule mit einem Hauptschul- oder einem geringeren Abschluß, dagegen haben 40 Prozent die Absicht, ihre Schulbildung mit Abitur oder Studium abzuschließen.[11] 1983 haben die Mädchen die Jungen überholt:

8 Vgl. D. Baacke: Jugend und Kulturen. Weinheim: Juventa 1987.
9 Vgl. K. Allerbeck/W. Hoag: Jugend ohne Zukunft? A.a.O.
10 Vgl. ebenda, S. 21.
11 Vgl. ebenda, S. 73ff.

Mehr weibliche (42 Prozent) als männliche (37 Prozent) Jugendliche streben das Abitur oder einen Universitätsabschluß an. Lediglich den Hauptschulabschluß haben 34,5 Prozent der männlichen, aber nur 23 Prozent der weiblichen Jugendlichen. Allgemein gilt, daß Mädchen eine bessere, höherwertige Bildung erhalten als Jungen. Von Bildungsbenachteiligung der Mädchen kann heute offenbar nicht mehr die Rede sein.

Mit der Schule sind heute wesentlich mehr Jugendliche unzufrieden. Der Anteil derjenigen, die gerne oder sehr gerne zur Schule gehen, ging von 75 Prozent auf 43 Prozent zurück – ein Rückgang um 32 Prozent.

Die Verlagerung vom arbeitsweltbezogenen zum schulisch geprägten Sozialisationsmilieu hat weitreichende Folgen. Jugendliche machen kaum noch eigene originäre Erfahrungen, sondern sind in ihrem Alltag mehr denn je einer schulisch aufbereiteten Realitätserfahrung ausgesetzt. Diese Bildungsexpansion hat Folgen für die gesellschaftliche Gestalt der Jugend:

- Jugendliche verbleiben heute für eine längere Zeit als frühere Generationen in einer Gesellschaft Gleichaltriger. Man bleibt unter Seinesgleichen. Die zunehmende Bedeutung der Clique hat hier ihre Wurzeln.
- Jugendliche erwerben im Durchschnitt heute einen höheren Bildungsabschluß als ihn ihre Eltern besitzen. Die Eltern sind in dieser Hinsicht kein Vorbild.
- Jugendliche werden für eine längere Zeit als früher von den zentralen gesellschaftlichen Bereichen, insbesondere der Arbeitswelt ferngehalten. Die Ausgrenzung aus dem ökonomisch selbständigen Erwachsenenleben, Jugendzeit als Vorbereitungszeit, verlängert sich. 1970 verdienten 44 Prozent der 15- bis 19jährigen Jugendlichen ihren Lebensunterhalt durch Erwerbstätigkeit. 1980 sind dies nur noch 28 Prozent.
- Die Ausdehnung des Bildungssystems hat zu einem Strukturwandel der Jugendphase geführt. Jugendliche sind biologisch längst erwachsen, befinden sich jedoch länger als früher in einer Phase der ökonomischen Unselbständigkeit, der Abhängigkeit vor allem von der Versorgung durch die Eltern.
- Die Schule als zentraler Lernort in der Jugendphase ermöglicht die Wirklichkeitserfahrung nur vermittelt, »aus zweiter Hand«. Entsprechend wird die Freizeit zum zentralen Ort der Wirklichkeitssuche und Wirklichkeitserfahrung. Der Lebens- und Erlebnishunger Jugendlicher kann sich zunächst nur auf den Freizeitbereich richten. Je erlebnisärmer und streßreicher zudem Jugendliche die Schule erfahren, desto mehr verbinden sie mit der Freizeit Wünsche nach einer Gegenwelt. Diskotheken, Spielhallen und andere kommerzielle Jugendangebote greifen

diese Bedürfnisse auf und begünstigen das Eintauchen in interessante, aufregende Gegenwelten.[12]

1.5.2. Jugend und Beruf

Mit der Ausweitung des Bildungssystems ist die Verbreitung und Verallgemeinerung eines bestimmten Musters der Jugendphase verbunden. Für viele Jugendliche schwindet die Vorstellung, daß eine besondere Bildungsanstrengung auch zu größeren beruflichen und gesellschaftlichen Chancen führt. Das Prinzip der Schule »Jetzt nicht, aber später« hat sich nicht geändert, entspricht aber nicht mehr der Realität (non vitae, sed scholae). Ursächlich dafür sind die Bedingungen und Auswirkungen einer fundamentalen Krise der Arbeitsgesellschaft. Unserer Gesellschaft geht die Arbeit aus. 1978 übte die überwiegende Mehrheit (60 Prozent) der Bevölkerung keine Erwerbstätigkeit aus bzw. stand noch nicht oder nicht mehr im Arbeitsprozeß. Für die materiellen und immateriellen Lebensbedingungen und Lebensbedürfnisse von 60 Prozent der Bevölkerung Vorsorge zu treffen wird zu einer zentralen Aufgabe politischer Planung und sozialer Daseinsvorsorge.

Die Schere zwischen den durch das Bildungswesen vermittelten Lebensplänen und dem tatsächlich Erreichbaren vergrößert sich: gegenseitige Verdrängung bei Ausbildungsverträgen, Ausbildungsplatzmangel, numerus clausus, Arbeitslosigkeit und vieles andere mehr. Zeitweilige Arbeitslosigkeit scheint zu einer gesellschaftlichen Normalerfahrung zu werden. Seit 1975 war jeder dritte Arbeitnehmer mindestens einmal arbeitslos. 1984 waren es 16 Prozent der arbeitslosen Jugendlichen, die ein Jahr und länger arbeitslos waren. Auch wer zunächst einen Ausbildungsplatz hatte, ist nicht gegen Arbeitslosigkeit geschützt. 1983 waren es knapp 100 000 Jugendliche, die aus einem betrieblichen Ausbildungsverhältnis heraus arbeitslos wurden. Wegen dieser Unzulänglichkeit des Arbeitsmarktes verbleiben viele Jugendliche in sogenannten »Warteschleifen«: längerer Schulbesuch, Einschieben eines Praktikums, Hospitantenjahr etc.

»Die Brisanz dieser Entwicklung ist nur zu verstehen, wenn man bedenkt, daß Lohnarbeit in unserer Gesellschaft das zentrale Medium sozialer Integration ist. Arbeit fungiert als Mittel individueller Existenzsicherung, sie sorgt für Ordnung und Struktur des Alltags, sie bildet das Fundament der Lebensplanung, sorgt für soziale Kontakte und Erfahrungen und ist Voraussetzung für die Teilhabe an den sozialen Sicherungssystemen. Die große Bedeutung der Lohnarbeit für die gesellschaftliche

12 Vgl. R. Münchmeier: Zur Situation von Jugendlichen und von Mitarbeitern in der Jugendarbeit. In: Wozu noch Jugendarbeit? Hrsg.: Landesjugendring Niedersachsen e. V., Hannover 1986, S. 3 bis 4.

Integration hat konsequenterweise Vollbeschäftigung zu einem zentralen Wert und einer erklärten Verpflichtung staatlicher Politik werden lassen ... Gleiche Integrationschancen für alle durch Arbeit für alle. Die eigentliche Krise des Arbeitsmarktes liegt deshalb im Schwinden seiner sozialintegrativen Kraft, darin, daß nicht mehr Arbeit für alle da ist und somit die Erreichbarkeit des durchschnittlichen Lebensentwurfes, der auf Vollzeitarbeit gründet, für zunehmend mehr Menschen nicht nur vorübergehend nicht mehr gegeben ist.«[13]

Diese Tatsache löst bei vielen Jugendlichen diffuse Angst aus. Sie ist weitgehend darauf zurückzuführen, daß der normale Lebensentwurf, der auf Arbeit basiert, grundlegend in Frage gestellt ist. Damit ist die Grundlage und Bedingung für ein tragendes Lebensmuster aufgelöst. »Dies hat weitreichende Folgen, gerade für Jugendliche und die Verständigung über Jugend: Es bedeutet nämlich nicht zuletzt auch eine Krise des traditionellen Musters von Jugend selbst.«[14]

In der neueren Literatur zur Jugendkunde gewinnt man den Eindruck, Jugend wird in unserer Zeit nur noch durch Arbeitslosigkeit definiert. Für Jugendliche gibt es nur ein Problem: Arbeitslosigkeit. Entsprechend muß die Jugendarbeit sich vor allem mit diesem Kreis von Jugendlichen beschäftigen. Dieses so dargestellte Bild ist überzogen und muß korrigiert werden. Im März 1990 waren etwa 70000 Jugendliche unter 20 Jahren arbeitslos. Das ist etwa die gleiche Anzahl, die auch in der Drogenstatistik genannt wird. Niemand käme auf den Gedanken, Jugendliche pauschal als drogenabhängig zu bezeichnen. In bezug auf Arbeitslosigkeit verfällt man jedoch häufig in diesen Fehler. Damit soll nicht bestritten werden, daß die Arbeitslosigkeit von Jugendlichen ein Problem ist, gleiches kann man auch von den Drogen sagen. Man muß jedoch in Frage stellen, ob man das ganze Jugendalter unter dem Aspekt der Arbeitslosigkeit sehen und es dadurch erklären und definieren kann.

1.6. Zusammenfassung

Es ging darum, die These zu belegen, daß die heutige Jugend mit keiner vorangegangenen Generation vergleichbar ist. Das Argument »Wir aber früher ...«, mit dem sehr viele Erwachsene in der Diskussion mit Jugendlichen aufwarten, kann nicht mehr angebracht werden. Die jungen Menschen leben in einer Gesellschaft ohne Vergangenheit.

Jugend ist nicht ein rein biologisch sich entwickelndes Phänomen, son-

13 Ebenda, S. 8.
14 Ebenda, S. 15.

dern eine soziale Gruppe, das heißt, sie wird wesentlich von der sozialen Umwelt und der Gesellschaft geprägt. Wenn man will, ist sie eine Reaktion auf die erwachsene Generation und ein Produkt der jeweiligen Gesellschaft.

Jugend ist immer so, wie sie nach den gegebenen Umständen sein muß. Gerade diese Umstände aber schafft sich keine Jugend selbst, sondern sie findet sie vor als geschichtliches Werk ihrer Eltern. Jedes negative Urteil über die Jugend ist darum immer auch eine Verurteilung derer, die selbst negativ urteilen. Um seiner selbst willen tut man darum gut, sich vor unsachlichen, emotional gesteuerten Urteilen über die Jugend zu hüten.

Wenn es zu einer Freizeitgesellschaft kommt, muß schon heute die Freizeit als ein ganz wichtiges pädagogisches und politisches Problem gesehen werden. Dementsprechend müssen Forderungen, die eine hohe Dringlichkeitsstufe haben, an Pädagogen und Politiker gestellt werden. In unserer gegenwärtigen bildungspolitischen Planung spielt die Überlegung, daß die jetzt in unseren Schulen heranwachsende Generation in 20 bis 30 Jahren ein uns heute nicht vorstellbares Maß an Freizeit und ein hochdifferenziertes Konsumangebot vorfinden wird, kaum eine Rolle.

Auch in der Freizeit muß endlich mit dem Auftrag des Grundgesetzes ernstgemacht werden: dem Bürger nicht nur das Recht, sondern auch Gelegenheit zur Selbstbestimmung seiner kulturellen, sozialen, politischen und wirtschaftlichen Verhältnisse zu geben.

2. Jugendarbeit – eine dritte Lerninstitution

2.1. Problemskizze

»Jugendarbeit sind all die Aktivitäten der Jugendpflege, die von Jugendverbänden oder Jugendhäusern ausgehen.«

»Jugendarbeit ist die Trainingsarbeit der Jugendabteilung eines Sportvereines oder die Arbeit der Jugendabteilung von Vereinen Erwachsener.«

Beide Angebote werden in der Öffentlichkeit synonym als Jugendarbeit bezeichnet, müssen aber deutlich unterschieden werden. Die Arbeit mit Jugendlichen in Sportvereinen oder anderen Vereinen Erwachsener ist nicht Jugendarbeit, sondern Arbeit mit Jugendlichen. Der Unterschied ist deutlich:

- im Sportverein geht es um Leistungen (leistungsorientiert) und Interessen Erwachsener;
- in der Jugendarbeit geht es um den Prozeß und die Situation (prozeß- und situationsorientiert) und die Interessen Jugendlicher.

Stellt man die Frage: »Was ist Jugendarbeit?« und erwartet darauf eine präzise Antwort, so wird man enttäuscht sein, denn es gibt sie nicht. Will man Jugendarbeit abgrenzen und festlegen, stehen mehrere Möglichkeiten zur Verfügung:

- Man begnügt sich mit einer gängigen Definition z.B. der von *Giesecke*,
- man formuliert eine eigene,
- man arbeitet die wichtigsten Elemente der verschiedenen Definitionen heraus und erstellt ein entsprechendes Klassifikationsschema für Jugendarbeit.

Diese dritte Möglichkeit soll hier angewandt werden. Im ersten Schritt will ich eine Auswahl von Definitionen zitieren, im zweiten Schritt die wichtigsten Kriterien für Jugendarbeit aus den verschiedenen Definitionen in ein Schema einordnen. Durch dieses Vorgehen soll gleichzeitig die große Spannbreite und Differenziertheit von Jugendarbeit deutlich gemacht werden.

Sodann geht es darum, den Nachweis für die Notwendigkeit von Jugendarbeit als dritte Lerninstitution zu liefern.

2.2. Definition von Jugendarbeit – didaktische Abgrenzung und Festlegung

2.2.1. Definition von Jugendarbeit in der relevanten Literatur

Zunächst sollen hier als Beispiele einige Definitionen von Jugendarbeit aus der Literatur angeführt werden. Sie sollen als Grundlage für weitere Überlegungen dienen.

● »Demnach wäre Jugendarbeit, wenn sie eine Institution der Aufklärung ist, durch fünf Aussagen zu charakterisieren: 1. die Grundlage und das Wesenselement der Jugendarbeit ist die Freiheit; 2. Jugendarbeit geschieht im Dienste der Freiheit und arbeitet unter der Maxime, jederzeit selbst zu denken, an ihrer Verwirklichung; 3. Jugendarbeit arbeitet an der Vermittlung von Utopie und Wirklichkeit; 4. Jugendarbeit nutzt ihre Mobilität dazu aus, Schwellensituationen einzunehmen, um dadurch dem Jugendlichen zu einer Schwelle zu werden, wo er sich im Denken orientieren kann; 5. Jugendarbeit ist Bildung in Freiheit zur Freiheit.«[1]

● »Jugendarbeit bezeichnet diejenigen von der Gesellschaft Jugendlichen und Heranwachsenden angebotenen und im JWG katalogisierten Lern- und Sozialisationshilfen, die außerhalb von Schule und Beruf erfolgen, die Jugendliche unmittelbar, also nicht auf dem Umweg über die Eltern, ansprechen und von ihnen freiwillig wahrgenommen werden.

Unsere Definition nimmt fürs erste folgende Abgrenzungen vor:

1. Wir verstehen unter Jugendarbeit nur solche pädagogischen Maßnahmen, die von der Gesellschaft, genauer: von den Organen der öffentlichen Jugendhilfe bzw. den Trägern der freien Jugendhilfe (JWG), organisiert werden. Spontane Aktionen von jugendlichen Gruppen fallen nur dann darunter, wenn sie sich dieser Angebote in irgendeiner Form bedienen, z. B. durch finanzielle Unterstützung oder Benutzung von Räumen usw.
2. Unter die Definition fallen nur pädagogisch intendierte Angebote, also Lernangebote, nicht auch Versorgungsleistungen (z. B. nicht Maßnahmen des Ausbildungsförderungsgesetzes).
3. Die Definition enthält eine Altersabgrenzung; die in Paragraph 5. Abs. 1 JWG genannten Maßnahmen Nr. 5 bis 7 gehören nur dann zur Jugendarbeit, wenn sie sich nicht an Kinder wenden.
4. Die Definition schließt solche Maßnahmen aus, die in Paragraph 5 Absatz 1 JWG genannt sind, sich aber primär an die Eltern bzw. Erziehungsberechtigten wenden (z. B. Erziehungsberatung).
5. Die Bestimmung der freiwilligen Teilnahme grenzt die Maßnahmen der Jugendarbeit von solchen der Zwangserziehung (Fürsorgeerziehung) ab.
6. Die Bestimmung, daß Maßnahmen der Jugendarbeit außerhalb von Schule und Beruf erfolgen, weist sie dem Freizeitbereich zu.«[2]

● »Unter dem Begriff ›Jugendarbeit‹ lassen sich alle jene institutionell getragenen Maßnahmen und Veranstaltungen zusammenfassen, die Jugendlichen außerhalb des Schul-

1 C. W. Müller u. a.: Was ist Jugendarbeit? München: Juventa 1964, S. 51.

2 H. Giesecke: Die Jugendarbeit. München: Juventa 1971, S. 16.

und Ausbildungssystems unter pädagogischen und politischen Zielsetzungen angeboten werden. Das Feld der Jugendarbeit ist in sich nach Zielen, Aktivitäten, Trägern sowie pädagogischem und politischem Profil der Veranstaltungen allerdings so differenziert, daß eine nominale Definition kaum etwas über diese Vielfalt von Formen auszusagen vermag, insbesondere auch kaum geeignet ist, die Abgrenzung zu anderen Erziehungsfeldern und Interaktionsfeldern zu leisten. Institutionell ist Jugendarbeit als außerschulische Jugendbildung von der Erwachsenenbildung zu trennen; die Grenzen zu informellen Formen jugendlicher Gruppen sind allerdings fließend, insofern als einerseits solche Gruppen auch in der Jugendarbeit im Rahmen eines Verbandes oder im Rahmen einer Freizeitstätte entstehen oder als Gruppen selbst zum Gegenstand der Jugendarbeit werden (z.B. in der gemeinwesen-orientierten offenen Jugendarbeit), andererseits vor allem in jüngster Zeit selbst organisierte Gruppen von Jugendlichen die Szene der Jugendarbeit belebt haben.«[3]

● »In der Jugendarbeit geht es um einen Meta-Sozialisationsprozeß. Es geht um Sozialisationsabläufe, die dadurch zustande kommen, daß kognitiv die faktisch durch die bestehenden Sozialisationsinstitutionen produzierten Konflikte aufgearbeitet werden. Diese Aufarbeitung bleibt nicht im Kognitiven stecken. Sie sucht Lösungsmöglichkeiten, konstruiert im Gesamtzusammenhang gesellschaftlicher Entwicklung bessere Handlungsalternativen, diskutiert sie und schafft verbesserte, das heißt den neuen Herausforderungen entsprechendere Bewältigungsmöglichkeiten. Wir wählen den Begriff Meta-Sozialisation deshalb, um schon begrifflich anzudeuten, daß es in dieser Sozialisation um Sozialisation der Sozialisation geht.

Eine solche Aufgabenspezifizierung (die differentia spezifica) definiert den besonders erziehungswissenschaftlichen Objektbereich der Jugendarbeit. Sie hat in ihrer Theorie die Wirkungen institutionalisierter Sozialisationsprozesse zu untersuchen, hat diese Wirkungen in ihrer konfliktgenetischen Intention zu prüfen und nach Strategien zu suchen, durch die Jugendliche in weitgehend selbständiger Weise zu Lösungsmöglichkeiten finden, um ihre Konfliktsituation bewältigen zu können. Die Jugendarbeit hat in ihrer Praxis Jugendlichen ein Reflexionsklima zu schaffen, in dem sie ihre Konflikte selbständig verarbeiten lernen, indem sie die Bedingungen ihrer Konflikte erkennen, Lösungsstrategien entwerfen und deren Verwirklichung im Zusammenhang der gesellschaftlichen Möglichkeiten angehen.«[4]

»Jugendpflege, Jugendförderung, außerschulische Jugendbildung – heute vielfach auch zusammenfassend als Jugendarbeit bezeichnet – erstrebt, fordert und bewirkt Freizeiterlebnisse und Bildung von Kindern und Jugendlichen in Gruppen, Verbänden und Einrichtungen auf freiwilliger Grundlage außerhalb von Familie, Schule und Ausbildung. Ihr Ziel ist die allgemeine Förderung der heranwachsenden Kinder und Jugendlichen und ihrer Entwicklung im körperlichen, geistig-seelischen und sozialen Bereich. Damit werden die große Reichweite und der hohe Anspruch dieses Sozialisationsfeldes im Prozeß der Emanzipation der Heranwachsenden deutlich.«[5]

3 W. Hornstein u.a.: Lernen im Jugendalter. Stuttgart: Klett 1975, S. 156.

4 M. Affolderbach (Hrsg.): Praxisfeld: Kirchliche Jugendarbeit. Gütersloh: Mohn 1978, S. 168.

5 W. Gernert: Verwaltete Jugend. Darmstadt: Stoytscheff 1979, Bd. 1, S. 19.

2.2.2. Klassifikationsschema – Nominaldefinition

Es zeigt sich, daß es nicht sinnvoll ist, eine Realdefinition von Jugendarbeit zu versuchen. Vielmehr ist eine Umschreibung, d.h. eine Nominaldefinition angebracht. Eine deskriptive Vorgehensweise ermöglicht, mit Hilfe von Grundkategorien ein Bezugssystem zusammenzustellen, in das die vielfältige Wirklichkeit der Jugendarbeit möglichst vollständig eingeordnet werden kann. Dabei wird allerdings kein lückenloses Kategoriensystem angestrebt, vielmehr handelt es sich hier um einen Versuch der Systematisierung. Dieses Vorgehen schließt nicht aus, daß auf einem anderen Weg, z.B. durch gezielte Fragestellungen, ebenfalls Jugendarbeit umschrieben werden kann. Ich möchte Jugendarbeit neben Familie, Schule und Beruf als eine eigenständige dritte Sozialisationsinstitution bezeichnen. Sie unterscheidet sich generell von den beiden anderen Institutionen und beschäftigt sich speziell mit der Sozialisation der Sozialisation, deshalb kann man auch von einer »Meta-Sozialisation« der Jugendarbeit sprechen.

Zu den wesentlichen Elementen von Jugendarbeit können gezählt werden:
- Abgrenzung und Festlegung,
- sozialpsychologische Bedingungen,
- individualpsychologische Bedingungen,
- didaktische Prinzipien,
- pädagogische und politische Inhalte, Aufgaben und Ziele,
- methodische Prinzipien,
- sozialpädagogische Grundregeln,
- mitbestimmende Faktoren des pädagogischen Feldes.

Erst die Auseinanderfaltung und Umschreibung dieser einzelnen Elemente macht es möglich, die Meta-Sozialisation Jugendarbeit als dritte Institution näher zu beschreiben und zu erklären.

1. Gesetzliche Abgrenzung und Festlegung von Jugendarbeit

Das Jugendwohlfahrtsgesetz (JWG) regelt die Bereiche der Jugendarbeit. Es spricht von Jugendhilfe und teilt diese in Jugendpflege (Jugendarbeit, außerschulische Jugendarbeit) und Jugendfürsorge auf. Unter Jugendarbeit werden solche pädagogischen Maßnahmen verstanden, die im JWG geregelt sind. Die Jugendhilfe wurde am 1.1. 1976 als besonderer Teil des Sozialgesetzbuches (SGB) aufgenommen (§ 8 SGB I) und hat damit eine Aufwertung erfahren. Durch diese Einbindung in das SGB werden die Leistungen des JWG auf eine Ebene mit den Leistungen der Sozialhilfe (§ 28 SGB I) gestellt. Von der Rechtsgrundlage her stehen sich daher Jugendhilfe und Sozialhilfe in nichts nach. Der zentrale Unterschied besteht in den bezifferbaren und einklagbaren Individualansprüchen des BSHG gegen die Kommunen, während dies im JWG nur bedingt der Fall ist.[6]

Die sozialpädagogischen Aufgaben werden von Trägern der öffentlichen bzw. der freien Jugendhilfe organisiert. Wer zu den Trägern der Jugendhilfe zählt, wird im JWG geregelt. Auch spontane Zusammenschlüsse von Jugendlichen können dazu gerechnet werden, wenn sie sich in irgendeiner Form der im JWG genannten Angebote bedienen. Es handelt sich um ein »außerschulisches« und »außerbetriebliches« Bildungsangebot, um eine eigenständige Sozialisationsinstitution.

Ausgeklammert werden solche Bereiche, die sich direkt an die Eltern oder Erziehungsberechtigten wenden.

Ebenfalls grenzt sich Jugendarbeit von Einrichtungen der Erwachsenenbildung ab.

Darüber hinaus handelt es sich um ein nicht-kommerzielles Freizeitangebot, d.h., Jugendarbeit wird stets auf Subventionen angewiesen sein. Jugendarbeit ist eine phasenspezifische Erziehungsform. Sie wendet sich überwiegend an Kinder, Jugendliche und junge Erwachsene etwa im Alter von 6 bis 18 Jahren.

Jugendarbeit ist damit zeitlich begrenzt. In der Jugendarbeit geht es um sozialpädagogische bzw. pädagogisch-politisch intendierte Lernangebote.

Jugendarbeit versteht sich als eine subsidiäre Institution, d.h., sie will die Sozialisationsziele der anderen Erziehungsinstitutionen ergänzen, fortführen und vertiefen.

Jugendarbeit versteht sich darüber hinaus auch als korrektives Lernfeld, d.h., sie will die Sozialisation anderer Erziehungsinstitutionen korrigieren, verändern, hinterfragen, sich davon z.T. distanzieren.

Dabei wird Jugendarbeit jedoch durch die Tatsache eingeschränkt, daß sie es mit Kindern, Jugendlichen und jungen Erwachsenen zu tun hat, deren entscheidende Sozialisationsprozesse bereits weitgehend abgeschlossen sind. Als Mangel wird dem im JWG genannten Aufgabenkatalog nachgesagt, daß er zu vage formuliert sei, es fehle eine Präzisierung der Aufgaben und der gesellschaftlichen Erwartungen.

Da Jugendarbeit in der Öffentlichkeit noch nicht den ihr zustehenden Stellenwert einnimmt bzw. er ihr nicht zuerkannt wird, steht sie ständig unter einem Legitimationszwang ihrer Tätigkeit.

Die dritte Institution Jugendarbeit umfaßt ein breites Spektrum von Einrichtungen wie z.B.: Offene Tür, Jugendclubs, Jugendzentren,

6 Vgl. U. Preis: Rechtsprobleme bei Eingriffen in die Finanzgrundlagen der Jugendhilfe. Hrsg.: Jugendringe in NRW. Düsseldorf o.J., S. 12.

Ferienkolonien, Jugendhöfe, Jugendbildungsstätten, Jugendgemeinschaften, Jugendverbände etc.

2. Sozialpsychologische Bedingungen

Jugendarbeit ist eine Freizeitinstitution, d.h., ihre Maßnahmen sind im Freizeitbereich angeordnet. Sie unterliegt daher auch den besonderen Bedingungen, Möglichkeiten und Grenzen des Freizeitsektors.

Zwei weitere wesentliche Bedingungen zeichnen Jugendarbeit aus: Die Teilnehmer können nicht gezwungen werden; sie besitzen die Freiheit, zu kommen bzw. zu gehen.

Die zweite Bedingung ist die, daß in der Freiheit gleichzeitig auch die Freiwilligkeit eingeschlossen ist. Kinder, Jugendliche und junge Heranwachsende nehmen freiwillig an den Maßnahmen teil.

In der Jugendarbeit geht es um die Aktivierung des Mutationspotentials mit dem Ziel der Veränderung der Gesellschaft, um ein Mehr an Freiheit, ein Mehr an Mündigkeit und ein Mehr an Humanisierung. Entsprechend wird Jugendarbeit auch als »Meta-Sozialisation« bezeichnet. Obwohl Jugendarbeit außerhalb von Familie, Schule und Beruf verläuft, muß sie sich u.a. auch mit deren Sozialisationszielen und -defiziten auseinandersetzen; denn die Jugendlichen werden durch diese sozialisiert und kommen mit den daraus entstandenen Problemen in die Jugendarbeit.

3. Individualpsychologische Bedingungen

Da Jugendarbeit durch Freiheit und Freiwilligkeit gekennzeichnet ist, erhält sie ihre Legitimität nur von den Jugendlichen selbst, d.h., die Bedürfnisse und Interessen der Jugendlichen sind entscheidende Kriterien für Jugendarbeit. Daher muß sie bedürfnisorientierte Maßnahmen anbieten. Somit ist Jugendarbeit der Ort, in dem prinzipiell jedes Bedürfnis seine Befriedigung finden kann. Allerdings unter der Voraussetzung, daß es sich kultivieren läßt.

Jugendliche haben nicht nur Bedürfnisse, die nach Befriedigung streben und dem Subjekt vielfach unbewußt sein können, sondern auch Interessen. Interessen unterscheiden sich von Bedürfnissen dadurch, daß sie dem Subjekt bewußt sind, daß es sie will und daß es nach ihrer Realisierung und Vertiefung strebt. Interessen treten in verbaler Form auf und weisen einen Zukunftsbezug auf. Jugendarbeit muß die Interessen Jugendlicher ernst nehmen und sie zum Inhalt ihrer Arbeit machen.

4. Didaktische Prinzipien

Die Angebote der Jugendarbeit sind u.a. dadurch gekennzeichnet, daß sie bedürfnis- und interessenorientiert sind, daß sie Flexibilität, Offenheit, Spontaneität, Dynamik, Unstetigkeit, Anpassungsfähigkeit, Kurzfristigkeit besitzen.

Rollen- und Methodenvielfalt ist ein weiteres didaktisches Prinzip.

Jugendliche können mit Rollen experimentieren, eine Vielzahl von Rollen üben, ohne sich vor Sanktionen fürchten zu müssen.

Der Sozialisation in der Schule wird vielfach als Defizit nachgesagt, sie würde nicht auf das Leben vorbereiten. Demgegenüber zeichnen sich die Angebote in der Jugendarbeit besonders durch Realitätsnähe aus.

In der Jugendarbeit ist der Jugendliche nicht Objekt, sondern Subjekt der Angebote. Seine Bedürfnisse, Interessen, Probleme stehen im Mittelpunkt. In allen Aktionen wird für ihn Partei ergriffen.

Jugendarbeit ist nicht von der Art, daß etwas gelehrt wird, d. h. Erziehungs- und Lehrziele bestehen, von denen der Jugendliche wenig weiß und die er z. T. gar nicht will. Vielmehr geht es in der Jugendarbeit um Lernziele, um konkretes Tun, Aktionen, die der Verbesserung seiner Lebenslage dienen sollen.

Die Jugendlichen sind an den Aktionen direkt beteiligt, sie wollen diese. Durch diese Partizipation an allem, was in ihr geschieht, zeichnet sich die Jugendarbeit in besonderer Weise aus.

Wenn die Jugendlichen Subjekt der Angebote sind, können diese nur von einer Herrschaftsarmut gekennzeichnet sein.

Gleichfalls fehlt in der Jugendarbeit ein Fächerkanon, der vorgibt, welche Aktivitäten durchgeführt werden. Curricula in der Jugendarbeit sind nicht möglich.

Damit verbunden ist, daß es keine Leistungskontrolle geben kann, es besteht Dispens von jedem Leistungsprinzip.

Entsprechend diesen Überlegungen gilt für die Jugendarbeit, daß sie Zurückhaltung bei der Formulierung von Erziehungszielen übt. Damit ist nicht gesagt, daß sie keine Ziele verfolgt, vielmehr ist gemeint, daß sie unter Berücksichtigung der Bedürfnisse und Interessen Jugendlicher, deren Freiheit und Freiwilligkeit offen und flexibel sein muß für das, was Jugendliche möchten. Dieses Eingehen auf die Jugendlichen ist mit Lehr- und Lernzielen ohne weiteres zu vereinbaren.

Viele Angebote in der Jugendarbeit eignen sich, demokratisches Verhalten einzuüben. Jugendliche sollen über die Maßnahmen mitentscheiden.

Da Jugendliche freiwillig zu den Veranstaltungen der Jugendarbeit kommen, erhalten diese Veranstaltungen durch die Teilnahme der Jugendlichen eine positive Bewertung. Es steht kein Zwang dahinter.

Die Maßnahmen müssen jedoch für Jugendliche attraktiv sein, sollen sie ansprechen und zur Mitarbeit anregen.

Man muß erkennen, daß der Freizeitbereich erheblich durch Konsumrollen Jugendlicher geprägt ist. Die Befriedigung von physischen und psychischen Bedürfnissen ist sehr groß.

Durch die Offenheit der Angebote soll der Jugendliche aufgefordert werden, seine Meinungen frei zu äußern, ohne Furcht vor Sanktionen und ohne Furcht, Fehler zu begehen.

Die Offenheit und die freie Meinungsäußerung machen ein weiteres Merkmal deutlich: Jugendarbeit ist ein Experimentierfeld. Jugendliche dürfen neue Rollen üben, sie dürfen durch Experimente versuchen, ihren Standort in der Gesellschaft zu finden. In die Experimente können Jugendliche ihre eigenen Erfahrungen einbringen und weiter ausbauen, neue Erfahrungen sammeln und damit wiederum folgenlos in der Jugendarbeit experimentieren. Für dieses Experimentieren ist es wichtig, daß Jugendliche durch Erwachsene ein »feedback« erhalten.

Eine sehr wichtige Rolle im Sozialisationsprozeß Jugendlicher spielen die Gruppen Gleichaltriger. Deshalb kann man von der Jugendarbeit ebenfalls sagen, daß sie cliquenorientiert sein muß.

Eine weitere Eigenschaft übernimmt Jugendarbeit in der Funktion der sozialen Geborgenheit, d.h., in der Jugendarbeit kann der Jugendliche Zuflucht nehmen vor den Anforderungen, die aus den anderen Sozialisationsinstitutionen entstehen.

Jugendarbeit darf sich nicht als statische Einrichtung verstehen, vielmehr fordern die Schnellebigkeit der Zeit wie auch die ständige Veränderung der Lebenslage Jugendlicher, daß sie Mobilität zeigt und sich schnell auf neue Situationen einstellen kann. In der Jugendarbeit kann ein Freiraum verminderter Repressionen entstehen, der es ermöglicht, neue Denk- und Verhaltensschemata zu üben und aus den gewohnten und geübten Schemata des Alltags auszubrechen.

Die Teilnehmer müssen in der Jugendarbeit die Lernansprüche überprüfen und auswählen dürfen. Deshalb gilt eine möglichst große Freiheit von Fremdbestimmung.

Jugendarbeit bietet die Möglichkeit der Aktualität, d.h., im subjektiven wie im objektiven Sinn können persönliche wie gesellschaftliche Ereignisse kurzfristig in die Programme aufgenommen werden.

5. Pädagogische und politische Inhalte, Aufgaben, Ziele

Jugendarbeit ist nicht nur eine Freizeitinstitution, in der die individualpsychologischen Bedingungen erfüllt sein müssen, sondern sie ist auch eine Bildungsinstitution, in der geistige und seelische Bedürfnisse und Interessen ihre Befriedigung finden können. Unter den pädagogischen und politischen Zielsetzungen wird Jugendarbeit als Bildungsinstitution verstanden. In der Literatur werden zahlreiche Zielsetzungen genannt: Emanzipation, Mündigkeit, Autonomie, Persönlichkeitsentfaltung, Ich-Kompetenz, Identitätsfindung, Aufklärung, Kritikfähigkeit etc.

6. Methodische Prinzipien

Bisher wurde bei den Überlegungen zu einer Definition von Jugendarbeit mehr von der Seite des pädagogischen Feldes und der daran teilnehmenden Jugendlichen ausgegangen. In diesem Punkt wird nun nach der Stellung der Erwachsenen in der Jugendarbeit gefragt. Welche Funktionen übernehmen sie?

Ihre Stellung und ihre pädagogische Funktion in der Jugendarbeit kann man durch folgende Stichworte umschreiben: Gespräch, Beratung, Animation, Orientierungshilfe, Übung, Begleitung, Information, Aufklärung, Engagement, Parteilichkeit, Beziehung, Feedback, Reflexion, Einzelhilfe, Gruppenarbeit u. a.

7. Sozialpädagogische Grundregeln

In der Sozialpädagogik haben sich spezifische Prinzipien der Arbeitsweise herauskristallisiert und bewährt. Folgende kann man für die Jugendarbeit nennen:

- Anfangen bei den Bedürfnissen der einzelnen und der Gruppen.
- Selbstbestimmung der Jugendlichen oder: sich entbehrlich machen.
- Mit der Stärke des einzelnen arbeiten.
- Zusammenarbeit ist besser als Einzelwettbewerb oder: vom individualistischen Konkurrenzdenken zur reflektions- und handlungsfähigen Gruppe.
- Orientierung am sozialen Konflikt oder: problemformulierende Erziehung.

8. Mitbestimmende Faktoren

Jugendarbeit wird von verschiedenen Faktoren beeinflußt. Dazu zählen:

Der Träger der Einrichtung bzw. der Maßnahme, durch den bestimmte Bedingungen bereits gegeben sind.

Das lokale Milieu, d.h. der Ort, an dem Jugendarbeit durchgeführt wird, ist von entscheidender Bedeutung.

Des weiteren ist für Jugendarbeit die Ausstattung der Einrichtung für Veranstaltungen sehr wichtig. Für bestimmte Maßnahmen sind besondere Einrichtungen notwendig.

Der entscheidende Faktor sind jedoch eindeutig die Jugendlichen selbst mit ihren Bedürfnissen und Interessen.

Neben den Jugendlichen sind auch die Pädagogen ein bestimmender Faktor; auch sie bringen Bedürfnisse und Interessen mit, die mit denen der Jugendlichen abgestimmt werden müssen.

Die Finanzen spielen eine wichtige Rolle. Da Jugendarbeit eine »Bezuschussungsinstitution« ist, ist sie auch von ihrem Geldgeber abhängig.

Von nicht geringer Bedeutung ist die öffentliche Meinung. Es wird sich wesentlich auf ihre Arbeit auswirken, ob Jugendarbeit eine positive oder negative Presse hat.

Obwohl dieser Versuch einer operationalen Definition von Jugendarbeit nach den acht Kriterien bereits recht umfangreich ausgefallen ist, muß trotzdem angemerkt werden, daß sie nicht vollständig ist und weitere Merkmale unberücksichtigt geblieben sind. Doch scheinen die wichtigsten Elemente genannt worden zu sein, so daß mit dieser Umschreibung Jugendarbeit einigermaßen abgegrenzt und inhaltlich geklärt worden ist.

2.3. Notwendigkeit von Jugendarbeit

Jugendarbeit ist zur Zeit kein Thema von ausgesprochen öffentlichem Interesse. Im Moment stehen andere Themen und Probleme im politischen und gesellschaftlichen Blickpunkt: technologischer Fortschritt, Umweltbelastung, Arbeitslosigkeit, Friedenssicherung, Aids u.a. Die kommunalen Entscheidungsträger sehen im Etat der Jugendhilfe eine Manövriermasse, die man angesichts der knappen Kasse als erste kürzen kann. Diese Haltung ist inzwischen sehr umstritten, wie ein Rechtsgutachten von *Ulrich Preis* nachweisen konnte.[7]

Preis kommt zu dem Ergebnis, daß nach herrschender Rechtsauffassung ein Rechtsanspruch auf Jugendhilfe besteht, soweit nach dem JWG Hilfen zu erbringen sind, die der Realisierung des Rechts auf Erziehung des einzelnen dienen.[8]

Neben dieser rechtlichen Klärung gilt es, die Notwendigkeit von Jugendarbeit im öffentlichen Bewußtsein deutlich zu machen. Ist Jugendarbeit überhaupt notwendig? Ist sie eine wohlwollende Zugabe einer reichen Industriegesellschaft, die wegfallen kann, wenn finanzielle Engpässe auftreten? Um diese Fragen beantworten zu können, muß man unsere Gesellschaft näher unter die Lupe nehmen.

- **Wohlstandsgesellschaft**

Wir leben in einer hoch technisierten Wohlstandsgesellschaft. Trotz Arbeitslosigkeit und Wohnungsprobleme müssen wir sagen, es geht uns so gut, wie nie zuvor. Wir genießen die Rechte einer freiheitlich-demokratischen Gesellschaft. Was das bedeutet, können wir aus der Entwicklung in der früheren DDR und den osteuropäischen Staaten ermessen. Wir leben in einer Konsum- und Wohlstandsgesellschaft, in der wir auch tatsächlich das kaufen können, was wir möchten. Der Markt bietet alles und lockt, mehr auszugeben als man hat. Man spricht daher auch von einer Konsum- und Überflußgesellschaft bzw. Bedarfsweckungsgesellschaft.

Die Entwicklung in der früheren DDR und in den osteuropäischen Ländern hat uns deutlich vor Augen geführt, was wir erreicht haben

7 Vgl. U. Preis: Rechtsprobleme bei Eingriffen in die Finanzgrundlagen der Jugendhilfe. A.a.O.
8 Vgl. ebenda, S. 31.

(Wohlstand), wie wir in vielen Bereichen sensibel für Probleme (Umwelt) geworden sind und wie gut es uns vergleichsweise geht.

In einer vom Bundesinnenministerium in Auftrag gegebenen Untersuchung des Instituts für praxisorientierte Sozialforschung im Juni 1990 war eine große Mehrheit der Bundesbürger mit den gesellschaftlichen Bedingungen sehr zufrieden bzw. eher zufrieden: 87 Prozent mit der wirtschaftlichen Lage, 84 Prozent mit den Bildungschancen, 78 Prozent mit den Aufstiegsmöglichkeiten, 71 Prozent mit der Gleichberechtigung, 69 Prozent mit dem Rechtswesen, 53 Prozent mit dem Schutz vor Kriminalität.

● **Preis für den Wohlstand**

Für diesen Wohlstand zahlen wir, vor allem die Kinder und Jugendlichen, einen hohen Preis. Die Kosten der modernen Lebensweise in einer Industriegesellschaft sind hoch. Ein paar Daten sollen dies belegen:

- Etwa 12 bis 15 Prozent aller Kinder haben eine frühkindliche Hirnschädigung. Die Tendenz ist steigend.
- Repräsentative Studien kommen im Durchschnitt zu der Schätzung, wonach etwa 10 bis 12 Prozent der Kinder im Grundschulalter an psychischen Störungen leiden. Im Jugendalter muß man mit 15 bis 20 Prozent rechnen. Der Trend ist steigend.
- Etwa 7 bis 10 Prozent aller Kinder und Jugendlichen sind von chronischen Krankheiten betroffen. Die Tendenz ist auch hier steigend.
- Etwa 3 Prozent aller Jugendlichen muß man als alkoholsüchtig einstufen (120 000 bis 150 000).
- Etwa 50 000 bis 70 000 Jugendliche gehören zum harten Kern der Drogenabhängigen.
- Etwa in über 300 000 Fällen müssen wir von körperlichen und/oder sexuellen Mißhandlungen von Kindern und Jugendlichen unter 18 Jahren sprechen.
- Im öffentlichen Verkehrsbereich sind die Entfaltungsmöglichkeiten für Kinder heute katastrophal. Verkehrsunfälle sind nicht zufällig heute die Todesursache Nr. 1 im Kindes- und Jugendalter. (Wie sehr der Straßenverkehr die Lebenschancen von Kindern beeinflußt, kann man auch daran verdeutlichen, daß bei den bis zu 5jährigen 21 Prozent aller tödlichen Unfälle auf Verkehrsunfälle zurückzuführen sind; bei den 5- bis 15jährigen werden sogar 64 Prozent der tödlichen Unfälle durch den Straßenverkehr hervorgerufen.)
- Nach einer Studie des Düsseldorfer Instituts für Umwelthygiene enthält das Blut von Großstadtkindern erheblich mehr krebserregendes Benzol als das Blut von Kindern in kleineren Städten. Danach haben sechsjährige Kinder in Köln 71 Prozent mehr Benzol im Blut als gleichaltrige Kinder in kleineren Städten.
- Die BRD gehört zu den Ländern in der Welt mit den höchsten Suizidra-

ten Jugendlicher, die eine weiter steigende Tendenz aufweist. Hinzu kommt, daß Unfälle mit tödlichem Ausgang bei Jugendlichen eine häufige Todesursache sind. Man muß davon ausgehen, daß ein Großteil dieser tödlichen Unfälle maskierte Selbstmorde darstellen.

- 30 Prozent aller Ehen werden durch Scheidung beendet.
- Die Zahl alleinerziehender Eltern wächst ständig. Inzwischen werden fast 1,5 Millionen Kinder, das sind fast 20 Prozent aller Kinder, von alleinerziehenden Eltern betreut.
- In einer großen Zahl von Familien ist heute eine zuverlässige physische, psychische, soziale und emotionale Pflege der Kinder kaum noch möglich. Viele Familien sind mit ihren Aufgaben überfordert.
- Für nur 3 Prozent der Kinder unter drei Jahren stehen Tagesbetreuungsplätze zur Verfügung. Der Bedarf dürfte etwa bei 33 Prozent liegen.
- Die Schule als zentrale gesellschaftliche Organisation des Kindes- und Jugendalters trägt nach übereinstimmenden Untersuchungen wesentlich zur Entstehung jugendlicher Sinnkrise bei. Etwa 40 Prozent aller Schüler lehnen die Schule ab und weisen Schulverdrossenheit und Schulunlust auf. Die Schule macht die Schüler krank, das ist das übereinstimmende Ergebnis medizinischer Untersuchungen.

Diese Hinweise mögen genügen, um aufzuzeigen, daß trotz der großen Erfolge unserer modernen Gesellschaft bei der Versorgung der Bevölkerung mit materiellen Gütern und wichtigen Dienstleistungen das soziale, psychische und körperliche Wohlbefinden großer Teile der jungen und jüngsten Bürger keineswegs gewährleistet ist und Jugendarbeit sehr wohl öffentliche Aufmerksamkeit verdient.

2.4. Jugendarbeit als dritte Erziehungs- und Bildungsinstitution

In unserer Gesellschaft gibt es zwei offizielle Erziehungs- und Bildungsinstitutionen: Familie und Schule/Beruf. Beide Einrichtungen sind überfordert, wenn sie in Anbetracht der dynamischen gesellschaftlichen Entwicklung die Erziehung und Bildung von Kindern und Jugendlichen allein verantworten sollen. Es müssen ihnen weitere, neue Einrichtungen zur Seite gestellt werden, die mit ihnen gemeinsam die Persönlichkeitserziehung von Kindern und Jugendlichen übernehmen.

Neben der Familie, die als erste Erziehungs- und Bildungsinstitution bezeichnet wird, und der Schule/dem Beruf (zweite Erziehungs- und Bildungsinstitution) ist ein dritter Bereich entstanden. Dieser dritte Bereich wird allgemein als Sozialpädagogik bezeichnet. Sie stellt ein vielfältiges Angebot für Kinder und Jugendliche zur Verfügung.

Jugendarbeit und Sozialpädagogik, in ihrer historischen Entwicklung betrachtet, wurden zunächst als identische pädagogische Einrichtungen gesehen. Die gesellschaftliche Entwicklung hat jedoch eine Ausdifferenzierung der Sozialpädagogik notwendig werden lassen, so daß Jugendarbeit zwar der zentrale Bereich der Sozialpädagogik ist, jedoch nicht mehr der einzige. Die Gleichschaltung von Sozialpädagogik und Jugendarbeit ist bis heute noch daran zu erkennen, daß beide als dritte Erziehungs- und Bildungsinstitution bezeichnet werden. Dies darf nicht irritieren. Sozialpädagogik ist von ihrem Theorieverständnis und gesellschaftlichen Auftrag her eine dritte Erziehungs- und Bildungsinstitution. Jugendarbeit als ihr erster und zentralster Tätigkeitsbereich hat diese Tatsache im Vergleich zu den anderen Bereichen gesetzlich geregelt und festgehalten (JWG). Insofern ist Jugendarbeit eine dritte Erziehungs- und Bildungsinstitution, eingebettet im übergeordneten Tätigkeitsfeld der Sozialpädagogik.

2.4.1. Offizielle Belege

Jugendarbeit als dritte Erziehungs- und Bildungsinstitution soll durch einige offizielle Aussagen aus Jugendberichten des Bundes und der Länder sowie der Bund-Länder-Kommission für Bildungsplanung belegt werden.

- »Hinsichtlich der Qualität und Bedeutung der Jugendamtsarbeit ist die seit den zwanziger Jahren immer wieder aufgestellte Forderung zu berücksichtigen, daß das System der Jugendhilfe dem Schulsystem gleichrangig an die Seite gestellt werden und neben Familie und Schule eine dritte Kraft ausmachen sollte, die für die Jugenderziehung verantwortlich ist.«[9]
- »Zu Beginn des Berichtszeitraums hat der von der Bund-Länder-Kommission für Bildungsplanung am 15. Juni 1973 verabschiedete Bildungsgesamtplan, der durch zustimmende Beschlüsse der Regierungschefs des Bundes und der Länder vom 20. September und 30. November 1973 bindende Wirkung erlangte, den Versuch einer zusammengefaßten Beschreibung auch der außerschulischen Jugendbildung unternommen.

Außerschulische Jugendbildung ist danach im wesentlichen jenem Teil des Erziehungs- und Bildungswesens zuzuordnen, der zusammenfassend als »Jugendhilfe« bezeichnet wird. In ihr berühren sich ebenso wie in der Erziehung im Elementarbereich Jugendhilfe und das übrige Bildungswesen am engsten. Außerschulische Jugendbildung wird als ein Gestaltungsbereich eigener Prägung gesehen, der das institutionelle Angebot des übrigen Bildungswesens ergänzt ...

Über die inhaltliche Beschreibung hinaus ist die Aufnahme der außerschulischen Jugendbildung in den Bildungsgesamtplan von ganz besonderer Bedeutung. Während vordem zum Bildungswesen nur Schule, Hochschule und berufliche Bildung gezählt wur-

9 Dritter Jugendbericht. Hrsg.: Der Bundesminister für Jugend, Familie und Gesundheit. Bonn-Bad Godesberg 1973², S. 24.

den, umfaßt es nach nunmehrigem Verständnis auch die Elementarerziehung, eine systematisierte Weiterbildung und die außerschulische Jugendbildung. Mit der Einbeziehung in den Bildungsgesamtplan wurde die außerschulische Jugendbildung zum ersten Mal neben den anderen Teilen des Bildungswesens – jetzt Elementar-, Primar- und Sekundarbereich, Tertiärer Bereich sowie Weiterbildung genannt – aufgeführt und wie sie als ein zentraler Bereich des Bildungswesens bezeichnet. Die außerschulische Jugendbildung ist dadurch zum gleichberechtigten und gleichgewichtigen Bestandteil unseres Gesamtbildungssystems erklärt worden . . .

Der im Bildungsgesamtplan verwandte Begriff außerschulische Jugendbildung, der zunehmend durch die weniger enge Bezeichnung Jugendarbeit ersetzt wird, hat seine rechtliche Grundlage im § 1 JWG . . . Das im § 1 JWG aufgestellte Ziel der Erziehung – die leibliche, seelische und gesellschaftliche Tüchtigkeit – ist in unserer Zeit zu interpretieren als Bemühen um eine allseitige Heranbildung und Entfaltung der menschlichen Gesamtpersönlichkeit. Tüchtigkeit ist in diesem Sinne als lebenstüchtig und damit als die Fähigkeit zu verstehen, sein Leben im Rahmen der Gesellschaft selbständig planen und gestalten zu können.«[10]

- »Im Bildungsgesamtplan wird bei den Darlegungen über die außerschulische Jugendbildung zutreffend festgestellt, daß der Erziehungs- und Bildungsanspruch junger Menschen durch Elternhaus, Schule und Berufsausbildung allein häufig nicht erfüllt werden kann. Weitere Entwicklungs- und Entfaltungsmöglichkeiten müssen hinzukommen . . . Zur eigenverantwortlichen Entwicklung seiner Persönlichkeit wie zum Hineinwachsen in die Gesellschaft benötigt der junge Mensch neben den ihm vorgegebenen Sozialisationsinstanzen Elternhaus, Schule und Beruf ein besonderes, eigenes Feld sozialen Lernens. Dieses Feld ist in erster Linie die Jugendarbeit.«[11]
- »Jugendarbeit bildet bei aller Vielfalt ihrer Strukturen, Ziele und Formen einen festen Bestandteil der gesellschaftlichen Organisation von Erziehung und Bildung. Jugendarbeit hat ihre zentrale gesellschaftspolitische Funktion und Legitimation in der Bereitstellung und Gestaltung von Handlungsräumen, die den einzelnen neben der Entfaltung seiner Persönlichkeit auch die Übernahme sozialer Verantwortung ermöglichen sollen . . . Die Betonung eines eigenständigen Handlungsauftrages erfolgt gemeinhin mit Verweis auf bestimmte Strukturmerkmale, die die Jugendarbeit von anderen institutionalisierten Sozialisationsbereichen unterscheidet . . . Zum einen bietet Jugendarbeit Jugendlichen eigene Freizeit- und Experimentierräume an, in denen Interessen und Bedürfnisse entwickelt und befriedigt werden können, für die in den gesellschaftlichen Anforderungsbereichen von Schule und Ausbildung wie auch in der Herkunftsfamilie nur ein begrenztes Anregungspotential vorhanden ist.«[12]
- »Die Jugendarbeit nimmt aufgrund ihres Selbstverständnisses und Handlungsansatzes

10 3. Jugendbericht. Bericht der Landesregierung über die Lage der Jugend und über die Maßnahmen der Jugendhilfe im Lande gemäß § 20 des Ausführungsgesetzes zum Gesetz für Jugendwohlfahrt – 3. Jugendbericht. Hrsg.: Der Minister für Arbeit, Gesundheit und Soziales des Landes Nordrhein-Westfalen. Düsseldorf 1979, S. 84 bis 85.

11 Ebenda, S. 86.

12 Siebter Jugendbericht. Jugendhilfe und Familie – die Entwicklung familienunterstützender Leistungen der Jugendhilfe und ihre Perspektiven. Hrsg.: Der Bundesminister für Jugend, Familie, Frauen und Gesundheit. Bonn 1986, S. 42.

eine besondere Stellung in der Jugendhilfe ein: Kinder und Jugendliche sollen in der Jugendarbeit selbst tätig werden können ... Angesichts der weitgehenden Vergesellschaftung des Kindes- und Jugendlebens, eines expandierenden kommerziellen Freizeitmarktes, gewinnen die besonderen Merkmale der Jugendarbeit (Selbstorganisation, Ganzheitlichkeit und Partizipation) neu an Bedeutung.«[13]

- »Die Jugendarbeit als Handlungsfeld der Jugendhilfe hat sich insbesondere im Rahmen der Reformdiskussion der 70er Jahre stark ausgeweitet und als eigenständiger Erziehungs- und Bildungsbereich entwickelt. Angebote der Jugendarbeit stellen für die Erziehung und Bildung junger Menschen ein eigenes und wichtiges Feld sozialen und politischen Lernens dar.«[14]

2.4.2. Jugendarbeit als dritte Lerninstitution

In diesen offiziellen Texten wird Jugendarbeit als dritte Erziehungs- und Bildungsinstitution bezeichnet. Der neuere Diskussionsstand macht jedoch eine Korrektur notwendig. Der Bereich der Sozialpädagogik hat sich im Laufe der Jahre von der Zielgruppe Kinder und Jugendliche auf alle Altersstufen erweitert. Mit dieser Zielgruppenausweitung hat sich auch ihr Inhalt verändert bzw. erweitert. Neben Erziehung und Bildung ist ein dritter Schwerpunkt hinzugekommen, der immer mehr sozialpädagogisches Arbeiten definiert: *Lernen.* Sozialpädagogik versteht sich als dritte *Lerninstitution,* als eine Einrichtung, in der es primär um Lernen als einen lebenslangen Prozeß geht. Unter Lernen versteht man allgemein Verhaltensänderung, Kompetenzerwerb, Qualifikation. Lernen ist das Aufnehmen, Verarbeiten und Umsetzen von Informationen. Pädagogisch gesehen, bedeutet Lernen die Verbesserung oder den Neuerwerb von Verhaltens- und Leistungsformen und ihren Inhalten.

»Lernen meint aber meist noch mehr, nämlich die Änderung bzw. Verbesserung der diesen Verhaltens- und Leistungsformen vorausgehenden und sie bestimmenden seelischen Funktionen des Wahrnehmens und Denkens, des Fühlens und Wertens, des Strebens und Wollens, also eine Veränderung der inneren Fähigkeiten und Kräfte, aber auch der durch diese Fähigkeiten und Kräfte aufgebauten inneren Wissens-, Gesinnungs- und Interessenbestände des Menschen. Die Verbesserung oder der Neuerwerb muß aufgrund von Erfahrungen, Probieren, Einsicht, Übung und Lehre erfolgen und muß dem Lernenden den künftigen Umgang mit sich oder der Welt erleichtern, erweitern oder vertiefen. Das Lernen muß ihm helfen, sich selbst besser zu verwirklichen, d.h. sich selbst besser in die Welt hineinzuleben, und das Lernen muß ihm auch helfen, die Inhalte und Forderungen der Welt angemessen zu verstehen und zu erfüllen, d.h. ihnen besser gewachsen zu

13 Achter Jugendbericht. Bericht über Bestrebungen und Leistungen der Jugendhilfe. Hrsg.: Der Bundesminister für Jugend, Familie, Frauen und Gesundheit. Bonn 1990, S. 107.

14 Jugend in NRW. 5. Jugendbericht der Landesregierung Nordrhein-Westfalen. Hrsg.: Minister für Arbeit, Gesundheit und Soziales des Landes Nordrhein-Westfalen. Düsseldorf 1989, S. 90.

sein. Wir hoffen nach dem gelungenen Abschluß eines Lernprozesses, daß wir gleiche, ähnliche und neue Aufgaben des Lebens besser lösen können. Lernen umfaßt auch den Abbau von Verhaltens- und Leistungsformen, die den Lernenden den Umgang mit sich oder der Welt erschweren, beengen oder verflachen.«[15]

Entsprechend diesen Überlegungen sollte man auch Jugendarbeit besser als dritte *Lerninstitution* bezeichnen. Diese Formulierung käme dem Interesse Jugendlicher entgegen. Sie haben gegen pädagogische Institutionen eine berechtigte Abneigung. Die Schule z.B. verlangt von ihnen, Inhalte zu lernen, die für ihr Leben wenig Bedeutung haben. Jugendarbeit, die sich Jugendlichen als pädagogische Einrichtung anbietet, findet bei ihnen immer weniger Anklang. Wenigstens ihre Freizeit wollen sie nicht verpädagogisieren lassen. Deshalb finden die kommerziellen Anbieter bei ihnen auch ein viel größeres Interesse, weil diese sie als potentielle Käufer ernst nehmen, sie als Erwachsene behandeln und keine pädagogischen Absichten verfolgen.

Wenn Jugendarbeit sich als Lerninstitution versteht, in der es um den Erwerb von Handlungs- bzw. Ich-Kompetenzen geht, dann wird sie auch für Jugendliche wieder interessant. Will Jugendarbeit als dritte Lerninstitution ihren Auftrag im Sozialisationsprozeß von Kindern und Jugendlichen erfüllen, muß sie diese Änderung in ihrem Selbstverständnis vornehmen.

2.5. Zusammenfassung

Jugendarbeit ist neben Familie und Schule eine dritte Lerninstitution. Sie ist aufgrund der Entwicklung unserer Gesellschaft dringend notwendig. Diese Tatsache zieht einige Konsequenzen nach sich.

- Jugendarbeit ist nicht ein Bereich, in dem so nebenbei von einigen Jugendengagierten ein wenig Freizeitbeschäftigung betrieben wird.
- Jugendarbeit steht gleichrangig, gleichberechtigt neben Familie und Schule/Beruf. Jugendarbeit hat einen eigenen Erziehungs- und Bildungsauftrag. Sie soll nicht nur Familie und Schule ergänzen, unterstützen, sondern soll eigenständig Lernen ermöglichen. Dabei ist Jugendarbeit im vorbeugenden Bereich angesiedelt und nicht im metaphylaktischen, d.h., Jugendarbeit ist Sozialpädagogik und nicht Sozialarbeit.
- Wenn Jugendarbeit so verstanden wird und einen derartigen Auftrag hat, ist sie keine randständige Angelegenheit, ihre Aufgabe muß aufgewertet und viel zentraler gesehen werden.

15 H. Roth: Pädagogische Psychologie des Lehrens und Lernens. Hannover: Schroedel 1973[14], S. 188.

● Man muß sich klar darüber sein, daß die Probleme, die Kinder und Jugendliche haben, nicht von ihnen verursacht worden sind, sondern von der Erwachsenengesellschaft. Sie hat diese Probleme verursacht und auch zu verantworten. Die Jugend ist stets ein Spiegelbild der Erwachsenenwelt. Wenn die Erwachsenen die Verursacher dieser Schäden und Probleme sind, sollten sie sich auch für die Kinder und Jugendlichen engagieren, d.h., sie sollten Räume und Einrichtungen zur Verfügung stellen und genügend qualifiziertes Personal einstellen. Dazu sollte die Gesellschaft sich verpflichtet fühlen.

● Das JWG unterteilt den Oberbegriff »Jugendhilfe« in die Bereiche »Jugendpflege« (Jugendarbeit) und »Jugendfürsorge«. Die Jugendpflege/Jugendarbeit ist dem Bereich der Sozialpädagogik und die Jugendfürsorge der Sozialarbeit zugeordnet. Diese Differenzierung und Unterscheidung ist ganz zentral. Jugendarbeit darf sich nicht verzetteln und für alle sozialen Probleme zuständig fühlen. Es wäre fatal, würde die zu beobachtende politische Tendenz sich erhärten, Gelder im sozialpädagogischen Bereich zu kürzen und die frei gewordenen Beträge in die Sozialarbeit zu investieren, weil sie dort im Augenblick notwendiger sind. Damit würde eine Gesellschaft ihr im Grundgesetz geregeltes Versprechen der freien Entfaltung der Persönlichkeit und ihren Anspruch auf eine humane Gesellschaft aufgeben. Die Stellung der Sozialpädagogik in der Gesellschaft ist ein Gradmesser dafür, wie ernst die Gesellschaft ihr Versprechen, eine bessere humane Gesellschaft zu gestalten, nimmt. In der Sozialpädagogik und Jugendarbeit als einem Teil davon schafft sich die Gesellschaft ihren heftigsten Kritiker, der ihr Probleme und entsprechende Verbesserungsmöglichkeiten aufzeigt.

3. Bedürfnisorientierte – emanzipatorische Jugendarbeit

3.1. Problemskizze

Jugendliche besitzen in ihrer Freizeit die relative Freiheit zu bestimmen, was sie tun und lassen möchten. Während Freiheit und Freiwilligkeit Strukturelemente der Jugendarbeit sind, sind Bedürfnisse und Interessen Jugendlicher die einzig legitimen Ansatzpunkte der Jugendarbeit. Jugendarbeit muß bedürfnisorientiert ausgerichtet sein. Werden dagegen Programme angeboten, die sich nicht an den Bedürfnissen Jugendlicher orientieren, kann man folgende Reaktionen beobachten:
- Angebote fallen mangels Besucher aus.
- Jugendliche treffen sich statt dessen in ihrer Stammkneipe.
- Jugendliche werfen dem Jugendarbeiter vor: Es läuft nichts; es ist langweilig.
- Jugendarbeiter klagen über das Desinteresse und Konsumverhalten Jugendlicher.
- Jugendarbeiter sind von den Jugendlichen enttäuscht und frustriert.

Daß sich Jugendarbeit an den Bedürfnissen und Interessen Jugendlicher auszurichten hat, ist unumstritten. Das Problem liegt jedoch darin, einen theoretischen Ansatz zu entwickeln, der zur Findung und Klärung von Bedürfnissen Jugendlicher hilfreich ist. Die vorliegenden theoretischen Modelle haben ihre Schwierigkeiten, die Bedürfnisse und Interessen Jugendlicher im Zusammenhang zu begründen. Es fehlt diesen Konzepten die anthropologische Begründung. Im folgenden soll daher ein anthropologisch begründeter bedürfnisorientierter Ansatz von Jugendarbeit vorgestellt werden. Geht man von den Interessen Jugendlicher aus, muß Jugendarbeit die Emanzipation Jugendlicher zum Ziel haben. Entsprechend geht es hier um bedürfnisorientierte und emanzipatorische Jugendarbeit.

3.2. Überlegungen der Pädagogischen Anthropologie

Bei der Pädagogischen Anthropologie handelt es sich um eine relativ junge Wissenschaft. In ihr geht es nicht um die Frage nach dem *Wesen* des Menschen, denn der Mensch kann nicht endgültig definiert werden, sondern um *Aspekte* des Menschen, die für pädagogisches Handeln wichtig sind.

Entsprechend bietet sich das Anthropologische Orientierungs-Modell an, nach dem man den Menschen analytisch in Dimensionen einteilen kann.

3.2.1. Menschenbild

Da der Erzieher bewußt oder unbewußt nach einem Menschenbild erzieht, ist die Wiedereinbeziehung von Anthropologie als eine auf den Menschen ausgerichtete Besinnung in das pädagogische Denken und Tun ein dringendes Gebot.

Erziehung enthält Begriffe wie »Sollen« und »Dürfen«. Es stellt sich die Frage: Wer gibt einem Individuum das Recht, einen anderen Menschen durch Erziehungsmaßnahmen zu traktieren? Dies ist nicht nur eine pädagogische, sondern auch eine ethische Frage. Es ist deshalb für den Erzieher wichtig, sich Gedanken über sein Menschenbild zu machen; nur so kann er verantwortlich pädagogisch handeln.

Die Pädagogische Anthropologie setzt sich mit dieser Frage nach dem Menschenbild näher auseinander. Sie entwickelt ein empirisch-theoretisches, öffentliches Menschenbild:

Empirisch: Es geht um aus der Erfahrung eines jeden Menschen abgeleitete Erkenntnisse und Tatsachen, die nicht mehr hinterfragbar sind, von denen jeder sagen muß: Das ist so.

Theoretisch: Die Ergebnisse werden von der individuellen, privaten Erfahrung abstrahiert und auf einem allgemeinen, für jeden nachvollziehbaren und gültigen Niveau formuliert. Dieses allgemeine Menschenbild ist so formuliert, daß es unabhängig von der jeweiligen Weltanschauung des einzelnen von jedem akzeptiert werden kann.

Öffentlich: Dem privaten, persönlichen Menschenbild eines jeden Erziehers wird ein öffentliches gegenübergestellt. Da Erziehung in der Jugendarbeit keine private Angelegenheit ist, vielmehr im öffentlichen Rahmen und im öffentlichen Auftrag erfolgt, muß der Pädagoge/Jugendarbeiter auch über sein Menschenbild öffentlich Auskunft geben können. Die Erziehung und Bildung muß deshalb öffentlichen Kriterien entsprechen; das private Menschenbild muß sich öffentlich orientieren.

3.2.2. Dimensionen des Menschen

Als Seinsarten, -weisen oder Dimensionen werden in der neueren Pädagogischen Anthropologie folgende genannt:
- Körper/Leib: biologisch-vitale (psycho-somatische) Dimension,
- Gefühl: emotional-affektive (psychische) Dimension,
- Verstand: kognitiv-rationale Dimension,
- Werte: ethisch-wertende Dimension,

– Gemeinschaft: sozial-kommunikative (psycho-soziale) Dimension,
– Handeln: psycho-motorische Dimension.[1]

Die Grundstruktur des Menschen Leib-Gefühl-Verstand-Gemeinschaft-Ethik-Handlung ist als Dialektik zu verstehen. Nicht im Sinne eines Schicht- oder Stufenmodells bauen die einzelnen Dimensionen aufeinander auf, vielmehr ist ihr Verhältnis zueinander wechselseitig. Die Dimensionen treten immer zugleich und in engster Verflechtung auf. Man kann sie nur *analytisch,* d.h. gedanklich trennen und aus pädagogischen Erwägungen heraus einzelne Dimensionen schwerpunktartig im Menschen aktualisieren.

3.2.3. Hierarchie der Dimensionen

Obwohl die Schichtenlehre von der neueren Pädagogischen Anthropologie abgelehnt wird, findet man hinsichtlich der kognitiven und affektiven Dimension Aussagen, die auf eine Rangordnung bzw. Hierarchie hinweisen. Nach Zusammenfassung der Ergebnisse der Humanwissenschaften kommt die neuere Pädagogische Anthropologie zu folgendem Ergebnis:

1. Der Mensch ist primär ein handelndes Wesen. Der Mensch verwirklicht sich, indem er sich mit sich selbst und der Mit- und Umwelt handelnd auseinandersetzt. Im Handeln werden alle Dimensionen zusammengefaßt und können sich ausdrücken, »entäußern«. Dementsprechend ist die psychomotorische Dimension, die »Hand«, die entscheidende Dimension des Menschen. Kann/darf der Mensch sich nicht ausdrücken, handeln, dann kann er sich nicht entwickeln, verwirklichen. Schäden in allen Dimensionen sind die Folge.
2. Vor allem aufgrund der Emotionsforschung ist der affektiv-emotionalen Dimension eine ganz besondere Position einzuräumen. Das Gefühl ist die erste Dimension, das »Herz« (nach der biologisch-vitalen z.B. der Sinneswahrnehmung), die auf einen Reiz reagiert, noch bevor es zum Denken und Handeln kommt.

Das Wollen, die Motivation, die Bedürfnisse und Interessen gehen von dieser Dimension aus. Der Mensch kommt gar nicht zum Denken, Werten oder Handeln, wenn das Gefühl nicht vorher reagiert hat. Somit nimmt das Gefühl eine zentrale Stellung innerhalb der Dimensionen ein. Störungen im menschlichen Verhalten und Handeln sind weitestgehend auf Störun-

1 In der anthropologischen Literatur werden unterschiedlich viele Dimensionen genannt. Die meisten Autoren nennen die drei Grunddimensionen: Leib-Seele-Geist. Einige erweitern dieses Grundschema um die soziale Dimension, andere fügen weitere hinzu, wie z.B. die sprachliche, die geschichtliche und die religiöse Dimension. Der Stand der neueren Pädagogischen Anthropologie läßt z.Z. noch nicht zu, von einer einheitlichen Anzahl von Dimensionen des Menschen zu sprechen. Je nach wissenschaftlichem Interesse werden mehr oder weniger Dimensionen in den Blickpunkt gerückt.

gen in dieser Dimension zurückzuführen, worauf die Tiefenpsychologie verweist.

Auch Ergebnisse der Hirnforschung und Kulturanthropologie weisen nach, daß das Gefühl phylogenetisch (aus der Sicht der Stammesgeschichte der Menschheit) und ontogenetisch (aus der Sicht der Entwicklung jedes einzelnen Menschen) älter ist als das Denken. Das Gefühl spricht im Gehirn Bereiche an, die zu den älteren Systemen gehören. Gefühl: Stamm- und Zwischenhirn, limbisches System; Denken: Neocortex. Das Gefühl ist der tragende Sockel und Grund, es ist der ganzheitliche Umgang mit der Umwelt, während das Denken erst im Laufe der Entwicklung allmählich aufgepfropft wurde.[2]

3.2.4. Anthropologisches Orientierungs-Modell

Aufgrund dieser Überlegungen gelangt man zu folgendem Anthropologischen Orientierungs-Modell: Der Ausgangspunkt menschlichen Reagierens wie Handelns ist die biologisch-vitale Dimension. Zunächst müssen Reize und Signale von den Sinnen aufgenommen werden. Sodann reagiert die emotional-affektive (psychische) Dimension, indem sie den Reiz als angenehm oder nicht etc. einordnet, als Bedürfnis erkennt und als motivierend für den Willen empfindet. Der Verstand nimmt den Impuls auf und bewertet ihn. Danach drückt sich das Ergebnis dieses Prozesses im Handeln aus. Dieses Handeln, die Tat, hat stets einen sozialen Bezug. Die psycho-soziale Dimension ist Ergebnis und Anfang des Prozesses. Anfang insofern, als der Impuls stets aus der Umwelt, aus Interaktion und Kommunikation entsteht, und Ende, weil sein Ziel stets Interaktion und Kommunikation ist.

Graphisch läßt sich das Gesagte folgendermaßen darstellen (s. folgende Seite):

2 Vgl. L. Ciompi: Außenwelt – Innenwelt. Göttingen: Vandenhoeck & Ruprecht 1988, S. 188, 197, 206.

Anthropologisches Orientierungs-Modell

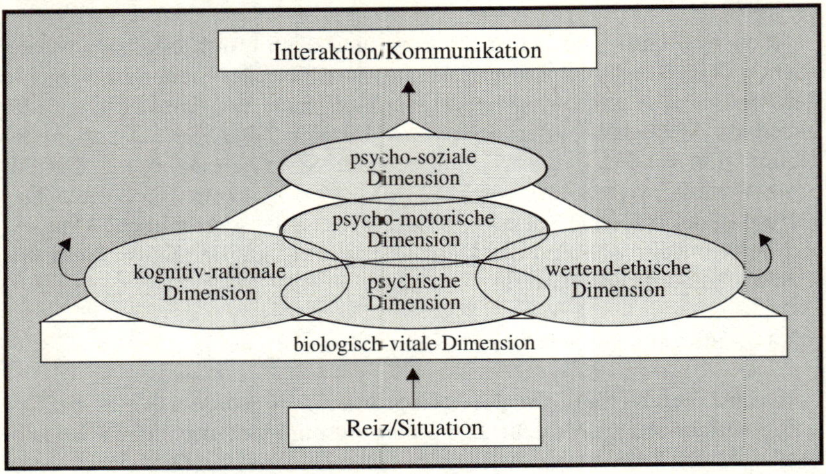

3.2.5. Relevanz für den Jugendarbeiter

Die analytische Einteilung in sechs Dimensionen hat für den Pädagogen den Vorteil, daß dieses Modell ihm hilft, im Menschen Begabungen, Fähigkeiten, Meinungen, aber auch Defizite festzustellen und zu analysieren. Der Pädagoge kann durch dieses reflektierende, analytische Verfahren dem Menschen besser helfen, sich zur Persönlichkeit zu entwickeln.

Entfaltung der Persönlichkeit bedeutet, Ganzheitlichkeit, Entfaltung aller Dimensionen des Menschen ohne Einseitigkeiten; denn der Mensch hat nicht oder besteht nicht aus diesen sechs Dimensionen, sondern er *ist* diese Ganzheit, er ist Leib, er ist Gefühl, er ist Verstand usw.

Weitere Ziele für die Jugendarbeit lassen sich aus diesen Überlegungen ableiten. Oberstes Richtziel ist das im Grundgesetz verankerte Recht des Menschen auf die Entfaltung der Persönlichkeit, d. h. der ganzen Person in all ihren Dimensionen. Besonderen Schwerpunkt sollte die Jugendarbeit vor allem auf die beiden Hauptdimensionen legen: emotional-affektive und psycho-motorische Dimension. Wenn die emotional-affektive Dimension die zentrale und die psycho-motorische Dimension die ausführende Dimension des Menschen ist, dann muß Jugendarbeit verstärkt darauf ausgerichtet sein, im Menschen das Gefühl anzusprechen und ihn zum Handeln anzuregen. Gefühls- und Handlungserziehung ist gefordert. Dies kann die Jugendarbeit anstreben, indem sie den Menschen *Erlebnis-* und *Handlungsfelder* zur Verfügung stellt. Hier liegt auch die besondere

Chance der Jugendarbeit, ihren eigenen Erziehungsauftrag im Erziehungs- und Bildungs- bzw. Lernsystem unserer Gesellschaft zu finden.

Eine Analyse der Probleme von Kindern und Jugendlichen wird sehr deutlich machen, daß gerade auf den Gebieten von Erlebnissen und Handlungen die Menschen unserer Zeit Mängel und Defizite, aber auch große Bedürfnisse und Interessen haben. Wenn die Jugendarbeit sich diesen Aufgaben stellt und sich ihrer annimmt, wird sie in unserer Gesellschaft zu einer wichtigen und notwendigen Einrichtung. Sie könnte im Erziehungs- und Bildungssystem Aufgaben übernehmen, die für die Entwicklung der Persönlichkeit wichtig sind, aber von den anderen Erziehungs- und Bildungseinrichtungen wie Familie und Schule nur schwer oder gar nicht geleistet werden können.

3.2.6. Positives Menschenbild – positive Pädagogik

Es ist wichtig, eigentlich unumgänglich, daß der Pädagoge sich über sein Menschenbild Gedanken macht. Diese Tatsache macht einen weiteren Aspekt deutlich. Der Mensch ist sechs Dimensionen. Er besitzt hinsichtlich einzelner Dimensionen mehr oder weniger Fähigkeiten, Fertigkeiten, Können, d.h., die Dimensionen sind unter Umständen unterschiedlich entwickelt. Daraus nun zu schließen, der Mensch hätte Defizite, sei ein problembelastetes Wesen, Jugendliche wären eine Problemgruppe, ist aus anthropologischer Sicht nicht die richtige Folgerung. Zunächst muß man festhalten, daß Menschen, also auch Jugendliche, bestimmt in mindestens einem Bereich Fähigkeiten besitzen. Diese gilt es zu fördern, zu entwikkeln, zu vertiefen, zu verfeinern, zu kultivieren. Erstes Ziel einer Pädagogik kann und darf es nicht sein, nach Defiziten und Problemen Ausschau zu halten und dort pädagogisch anzusetzen, sondern mit den positiven Möglichkeiten eines Menschen zu arbeiten. Hier entsteht ein *positives Menschenbild.* Diese Aussage entspricht alter pädagogischer Tradition und basiert auf Ergebnissen humanwissenschaftlicher Forschung wie z.B. der Kommunikationsforschung, die herausgearbeitet hat: Beziehungen stehen vor Inhalten.[3] Will ich Inhalte vermitteln, dann muß ich mich um eine positive Beziehung bemühen. Diese kann ich aber nur dann aufbauen, wenn ich von einem positiven Menschenbild ausgehe und bei den Begabungen und Fähigkeiten des Menschen ansetze. Wie schlimm muß es um eine Pädagogik stehen, die glaubt, sie müsse bei den Defiziten eines Menschen ansetzen! Wen wundert es, daß Jugendliche solchen Pädagogen aus dem Weg gehen? Es ist angebracht und an der Zeit, in der Pädagogik grundsätzlich umzudenken, d.h. *positiv zu denken.*

3 Vgl. P. Watzlawick u.a.: Menschliche Kommunikation. Bern: Haupt 1969, S. 53 bis 56.

In der neueren psychologischen Jugendforschung wird deutlich die Forderung nach einer Theorie der Normalität und nicht der Abnormalität des Jugendalters gestellt. *D. Offer* kommt in seiner Untersuchung von »normalen« und »gestörten« Jugendlichen zu folgendem Ergebnis: »Die Experten unterstellen den normalen Jugendlichen mehr Probleme als selbst psychiatrisch auffällige oder deliquente Jugendliche berichten ... Es scheint uns so, als hätten diese Experten die neuen empirischen Daten nicht zur Kenntnis genommen. Wenn keine wesentlichen Anstrengungen unternommen werden, die Entwicklung normaler Jugendlicher zu untersuchen, dann werden auch die kommenden Generationen der im Bereich der psychischen Gesundheit Arbeitenden die Legende aufrechterhalten, daß normal zu sein in der Zeit der Jugend in sich abnormal ist.«[4]

Die Jugendpsychologie entwirft entsprechend diesen Erkenntnissen ein neues Bild des Jugendalters, das mit dem Begriff *»coping«* umschrieben wird. Unter »coping« versteht man:

- konstruktive Anpassungsprozesse,
- erfolgreiches Umgehen mit Anforderungen,
- einen andauernden Prozeß, in dem das Individuum aktiv auf die Erreichung eines Zieles hinarbeitet – durchaus mit guter Aussicht auf Erfolg, aber noch in der unentschiedenen Situation,
- die produktive Anpassung der »normalen« Jugend,
- die Bemühungen eines Individuums, sich mit einer fordernden Situation auseinanderzusetzen.

Man schlägt vor, »nicht generell von ›Störreizen‹ des Jugendalters sondern von ›Entwicklungsreizen‹ zu sprechen. Damit sollen die Anforderungen zur Anpassung an veränderte somatische, soziale und psychische Bedingungen benannt werden, die doch in der Regel zu einer Weiterentwicklung beitragen«[5]. »Das Konzept des Coping an eine zentrale Stelle in der Theorie jugendlicher Entwicklung zu rücken heißt, den Akzent vom ›Stressor‹, der Krise oder dem Konflikt, auf die Bewältigung zu verlagern. Konkret richtet sich unser Augenmerk jetzt weniger auf die belastenden Veränderungen, mit denen Jugendliche fertigzuwerden haben – auf die somatische Veränderung ..., auch nicht primär auf die psychodynamischen Veränderungen des Wiederaufbrechens des ödipalen Konfliktes, nicht auf die sozialen Veränderungen der Lösung aus dem Elternhaus, des Hineinwachsens in die Peer-Gruppen, nicht in erster Linie auf die kognitiven Veränderungen mit neuentdeckten Möglichkeiten formaler Denkoperationen ..., das Augenmerk richtet sich jetzt in erster Linie auf das Umgehen mit all diesen belastend oder herausfordernd erlebten Veränderungen, auf ihre

4 In: E. Olbrich/E. Todt: Probleme des Jugendalters. Berlin: Springer 1984, S. 128.

5 Ebenda, S. 2.

Verarbeitung und auf die in der Regel ablaufende produktive Bewältigung. Coping als ein zentrales Konzept in der Jugendpsychologie zu verwenden heißt, die Möglichkeit des Gelingens der Verarbeitung all der angesprochenen Veränderungen stärker zu beachten. Einer Entwicklungspsychologie der normalen Jugend wird damit die gleiche Chance eingeräumt wie einer Beachtung der problematischen, der krisenhaften oder der mißlingenden Form jugendlicher Anpassung und Entwicklung.«[6]

3.3. Bedürfnisorientierte Jugendarbeit

3.3.1. Ausdrucksformen von Bedürfnissen

Jugendarbeit soll sich an den Bedürfnissen und Interessen Jugendlicher orientieren. Wie erkennt nun aber der Jugendarbeiter die Bedürfnisse Jugendlicher?

Der Mensch hat zwei Möglichkeiten, sich auszudrücken: verbal und/oder nonverbal.

Verbal: Jugendliche sagen, was sie wollen und wünschen. Diese Form enthält eine Schwierigkeit. Bedürfnisse zu artikulieren ist nicht einfach. Vielfach fehlen uns dafür die Worte und auch die Übung; denn wir haben in unserer Sozialisation gelernt, Bedürfnisse zu unterdrücken, hintenanzustellen. Wir haben es aber kaum gelernt, Bedürfnisse zu benennen. Deshalb sollte man davon ausgehen, daß Jugendliche Schwierigkeiten bei der Formulierung ihrer Bedürfnisse haben. Vielfach werden nur allgemeine Wünsche geäußert bzw. Bedürfnisse recht unklar und verschlüsselt zum Ausdruck gebracht. Die Annahme, Jugendliche hätten Bedürfnisse und könnten diese auch artikulieren, ist auch aus folgender Überlegung heraus unzutreffend: Bedürfnisse artikulieren zu können bedeutet, in der Fähigkeit zum abstrakten Denken und zu intellektuellen Denkprozessen genügend geübt zu sein. Was Jugendliche äußern, sind vage Vorstellungen. Oder, wenn sie Bedürfnisse artikulieren, sind es weniger originäre als vielmehr medienvermittelte Bedürfnisse, die allerdings, da sie von ihnen nicht habitualisiert worden sind, dem modischen Trend unterliegen und sehr schnell wechseln können.

Non-verbal: In der Pädagogik hat die Sprache als Ausdrucksform des Menschen einen allzu hohen Stellenwert. Man sollte eher davon ausgehen, daß die verbale Ausdrucksform nur eine unter anderen ist und unter Umständen nicht einmal die aussagekräftigste. Man sollte mehr der nonverbalen Kommunikationsform Aufmerksamkeit schenken. Der Mensch

6 Ebenda, S. 34.

ist ein handelndes Wesen und drückt sich vor allem durch sein Handeln aus. Durch sein Handeln signalisiert er verschlüsselt seine Bedürfnisse. Es ist nun Aufgabe des Pädagogen, diese Signale zu decodieren.

Um die verbalen und nonverbalen Äußerungen einordnen und verstehen zu können, braucht der Pädagoge einen Interpretationsrahmen, ein theoretisches Erklärungsmodell. Dieses findet er im Anthropologischen Orientierungs-Modell.

3.3.2. Anthropologische Ableitung von Bedürfnissen

Der Mensch ist sechs Dimensionen, und entsprechend entwickelt er auf diesen Seinsweisen Bedürfnisse. Je nach Sozialisation, Alter, Zeit und Situation entwickelt der Mensch unterschiedliche Bedürfnisse im Bereich dieser sechs Dimensionen. Welche Bedürfnisse entwickeln also das Kind und der Jugendliche?

1. Leib und Körper. Ruhe, Luft, Licht, Bewegung, Gesundheit, Ausgleich, Spannung, Schlaf, Essen, Trinken usw.

Wenn Kinder und Jugendliche zuwenig Schlaf haben, nicht zur Ruhe kommen, nur Hektik, Streß erleben, wenn sie zuwenig Bewegung haben, keinen Sport treiben, keinen Ausgleich, keine spannenden Momente in ihrem Leben erfahren, dann sind sie krank und in ihrer Persönlichkeit gestört. Es muß der Jugendarbeit also darum gehen, Kindern und Jugendlichen zu helfen, diese Bedürfnisse befriedigen zu können.

2. Denken und Verstand. Zusammenhänge erkennen, Lernen, Kritikfähigkeit, diskutieren können, logisch denken, Entscheidungen treffen, Mitbestimmung usw.

In der Jugendarbeit geht es also nicht nur um Werken, Basteln und Spielen, sondern auch um die Schulung des Verstandes.

3. Fühlen und Wollen. Angenommensein, Geliebtsein, Anerkennung, Lob, Beliebtsein, Motivierung, Aufgeschlossenheit für Neues, Beziehungen knüpfen, Erlebnisse haben usw.

Ohne Motivation passiert in der Jugendarbeit nicht viel. Das Wichtigste ist also, zu Kindern und Jugendlichen in guter Beziehung zu stehen, guten Kontakt zu finden. Stimmen die Beziehungen, machen Kinder und Jugendliche auch mit. Beziehungen sind wichtiger als Programminhalte. Es muß in der Jugendarbeit nicht unbedingt »action« geben. Ein gutes Klima, ein guter Geist sind ebenso wichtig.

4. Handeln und Agieren. Aktionen, Tätigkeiten, Aktivitäten, mitmachen, dabeisein, organisieren, Verantwortung tragen, Situationen beherrschen und meistern usw.

Wichtigste Dimension des Menschen ist sein Handeln. Das aber wird heute immer mehr eingeschränkt. Sehr oft kann man sich handelnd nicht mehr verwirklichen. Deshalb suchen viele Kinder und Jugendliche nach Aktivitäten und Ersatzhandlungen, die Spannung versprechen und oftmals recht gefährlich und Erwachsenen häufig unverständlich sind. Auch wenn man sich Abenteuerfilme (Videos) ansieht, sucht man im Grunde sein Bedürfnis nach Handlung, Spannung zu befriedigen. In der Jugendarbeit soll man den Kindern und Jugendlichen nicht Aktivitäten abnehmen, sondern sie zu Aktivitäten anleiten.

5. Gemeinschaft und Clique. Dazugehören, Anerkennung, Verantwortung, mitmachen, helfen, Mitbestimmung, teilhaben, gleiche Lebenslage, Rücksichtnahme, Durchsetzungsvermögen usw.

Die Gemeinschaft in einer Gruppe oder auch in einer Clique ist für die Entwicklung des Kindes bzw. des Jugendlichen notwendig. Die Gruppe gibt ihm Geborgenheit und Hilfestellung bei der Ablösung von der Familie, die notwendige Voraussetzung seiner Persönlichkeitsentfaltung ist.

6. Urteilen und Bewerten. Wertmaßstab, Standpunkt vertreten, Meinung sagen, Toleranz, keine Vorurteile haben usw.

In der Jugendarbeit sollen Kinder und Jugendliche zur Urteilsbildung und Toleranz angeleitet werden. Sie sollen lernen, ihren Standpunkt anderen gegenüber zu vertreten, ihre Wertmaßstäbe zu überprüfen, zu korrigieren oder zu vertiefen. Dabei muß der Jugendarbeiter bedenken, daß nicht nur die Jugendlichen Bedürfnisse haben, sondern auch er selbst, und zwar in den gleichen menschlichen Dimensionen wie die Jugendlichen. Auch sie muß er in die Jugendarbeit einbringen. Sie können eventuell anders aussehen, er könnte andere Akzente setzen; vielleicht treten bei ihm andere Bedürfnisse in den Vordergrund. Sein pädagogisches Geschick muß ihn befähigen, die unterschiedlichen Bedürfnisse auf einen gemeinsamen Nenner zu bringen, so daß sich alle wohlfühlen. Auf keinen Fall darf die Jugendarbeit nur zur Befriedigung der Bedürfnisse des Jugendarbeiters dienen.

3.3.3. Relevanz für den Jugendarbeiter

Bedürfnisorientierte Jugendarbeit versteht sich nicht als »Kellnerpädagogik«. Der Jugendarbeiter fragt die Kinder bzw. Jugendlichen nach ihren Wünschen, diese »bestellen« à la carte, und der Jugendarbeiter »serviert« das Gewünschte. Das wäre eine falsch verstandene bedürfnisorientierte Jugendarbeit. Vielmehr »hört« der Jugendarbeiter auf die signalisierten (verbalen oder nonverbalen) Äußerungen Jugendlicher und versucht, sie zu interpretieren, zu verstehen. Er macht sich ein Bild, eine Vorstellung von dem, was Jugendliche wohl gemeint haben. Hierbei helfen ihm seine Erfahrungen, seine Kenntnisse über die Zielgruppe und sein theoretisches Wissen. Wenn Jugendliche z. B. sagen: »Hier ist nichts los. Es ist langweilig«, dann wird er diese Aussage nicht unbedingt so verstehen, daß er selbst jetzt aktiv werden bzw. die Jugendlichen aktivieren sollte. Oft sind solche Äußerungen als Hinweis zu verstehen, daß auf der *Beziehungsebene* nichts los ist. Jugendliche wollen dann also keine äußeren Aktionen, sondern wahrscheinlich persönliche Zuwendung, Aufmerksamkeit, Beziehungen. Das Gefühl ist durch diese Aussage vor allem angesprochen und gefragt. Das Anthropologische Orientierungs-Modell kann hier Hilfestellung geben, solche Äußerungen richtig zu verstehen und auf sie entsprechend einzugehen.

3.4. Emanzipatorische Jugendarbeit

3.4.1. Emanzipation

Insofern Jugendarbeit gesellschaftlich verursachte Bedürfnisse und Interessen als Übel erlebbar macht und daraus Motivationen für die pädagogische und politische Bearbeitung dieses Übels entwickelt, fördert sie die Emanzipation des Jugendlichen. Emanzipatorische Jugendarbeit setzt bei den Bedürfnissen und Interessen Jugendlicher an und möchte den Jugendlichen zur Selbst- und Mitbestimmung führen.

Giesecke versteht unter Emanzipation nicht nur den »Prozeß der Ablösung aus der Abhängigkeit pädagogischer Zwänge (z. B. Familie) ..., sondern aus allen gesellschaftlich verursachten Abhängigkeiten, sofern – und dies ist die einzige, aber entscheidende pädagogische Einschränkung – diese Abhängigkeiten subjektiv als Übel erlebt werden bzw. erlebbar gemacht werden können und daraus Motivierungen für die pädagogische und politische Bearbeitung dieses Übels entstehen können«[7]. Emanzipation habe eine pädagogische und eine politische Richtung. Als Kernstück eines emanzipatorischen Konzeptes sieht er die Hinwendung zu den Individuen, die Stärkung ihrer Fähigkeiten, ihrer Ich-Stärke und ihres Selbstbewußtseins.

Pädagogisch geht es bei diesem Ansatz um die Schaffung von Freiräumen, damit Selbstbestimmung und Mitbestimmung gelernt werden können.[8] Es gilt im Konzept einer emanzipatorischen Jugendarbeit, »die Tendenz bedürfnisorientierter Selbst- und Mitbestimmung gegenüber den ihnen entgegenstehenden Tendenzen zu verstärken«. Dies bedeutet allerdings, daß man nicht allgemein und theoretisch vorher festlegen kann, was in einer konkreten Situation für eine bestimmte Person emanzipatorisch

7 H. Giesecke: Die Jugendarbeit. München: Juventa 1971, S. 152.
8 H. Giesecke: Die Jugendarbeit. Weinheim: Juventa 1980, S. 109ff.

ist, d.h. ein mehr an Selbst- und Mitbestimmung ermöglichen kann. Entsprechend wird vom Pädagogen eine hohe Bereitschaft verlangt, sich immer wieder möglichst unvoreingenommen auf die gesellschaftliche wie auf die subjektive Realität der Partner einzulassen. Diese Überlegungen zeigen, daß in einem emanzipatorischen Konzept die Bedürfnisse bzw. das Interesse nach Selbstbestimmung und Mitbestimmung als grundlegende Kategorie gesehen werden können, und ferner, daß das Individuum nicht losgelöst von seinem sozialen Kontext, sondern als in diesem eingebettet betrachtet wird. Das bedeutet jedoch, wie *Giesecke* feststellt, daß soziale Kontexte ambivalent gesehen werden müssen, als etwas, dessen der Mensch bedarf, aber auch als etwas, demgegenüber er einen Spielraum braucht. Auch hier wird das Bedürfnis Jugendlicher nach Sicherheit und Stabilität auf der einen Seite und nach Änderung und Wandel auf der anderen Seite gesehen. Bei diesem Emanzipationsprozeß hat nach *Giesecke* die Gleichaltrigengruppe eine alle anderen Sozialbeziehungen überragende Bedeutung für die Herausbildung der Identität.

Aus diesen Ausführungen zum emanzipatorischen Konzept von *H. Giesecke* läßt sich folgern:

Emanzipation als Befreiung von Zwängen hat notwendigerweise Selbstbestimmung und Mitbestimmung zum Ziel. Selbst- und Mitbestimmung setzen sowohl Erfahren und Erkennen eigener wie fremder Bedürfnisse voraus und fordern den Abbau egoistischer Interessendurchsetzung. Mit- und Selbstbestimmung als Ziel von Emanzipation fordert verantwortliches Handeln. Dieses Handeln ist ausgerichtet auf das Erkennen der Ursachen der Bedürfnisse und Interessen.

3.4.2. Mündigkeit

Zur Emanzipation gehört die Mündigkeit. Bei der Definition dieses Begriffes bedient man sich in der Regel eines Wortes von *Immanuel Kant:* »Aufklärung ist der Ausgang des Menschen aus seiner selbstverschuldeten Unmündigkeit. Unmündigkeit ist das Unvermögen, sich seines Verstandes ohne Leitung eines anderen zu bedienen. Selbstverschuldet ist diese Unmündigkeit, wenn die Ursache derselben nicht am Mangel des Verstandes, sondern der Entschließung und des Muthes liegt, sich seiner ohne Leitung eines anderen zu bedienen. Sapere aude!«[9] Bezieht man dieses Zitat auf die anthropologischen Ausführungen, so läßt sich aufzeigen, daß die Menschen in der Artikulation ihrer Bedürfnisse unmündig geblieben sind. Ihre Bedürfnisse werden von der Industrie, vom Kommerz beein-

9 I. Kant: Schriften zur Anthropologie, Geschichte, Politik und Pädagogik. Darmstadt: Wissenschaftliche Buchgesellschaft 1975, Bd. 6, S. A 481, 482.

flußt. Als Bedürfnisse nennen Jugendliche das, was sie z.B. im »Bravo« gelesen haben oder was ihnen andere Medien einreden.

Aufgabe einer bedürfnisorientierten-emanzipatorischen Jugendarbeit wird es in diesem Zusammenhang sein, Jugendliche zu mündigen Menschen heranzubilden, d.h., daß sie die Beeinflussungsmechanismen des Kommerz erkennen lernen und sich aus ihrer selbstverschuldeten Unmündigkeit lösen. Für den Jugendarbeiter bedeutet das, Jugendliche alternative Erfahrungen erproben zu lassen. Er muß den Mut haben, neue Erlebnis- und Handlungsfelder anzubieten, damit der Jugendliche anhand neuer Erfahrungen zu einem reflektierenden Verhalten gelangt und sich aus seiner Unmündigkeit schrittweise befreit und zu originärem, eigenverantwortlichem Erleben und Handeln gelangt.

Daß junge Menschen auf diesem Gebiet ein starkes Bedürfnis haben, kann man daran erkennen, daß sie dieses Bedürfnis durch ihr Verhalten ausdrücken. Jugendliche wollen etwas erleben, es muß etwas los sein. Man sucht und braucht Spannungen, Erlebnisse. Das geschieht, indem man Leute »anmacht«, action sucht, in Cliquen durch die Straßen zieht, Gegenden unsicher macht, Passanten provoziert usw. Spannungen sucht man in Fußballstadien und Diskotheken; man erlebt sie im Auto- oder Motorradfahren, bei Computer-Spielen, beim Trinken von Alkohol, beim Drogenkonsum etc. Erhält man diese Erlebnisse nicht, sucht man sie über andere Mittel zu erreichen, praktisch aus zweiter Hand: Horror-, Actionfilme bzw. -videos stehen an erster Stelle in der Hitliste.

Diese Beobachtungen verweisen auf die Notwendigkeit einer anthropologisch begründeten bedürfnisorientierten-emanzipatorischen Jugendarbeit.

3.5. Zusammenfassung

- Grundlage einer emanzipatorischen Jugendarbeit sind die Interessen und Bedürfnisse Jugendlicher. Diese werden eher durch Handeln (nonverbal) als durch Sprache (verbal) ausgedrückt. Jugendarbeiter bedürfen zur Interpretation der signalisierten Bedürfnisse eines theoretischen Bezugsrahmens. Dieser ist im Anthropologischen Orientierungs-Modell gegeben. Jugendarbeit muß sich anthropologisch orientieren.
- Bedürfnisorientierte Jugendarbeit meint nicht ein Minimal- oder Resignationskonzept, bei dem es – weil etwa mit Jugendlichen nichts anzufangen sei – zu einer Beschränkung auf das niedrigste Niveau kommt.
- Bedürfnisorientierte Jugendarbeit darf auch nicht mit Nichtstun oder Gammeln gleichgesetzt werden. Es handelt sich nicht um ein von Pädagogik entleertes Konzept.

- Die pädagogischen Vorstellungen sind:
  - Alle Bedürfnisse Jugendlicher werden ernst genommen, ein qualitativer Unterschied wird abgelehnt.
  - Der Wunsch, die Freizeit bedürfnis- und interessenorientiert zu gestalten, wird bejaht und unterstützt.
  - Da das Jugendalter besonders hinsichtlich der Werte, Normen, Verhaltensweisen, der Bedürfnisse und Interessen der Gefahr einer Vermarktung durch Massenmedien und Konsumprinzipien unterliegt, Bedürfnisse und Interessen weitgehend vergesellschaftet sind, ist pädagogische Unterstützung z. B. zur Emanzipation nötig.
- Bedürfnisorientierte-emanzipatorische Jugendarbeit ist politisch ausgerichtet. Der einzelne wird in seinem sozialen Kontext und in seiner gesellschaftlich bedingten Lebenslage gesehen. Der politische Ansatz im bedürfnisorientierten Konzept ist in zwei Richtungen bedeutsam und wirksam:
  - Indem dem Jugendlichen geholfen wird, seine Bedürfnisse und Interessen zu erkennen und zu benennen, also über vage Vorstellungen und Meinungen hinauszukommen, wird ihm gleichzeitig geholfen, den Lebensraum zu fordern, der es ihm ermöglicht, seinen Bedürfnissen entsprechend zu leben. Wer seine Bedürfnisse und Interessen erkennt, kann sich auch für deren Verwirklichung einsetzen.
  - Bei der Befriedigung von Bedürfnissen und Interessen wird der Jugendliche erkennen, daß diese gesellschaftlich bedingt und manipuliert sind. Will er also seine Bedürfnisse und Interessen verwirklichen, muß er sich gesellschaftlich-politisch engagieren. Sein Ziel wird eine humanere, demokratischere Gesellschaft sein.
- Emanzipation ist ein Prozeß. Die konservativen Elemente im Individuum sind u. U. derart tief verwurzelt, daß diese nicht sofort verändert werden können. Ein direkter Angriff auf die konservative Dimension könnte das Individuum eventuell verunsichern und damit das Bedürfnis nach Sicherheit fördern, d. h. das Festhalten am Bewährten stärken.
- Um den emanzipatorischen Prozeß auf allen Ebenen zu verstärken, braucht der Jugendliche einen Freiraum, der jedoch nicht durch autoritäre Führung, auch nicht durch einen laissez-fairen Stil erreicht wird. Vielmehr sollte ein Experimentierfeld angeboten werden, in dem Jugendliche beraten werden und solidarische Unterstützung zugesichert bekommen.
- Die Widersprüchlichkeit jugendlichen Verhaltens erklärt sich aus der Disharmonie von Psyche, Bewußtsein und Verhalten. Diese Tatsache verlangt vom Jugendarbeiter, daß er dafür Verständnis aufbringt.
- Für die Jugendarbeit bedeuten diese Überlegungen, daß man abrückt von kurzfristigen Erfolgen, die statistisch nachweisbar sind bzw. abgefragt

werden können. Vielmehr sollten Verantwortliche bescheiden sein und sich darauf einstellen, daß Verhaltensänderungen generell kompliziert und langwierig sind.

● Voraussetzung für Verhaltensänderungen Jugendlicher ist eine Vertrauensatmosphäre, in der der junge Mensch sich wohl und verstanden fühlt.

4. Ziele und Aufgaben von Jugendarbeit

4.1. Problemskizze

Die folgenden Ausführungen basieren auf der Grundlage des JWG, das in der jetzigen Fassung nach der Novelle von 1961 als Rahmengesetz konzipiert worden ist. Am 28. 3. 1990 beschloß der Bundestag ein neues Kinder- und Jugendhilfegesetz (KJHG), dem am 11. 5. 1990 der Bundesrat zugestimmt hat. Es soll am 1. 1. 1991 in Kraft treten. Es handelt sich um ein Rahmengesetz, dessen Ausgestaltung durch Ausführungsgesetze der Länder erfolgen muß. Da diese landesrechtlichen Vorschriften und Ausführungsbestimmungen noch nicht vorliegen, ist es gerechtfertigt, sich hier weiterhin auf das »alte« JWG zu berufen.

Obwohl allgemein bekannt ist, daß Jugendarbeit eine dritte Lerninstitution ist und vor allem im vorbeugenden, prophylaktischen Bereich tätig sein soll, entspricht die Realität vielfach nicht diesem Erkenntnisstand. Der 8. Jugendbericht des Bundesministers warnt vor einer Entwicklung der Jugendarbeit von der Jugendpflege weg und hin zur Jugendfürsorge. »Für die inhaltliche Entwicklung in den letzten Jahren ist kennzeichnend, daß sich die öffentliche Jugendarbeit zunehmend mit den sozialen Folgeproblemen auseinandersetzen mußte, die die sozialökonomische Krise in den Gemeinden freisetzte ... Angesichts der sich noch verschärfenden Situation der Finanznot der Kommunen ist zu befürchten, daß auch in der öffentlichen Jugendarbeit Prioritätensetzungen vorgenommen und durchgesetzt werden, die sich an der Bewältigung der in den Kommunen manifest werdenden Probleme der Lebensbewältigung Jugendlicher orientieren und Jugendarbeit noch stärker sozialpolitisch in die Pflicht nehmen. Damit jedoch würde Jugendarbeit der öffentlichen Träger in ihrer Funktion als soziale und kulturelle Infrastruktur für Jugendliche erheblich geschwächt.«[1]

Der 5. Jugendbericht der Landesregierung Nordrhein-Westfalen stellt hinsichtlich der Verschiebung bei den Zielgruppen der Jugendarbeit zwei Trends fest: »Zum einen werden Angebote der Jugendarbeit immer häufiger von Kindern und jüngeren Jugendlichen genutzt. Zum anderen erreicht Jugendarbeit immer häufiger vornehmlich sozial benachteiligte Kinder und Jugendliche, während der Anteil der Kinder und Jugendlichen aus der Mittelschicht insgesamt zurückgeht bzw. sich auf die Jugendver-

1 Achter Jugendbericht. Bericht über Bestrebungen und Leistungen der Jugendhilfe. Hrsg.: Der Bundesminister für Jugend, Familie, Frauen und Gesundheit. Bonn 1990, S. 111 bis 112.

bandsarbeit konzentriert.«[2] Angesichts dieser Tatsache erhält die Frage nach den Zielen und Aufgaben von Jugendarbeit eine besondere Bedeutung. Die Aufgaben in der Jugendarbeit übernehmen freie und öffentliche Träger. Zu den freien Trägern der Jugendarbeit gehören vor allem die 80 Jugendverbände, in denen ca. 4 Millionen Jugendliche – ohne die Sportjugend – organisiert sind; etwa 40 bis 60 Prozent aller Jugendlichen sind Mitglied in einem Jugendverband.[3]

»Nach den ersten Erhebungen über Maßnahmen der Jugendarbeit in der Jugendhilfestatistik des Bundes ... wurden rund 90 Prozent aller dort erfaßten Jugendarbeitsmaßnahmen und ca. 85 Prozent aller Teilnehmer den freien Trägern zugeordnet, davon rund 60 Prozent den Jugendgruppen, -verbänden und -ringen.«[4]

Im folgenden sollen die Aufgaben der öffentlichen und freien Träger näher beschrieben werden.

4.2. Aufgaben, Ziele und Organisation des öffentlichen Trägers von Jugendarbeit

Die Jugendarbeit ist im JWG nach dem Prinzip der Subsidiarität (§ 5 JWG) geregelt. Damit sind die Aufgaben des öffentlichen Trägers, vor allem des Jugendamtes klar festgelegt.

4.2.1. Aufgaben

1. Vorrang der freien Träger von Jugendarbeit: Sind geeignete Einrichtungen und Veranstaltungen der freien Träger vorhanden, soll der öffentliche Träger in diesen Bereichen nicht tätig werden. Bevor die Jugendämter eigene Maßnahmen durchführen, müssen sie in bezug auf die freien Träger anregend und fördernd tätig werden. Erst wenn die freien Träger keine geeigneten Angebote an Jugendliche machen, darf das Jugendamt Veranstaltungen anbieten. Mit den Worten des Bundesverfassungsgerichtes: »Das Jugendamt hat stets zu prüfen, welche Einrichtungen und Veranstaltungen nach den örtlichen Verhältnissen erforderlich sind und ob sie ausreichend zur Verfügung stehen.«[5]

2. Anregungs- und Förderungspflicht: Das Jugendamt soll die freien Trä-

2 Jugend in NRW. 5. Jugendbericht der Landesregierung Nordrhein-Westfalen. Hrsg.: Minister für Arbeit, Gesundheit und Soziales des Landes Nordrhein-Westfalen. Düsseldorf 1989, S. 93.

3 Vgl. Achter Jugendbericht. A.a.O., S. 108.

4 Ebenda, S. 110.

5 U. Preis: Rechtsprobleme bei Eingriffen in die Finanzgrundlagen der Jugendhilfe. Hrsg.: Jugendringe in NRW. Düsseldorf o.J., S. 24.

ger zu Aktivitäten anregen und dazu finanzielle Mittel zur Förderung zur Verfügung stellen. Das Jugendamt soll nach dem Grundsatz der Subsidiarität keine Mittel für die Schaffung eigener Einrichtungen, sondern seine Mittel für die Förderung der freien Einrichtungen einsetzen.
3. Einrichtungspflicht: Hat die Anregungs- und Förderungstätigkeit der Jugendämter keinen Erfolg bzw. sind erforderliche Einrichtungen der freien Jugendpflege nicht in ausreichendem Maße vorhanden, haben die Jugendämter selbst für die erforderlichen Einrichtungen und Veranstaltungen zu sorgen. Aus dieser Auffassung geht klar und eindeutig hervor, daß das Jugendamt für die Planung und das Vorhandensein der erforderlichen Einrichtungen und Veranstaltungen verantwortlich ist.[6]

4.2.2. Ziele

Als allgemeines Ziel der Jugendarbeit wird im § 1 JWG die »Erziehung zur leiblichen, seelischen und gesellschaftlichen Tüchtigkeit« genannt. Die Erziehung durch die Jugendhilfe soll die »in der Familie des Kindes begonnene Erziehung unterstützen und ergänzen« (§ 3 JWG).

Der Gesetzentwurf der Landesregierung von Nordrhein-Westfalen enthält im Kommentar zu § 2 (Ziele) eine relativ vollständige Wiedergabe der Aufgaben von Jugendarbeit.

»Ziel der außerschulischen Jugendbildung ist die individuelle und soziale Emanzipation des jungen Menschen und seine soziale Integration. Über die elementaren Erziehungsleistungen der Familie hinaus erstrebt sie die eigenverantwortliche Persönlichkeitsbildung des jungen Menschen und sein Hineinwachsen in die Gesellschaft. Dazu gehört es auch, die jungen Menschen zu befähigen, ihre gesellschaftliche, politische und individuelle Situation zu erkennen und auf Verbesserung ihrer Situation gerichtete Interessen durchzusetzen, sich im sozialen, politischen und wirtschaftlichen Leben zu engagieren und solidarisch zu verhalten.

Die diesem Ziel dienenden Angebote der außerschulischen Jugendbildung fallen sowohl in den Bereich der politischen Bildung, der allgemeinen lebenskundlichen und kulturellen Jugendbildung sowie der Hilfen für Freizeitaktivitäten und soziales Lernen bei Geselligkeit, Spiel, Sport und Erholung wie auch des sozialen Engagements und der Aus- und Fortbildung ehrenamtlicher und beruflicher sowie der Fortbildung hauptberuflicher Leiter.«[7]

»Soziale Emanzipation und soziale Integration werden gleichwertig genannt und nicht als Widersprüche angesehen. Dies ist möglich unter der Voraussetzung, daß Jugendliche im Konflikt befähigt sind, auf Verbesserung gerichtete Interessen durchzusetzen. Damit ist Integration möglich, ohne daß damit der gesellschaftliche Status quo abgebildet sein

6 Vgl. ebenda, S. 27.

7 Drittes Gesetz zur Ausführung des Jugendwohlfahrtsgesetzes, In: H. Wollenweber (Hrsg.): Außerschulische Jugendbildung und Jugendarbeit. Paderborn: Schöningh 1981, S. 172.

muß.«[8] Dieser Tatbestand wird in der Pädagogik auch mit den Begriffen »Anpassung und Widerstand«, »Einübung und Immunisierung«[9] oder »Individuation und Integration«[10] umschrieben.

Im Felde dieses Spannungsgefüges vollzieht sich der Prozeß der Erziehung und Bildung; »in der Fähigkeit, zu bestimmen, wo Anpassung und Widerstand geboten ist, bewährt sich die Freiheit des Menschen in der Welt ... Erziehung muß in sich selbst eine dialektische Funktion erfüllen: sie muß in die Gesellschaft einüben und gegen sie immunisieren, wo diese zwingen will, Stereotypen des Denkens und Handelns zu folgen statt kritischer Einsicht. Die Erziehung hat also jene Lernhilfen zu bieten, die den einzelnen einerseits befähigen, den berechtigten soziokulturellen Anforderungen der modernen Welt zu entsprechen. Sie hat ihm andererseits aber auch jene Gegenkräfte zu verleihen, die er benötigt, um sich dem totalen Anpassungsdruck entziehen, in die gesellschaftlichen Konflikte aktiv einschalten und am sozialen und kulturellen Wandel verantwortlich mitwirken zu können«[11].

Geht man von den anthropologischen Überlegungen aus, daß der Mensch sechs Dimensionen ist, ergibt sich als Zielvorstellung für Jugendarbeit die ganzheitliche Förderung des Menschen, d.h. die Entfaltung der Persönlichkeit in allen sechs Dimensionen, wobei jede Einseitigkeit abzulehnen ist. Es geht also nicht nur um eine leibliche und seelische, sondern auch um eine soziale, psycho-motorische, ethisch-wertende und kognitiv-rationale »Tüchtigkeit«. Den Dimensionen entsprechend werden in der Pädagogik sechs allgemeine Ziele formuliert: Es sollte stets um das Leben, die Lebensqualität, das Dasein des Menschen gehen. Dies besagt im einzelnen: Daseinserhaltung (biologisch-vitale), Daseinserfüllung (emotional-affektive), Daseinsbewältigung (psycho-motorische), Daseinserhellung (kognitiv-rationale), Daseinsmitverantwortung (psycho-soziale) und Daseinsbewertung (ethisch-wertende).[12]

Wenn im Grundgesetz von der Entfaltung der Persönlichkeit gesprochen wird, kann man Persönlichkeitsentfaltung definieren: Entwicklung und Förderung des Menschen in all seinen Dimensionen.

4.2.3. Arbeitsfelder des öffentlichen Trägers von Jugendarbeit

Als Aufgaben der öffentlichen Jugendarbeit werden allgemein folgende Bereiche genannt: Jugendzentren, Haus der offenen Tür, d.h. solche Tätigkeiten, die als »Offene Jugendarbeit« bezeichnet werden. Neben diesen Angeboten engagiert sich der öffentliche Träger in vielen weiteren

8 Ebenda, S. 172.
9 E. Weber: Grundfragen und Grundbegriffe. Donauwörth: Auer 1975⁶, S. 77.
10 K. Hurrelmann u.a.: Lebensphase Jugend. Weinheim: Juventa 1985, S. 104.
11 E. Weber: Grundfragen und Grundbegriffe. A.a.O., S. 77.
12 Vgl. P. Heimann: Didaktik als Unterrichtswissenschaft. Stuttgart: Klett 1976, S. 156.

Aktivitäten wie z.B. Neigungs- und Hobbygruppen, Vortrags-, Theater- und Konzertveranstaltungen, Aktionen, Urlaubs- und Ferienfahrten, Stadtranderholung, museumspädagogische Arbeit.

»Der Schwerpunkt liegt jedoch in den Formen offener Arbeit. Insbesondere versuchen die öffentlichen Träger dort Angebote zu entwickeln, wo mangels infrastruktureller Einrichtungen, geringer Präsens von Verbänden und ungünstiger räumlicher Verhältnisse kein Angebot für Jugendliche vorhanden ist.«[13]

In den letzten Jahren hat vor allem Jugendkulturarbeit einen kräftigen Aufwind erfahren. »Jugendkulturarbeit ist ›in‹«[14]. Sie erhält teils politischen, teils wirtschaftlichen, aber auch gesellschaftlichen Bedeutungszuwachs. Jugendkulturarbeit versteht man als einen komplexen Lernprozeß, in dem es um sozial-pädagogische Handlungskompetenzen ästhetisch-handwerkliche Praxis und sozio-kulturelle Selbständigkeit geht. Kulturelle Bildung wird als ein zentraler Bestandteil allgemeiner Bildung definiert und als Grundlage einer als immer notwendiger erkannten umfassenden Persönlichkeitsbildung angesehen.

4.2.4. Organisation von Jugendarbeit freier und öffentlicher Träger

Das folgende Schaubild vergleicht die Organisationsstruktur der Jugendarbeit insgesamt hinsichtlich ihrer Träger und Bezirke.[15]

13 Achter Jugendbericht. A.a.O , S. 111.

14 Ebenda, S. 113.

15 Vgl. Verbände und Institutionen der Jugendarbeit. Hrsg.: Internationaler Jugendaustausch- und Besucherdienst der Bundesrepublik Deutschland. München: Juventa 1980, S. 16 bis 17.

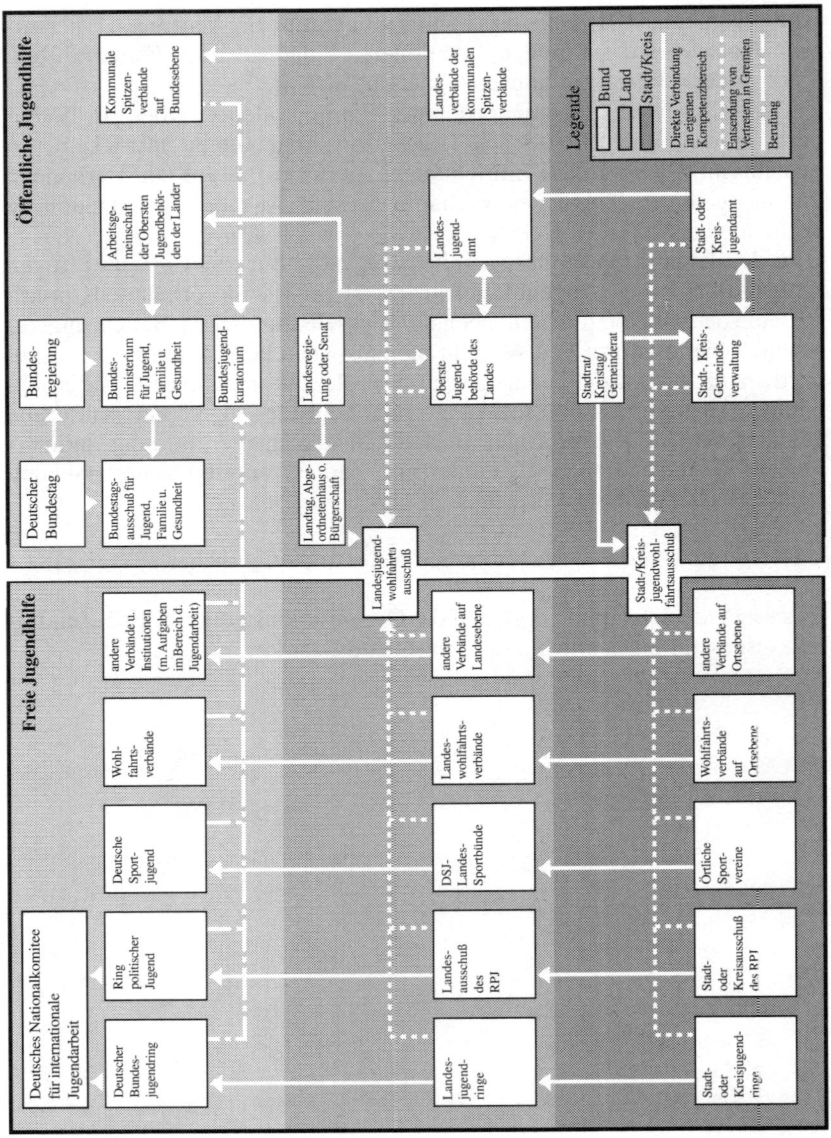

Öffentliche Jugendhilfe
Deutscher Bundestag
Bundesregierung
Bundestagsausschuß für Jugend, Familie u. Gesundheit
Bundesministerium für Jugend, Familie u. Gesundheit
Arbeitsgemeinschaft der Obersten Jugendbehörden der Länder
Kommunale Spitzenverbände auf Bundesebene
Bundesjugendkuratorium
Landtag, Abgeordnetenhaus o. Bürgerschaft
Landesregierung oder Senat
Oberste Jugendbehörde des Landes
Landesjugendamt
Landesverbände der kommunalen Spitzenverbände
Landesjugendwohlfahrtsausschuß
Stadtrat/Kreistag/Gemeinderat
Stadt-, Kreis-, Gemeindeverwaltung
Stadt- oder Kreisjugendamt
Stadt-/Kreisjugendwohlfahrtsausschuß
Legende
Bund
Land
Stadt/Kreis
Direkte Verbindung im eigenen Kompetenzbereich
Entsendung von Vertretern in Gremien
Berufung
Freie Jugendhilfe
Deutsches Nationalkomitee für internationale Jugendarbeit
Deutscher Bundesjugendring
Ring politischer Jugend
Deutsche Sportjugend
Wohlfahrtsverbände
andere Verbände u. Institutionen (m. Aufgaben im Bereich d. Jugendarbeit)
Landesjugendringe
Landesausschuß des RPJ
DSJ-Landes-Sportbünde
Landeswohlfahrtsverbände
andere Verbände auf Landesebene
Stadt- oder Kreisjugendringe
Stadt- oder Kreisausschuß des RPJ
Örtliche Sportvereine
Wohlfahrtsverbände auf Ortsebene
andere Verbände auf Ortsebene

4.3. Aufgaben, Ziele und Organisation des freien Trägers von Jugendarbeit

4.3.1. Allgemeine Ziele und Aufgaben

Jugendarbeit wird von öffentlichen und freien Trägern durchgeführt. Hauptorganisatoren von Jugendarbeit sind jedoch die freien Träger, die ca. 90 Prozent aller Maßnahmen durchführen. Zu den freien Trägern zählen nach dem JWG (§ 5, Abs. 4):

- freie Vereinigungen der Jugendwohlfahrt. Wohlfahrtsverbände sind: Deutscher Caritasverband, Diakonisches Werk der Ev. Kirchen in Deutschland, Deutscher Paritätischer Wohlfahrtsverband, Zentralwohlfahrtsstelle der Juden in Deutschland, Innere Mission,
- Jugendverbände und sonstige Jugendgemeinschaften. Sie unterteilen sich in: Fachverbände wie DRK-Jugend, Sportjugend, Feuerwehrjugend u. a.; gewerkschaftliche bzw. politische Jugendverbände; Freizeitverbände wie Jugend des deutschen Alpenvereins usw.,
- konfessionelle Jugendverbände,
- juristische Personen, deren Aufgabe es ist, die Jugendwohlfahrt zu fördern,
- Kirchen und sonstige Religionsgemeinschaften öffentlichen Rechts.

Daß Jugendarbeit in der Hauptsache bei den freien Trägern liegt, hat vor allem zwei Gründe:

1. *Geschichtliche Erfahrung:* Es hat sich erwiesen, daß es für Jugendarbeit nicht förderlich ist, wenn das Monopol beim Staat liegt.
2. *Pluralität in der Jugendarbeit:* Die Vielfalt der Anbieter in der Jugendarbeit garantiert ein multi-kulturelles Angebot und damit die Möglichkeit des freien Zusammenschlusses Jugendlicher mit unterschiedlicher Gesinnung.

Die Jugendverbände haben ein doppeltes Mandat. Einerseits sind sie Träger allgemeiner sozialstaatlicher Aufgaben, d. h., sie haben vom Staat den Auftrag der Erziehung und Bildung. Andererseits haben Jugendverbände Sprecherfunktion, d. h., sie sollen die Belange junger Menschen öffentlich bewußt machen und deren Anliegen dann auch politisch vertreten.

Aus dieser Stellung der Jugendverbände läßt sich jedoch nicht die Aufgabe ableiten, »die brüchig gewordenen Beziehungen zwischen Jugend und Staat zu kitten und das verlorengegangene Vertrauen der Jugend in den Staat und die gesellschaftlichen Institutionen durch gutes Zureden wiederherzustellen. Ihr Beitrag kann vielmehr eher darin liegen, an der Ausformulierung, Artikulierung und Durchsetzung der Vielfalt von Lebensentwürfen Jugendlicher mitzuwirken – auch und gerade da, wo sie in Konkurrenz zu den politisch anerkannten und gebilligten treten«[16].

Die Aufgaben und Ziele der Jugendverbandsarbeit werden in den einzelnen Verbänden autonom festgelegt. Jeder Verband hat eine eigene Satzung, in der seine Ziele und Aufgaben niedergeschrieben sind. Als allgemeine Schwerpunkte der Jugendverbandsarbeit können genannt werden:
- musisch-kulturelle Bildung,
- Spiel, Sport, Geselligkeit,
- Kinder- und Jugenderholung,
- internationale Begegnung,
- politische Bildung,
- Fortbildung der Mitarbeiter.

Diese Schwerpunktarbeit wird in offenen und/oder geschlossenen Angeboten durchgeführt, d.h., die Programme bzw. Angebote stehen allen Interessenten (organisiert oder nicht) oder nur Verbandsmitgliedern zur Verfügung. Eine Unterteilung: öffentliche Träger (Offene Jugendarbeit) und Jugendverbände (Geschlossene Jugendarbeit) läßt sich in dieser Form nicht aufrechterhalten. Sicherlich beziehen sich die Angebote der öffentlichen Träger eher auf die Offene Jugendarbeit, während die der freien Träger breitgefächert sowohl den offenen Bereich wie Jugendhaus, -club etc. als auch den eher geschlossenen Bereich der Gruppenarbeit ansprechen.

Mit Ausnahme des größten Jugendverbandes, der Deutschen Sportjugend, die nach eigenen Angaben etwa 6 Millionen Mitglieder zählt, sind es vor allem die konfessionellen Jugendverbände, die die Aufgaben der Jugendarbeit verwirklichen. Die katholischen Jugendverbände haben sich im Bund der Deutschen Katholischen Jugend (BDKJ), die evangelischen Jugendverbände in der Arbeitsgemeinschaft der Evangelischen Jugend (AEJ) zusammengeschlossen.

Neben den allgemeinen Zielen und Aufgaben von Jugendarbeit verfolgen die konfessionellen Jugendverbände kirchliche Ziele. Im folgenden sollen in Auszügen offizielle Dokumente kurz vorgestellt werden, in denen die Ziele und Aufgaben kirchlicher Jugendarbeit dargestellt sind.

4.3.2. Kirchliche Jugendarbeit aus katholischer Sicht

1. Ziele und Aufgaben. Auf der Gemeinsamen Synode der Bistümer in der Bundesrepublik Deutschland (1975) wurde das Dokument »Ziele und

16 Jugend & Staat. Hrsg.: Landesjugendring Niedersachsen. Hannover 1984, S. 24.

Aufgaben kirchlicher Jugendarbeit« erstellt und verabschiedet. Es dient allen Diözesen als Grundlage kirchlicher Jugendarbeit. Einige Auszüge aus dem Synodenpapier[17]:

1. »Jugendarbeit ist daher zugleich Dienst der Kirche an der Jugend überhaupt und Dienst an der Jugend der Kirche. Sie ist immer zugleich ein Dienst am einzelnen jungen Menschen und ein Dienst an der Gesellschaft, deren Schicksal davon abhängt, wie die Generationen miteinander zu leben und zu arbeiten verstehen. ... So sollte die Kirche ihre Jugendarbeit auch als ›gesellschaftliche Diakonie‹ verstehen, d.h. ihre Jugendarbeit sollte durch die missionarische Ausrichtung Dienst sowohl an der Jugend als auch Dienst an der Gesellschaft sein. Wo dies zur Grundlage wird und glaubwürdig ist, kann kirchliche Jugendarbeit darauf vertrauen, daß es immer noch junge Menschen geben wird, die bewußt in die Nachfolge Jesu eintreten.«
2. »Sie (die Jugendlichen, Anm. d. Verf.) sind nicht nur Adressaten des kirchlichen Dienstes, sondern ebenso seine Träger. Jugendarbeit soll Mündigkeit in Kirche und Gesellschaft einüben, das kann sie um so besser, je entschiedener sie den jungen Menschen dahin führt, das Leben in Kirche und Gesellschaft selbst mitzugestalten.«
3. »Kirchliche Jugendarbeit muß daher helfen, das Unbehagen an der Kirche zum Ausdruck zu bringen und auf seine Gründe zu hinterfragen. Es besteht nicht nur eine vom Jugendlichen empfundene Diskrepanz zwischen Idee und Wirklichkeit in der Kirche. Viele Jugendliche leiden gerade deshalb an der Kirche oder lehnen sich gegen sie auf, weil aufgrund jener Diskrepanz die Lehre Jesu ihnen nicht als Weg aus den Widersprüchen und Dissonanzen ihrer Existenz glaubwürdig gemacht wird.«
4. »Maßstab für christliches Handeln ist die selbstlose Hinwendung Jesu zu den Menschen, in der die Hinwendung Gottes zum Menschen endgültig sichtbar geworden ist. Darum muß Jugendarbeit der Christen selbstloser Dienst an den jungen Menschen und an der Gestaltung einer Gesellschaft sein, die von den Heranwachsenden als sinnvoll und menschenwürdig erfahren werden kann. Ihr Ziel ist nicht Rekrutierung, sondern Motivation und Befähigung, das Leben am Weg Jesu zu orientieren.«
5. »Jede Zeit und jeder Mensch in ihr (der Kirche, Anm. d. Verf.) muß diesen Weg Jesu neu suchen und auf neue Weise gehen ... Die Kirche dient dem jungen Menschen, indem sie ihm hilft, sich in einer Weise selbst zu verwirklichen, die an Jesus Maß nimmt. Darin unterscheidet sich kirchliche Jugendarbeit von jeder anderen Jugendarbeit.«
6. »Die Wahrheit des Glaubens muß also dem jungen Menschen im Alltag als lebenswert, im Zeugnis seiner Mitchristen als glaubwürdig, im Gottesdienst und Sakrament als lebendig begegnen. Nur dann wird ihm die Kirche selbst zu seiner eigenen Sache. Er wird dann durch engagierte Kritik und durch aktive Mitarbeit zu einer zeitgemäßen Gestalt der Kirche beitragen wollen.«
7. »Kirchliche Jugendarbeit muß um Christi willen zum sozialen und politischen Engagement führen, aber auch das Scheitern in christlicher Hoffnung durchstehen.«

17 Gemeinsame Synode der Bistümer in der Bundesrepublik Deutschland. Beschlüsse der Vollversammlung. Freiburg: Herder 1976, S. 290ff.

8. »Der Dienst der Kirche zielt auf das Heil des ganzen Menschen. Deshalb gehört der Dienst an der Welt zu ihrem Wesen.«

9. »Jesus Christus hat die Herrschaft Gottes als ›der Mensch für andere‹ verkündet.«

10. »Daher kommt es in der kirchlichen Jugendarbeit entscheidend darauf an, daß die Botschaft Jesu den Jugendlichen in glaubwürdigen Menschen begegnet.«

11. »Entscheidend im Angebot der Kirche an junge Menschen ist, daß sie sich selbst anbietet als eine Gemeinschaft von Glaubenden bzw. von Menschen, die sich um den Glauben mühen. Kirchliche Jugendarbeit macht zuerst und zuletzt ein personales Angebot; solidarische und engagierte Gruppen, solidarische und engagierte Gruppenleiter und Mitarbeiter. Das ›Sachangebot‹ – Heime, Programme, Veranstaltungen – steht an zweiter Stelle. Es hat dem personalen Angebot zu dienen und darf sich nicht von ihm lösen.«

Liest man diese wenigen Passagen aus dem offiziellen Dokument, ist man überrascht, wie dort kirchliche Jugendarbeit gesehen wird. Zentrale Aussagen sind: Jesus Christus ist der Mensch für andere. Weil Jesus jeden Menschen liebt, müssen auch die Menschen um Jesu willen einander lieben. Deshalb steht das personale Angebot an erster Stelle, d.h., es geht um glaubwürdige Menschen. Sind die erwachsenen Christen glaubwürdig, versteht sich eine ganze Gemeinde als Diener an der Jugend und der Kirche, dann wird eine lebendige Gemeinde junge Menschen anziehen, sie werden sich in ihr engagieren. Der entscheidende Unterschied bzw. das besondere Merkmal kirchlicher Jugendarbeit ist: Durch die selbstlose Hinwendung Jesu zu allen Menschen und durch den selbstlosen Dienst der Christen am jungen Menschen unterscheidet sich kirchliche Jugendarbeit von jeder anderen Jugendarbeit.

Der Synodenbeschluß ist bis heute die für Jugendverbände, Jugendämter und Jugendpastoralstellen gültige Grundlage jugendpflegerischer und -pastoraler Tätigkeiten. Er wird überall zitiert und als Beleg und Forderung genannt. Man kann allerdings feststellen, daß der Inhalt dieses Dokumentes bis heute vielfach noch nicht verwirklicht und eingelöst wurde.

In dem Dokument wird z.B. besonders das kritische Potential der Jugendlichen positiv hervorgehoben. Mit diesem kritischen Potential scheint die Kirchenleitung allerdings wenig anfangen zu können. Die Praxis beweist das: Streichung der kirchlichen Gelder für den Jugendverband CAJ; Absetzung des Herausgeberteams des Jugendmagazins »Junge Zeit«; Konflikt und Druck gegen den Jugendverband KJG. Man möchte unbequeme Jugendverbände disziplinieren und sie ihrer kritischen Stimme berauben. Des weiteren wird den Jugendverbänden von der Kirchenleitung vorgeworfen, sie seien zu politisch und vernachlässigten das religiöse Element. Diesem Vorwurf widerspricht die Rottenburger Synode, indem sie die These aufstellt: »Je mystischer, desto politischer.« Mystik und Politik sind Leitbegriffe der Kirche.[18]

Von einigen Bistumsleitungen wird das Synodendokument »fortgeschrieben«, man fällt in die Zeit vor dem Konzil (1965) und der Würzburger Synode (1975) zurück. Ordnungsprinzipdenken steht vor inhaltlichen Fragestellungen.

2. Organisation. Die Kirchenstruktur und entsprechend die darin organisierte Jugendarbeit teilt sich in folgende hierarchische Bereiche auf, wobei es auch Abweichungen je nach Diözesen gibt:

- *Pfarrgemeinde* oder *Pfarrgemeindeverband:* Wenn sich zwei oder drei Kirchengemeinden (nicht politische Gemeinden) zu einem Verband zusammenschließen.
- Das *Dekanat* ist die Organisationsform mehrerer Gemeinden oder Pfarrverbände, z. B. eines Stadtteils oder eines Landkreises.
- Die *Region* ist die Zusammenfassung mehrerer Dekanate.
- Die *Diözese* ist der Zusammenschluß aller Dekanate und Regionen. Der Diözese steht ein Bischof vor. Die Diözese ist nicht mit einem Bundesland vergleichbar, z. B. gibt es im Bundesland Nordrhein-Westfalen fünf Diözesen, die zu verschiedenen Bundesländern gehören.
- Die *Kirchenprovinz/Erzdiözese* ist der Sitz eines Erzbischofs, dem gleichzeitig mehrere Diözesen zugeordnet sind, z. B. gehören zur Erzdiözese Köln die Diözesen Aachen, Essen, Münster und Paderborn.

Diese Zusammenschlüsse beruhen nicht auf einem demokratischen Prinzip, sondern stellen eine hierarchische Verwaltungsorganisation dar. Jede Gemeinde bleibt autonom.

Der oben beschriebenen Organisationsform entsprechend ist auch die kirchliche Jugendarbeit aufgebaut: Es gibt die Pfarrgemeindejugend, den Zusammenschluß der Jugendarbeit auf Dekanats-, Regional- und schließlich auf Diözesanebene. Die verschiedenen Diözesen haben bei den Jugendverbänden noch einen Zusammenschluß auf Landes- und Bundesebene.

Auf der mittleren Ebene, dem Dekanat oder der Region, gibt es in vielen Diözesen ein Jugendbüro, dessen Aufgabe es ist, die Jugendarbeit zu organisieren, zu beraten, bei bestimmten Programmen zu unterstützen und Schulungen durchzuführen. (Vgl. hierzu die Abb. auf S. 66.)

Ähnlich sieht auch die Organisation der Jugendverbände aus. Die unterste Ebene bildet der Jugendverband auf Pfarrgemeindeebene; die Verbände der verschiedenen Gemeinden organisieren sich wiederum auf Dekanatsebene, sie schließen sich ebenfalls auf Diözesanebene zusam-

18 Vgl. R. Bleistein/P. M. Zulehner (Hrsg.): Mit der Jugend Gott suchen. München: Kösel 1987, S. 51 bis 92.

men. Alle Jugendverbände haben zudem einen Dachverband, in dem alle Jugendverbände auch auf Kreis-, Diözesan-, Landes- und Bundesebene zusammengeschlossen sind. Dieser Dachverband ist der Bund der Deutschen Katholischen Jugend (BDKJ).

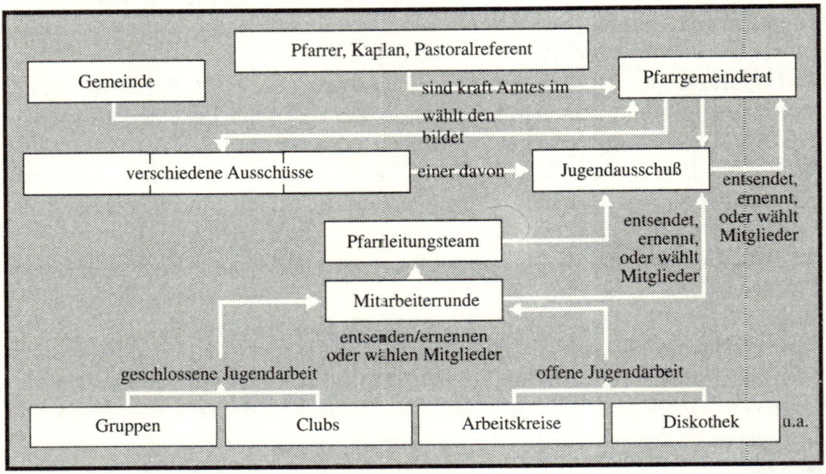

4.3.3. Kirchliche Jugendarbeit aus evangelischer Sicht

1. Ziele und Aufgaben. In der evangelischen Kirche gibt es keinen für alle Landeskirchen verbindlichen allgemeinen Text. Vielmehr liegen von den einzelnen Landeskirchen, in der Regel von den Jugendkammern entworfene Dokumente zur evangelischen Jugendarbeit vor.

Im folgenden werden einige Passagen aus dem Dokument der Jugendkammer der Lippischen Landeskirche zitiert, das beispielhaft ist für viele andere Konzepte kirchlicher Jugendarbeit.[19]

1. »Jugendarbeit verstehen wir als ein eigenständiges Erziehungsfeld neben Elternhaus, Schule und Beruf. Ihr Kennzeichen ist die Freiwilligkeit.«

2. »Kirchliche Jugendarbeit muß von den jungen Menschen und ihrer Situation in unserer Gesellschaft ausgehen, wenn wir sie nicht zum Objekt unserer Programme machen wollen.«

3. »Kirchliche Jugendarbeit muß die offenen und verschlüsselten Bedürfnisse und Fragen der Jugendlichen beachten, wenn wir die jungen Menschen als Partner ernst nehmen wollen.«

19 Dokument der Evangelischen Lippischen Landeskirche: Konzept kirchlicher Jugendarbeit. Hrsg.: Grundsatztexte evangelischer Jugendarbeit. Münster: Comenius Institut 1978, S. 136 bis 142.

4. »Kirchliche Jugendarbeit verstehen wir als ein Angebot für die Jugendlichen, Menschen zu begegnen, die sie auf ihrem Weg ein Stück begleiten und die in solidarischer Gemeinschaft mit ihnen die Sinndeutung für das Leben im Angebot der Liebe Gottes suchen, um die erlösend-befreiende Kraft des Evangeliums zu erfahren.«
5. »Von hier aus ist Jugendarbeit auch zu verstehen als ein Teil der Diakonie, als ein Dienst der Gemeinde an der Jugend und an der Gesellschaft der Zukunft.«
6. »Die besondere Chance der Jugendarbeit besteht darin, daß die Gruppe durch das gemeinsame Erlebnis zu einem Erfahrungs- und Einübungsfeld christlichen Gemeindelebens und sozialer wie politischer Verhaltensweisen werden kann.«
7. »Es kommt darauf an, daß Jugendliche glaubwürdigen Menschen begegnen. Von daher ergibt sich für die Mitarbeit in der kirchlichen Jugendarbeit eine besondere Verantwortung.«

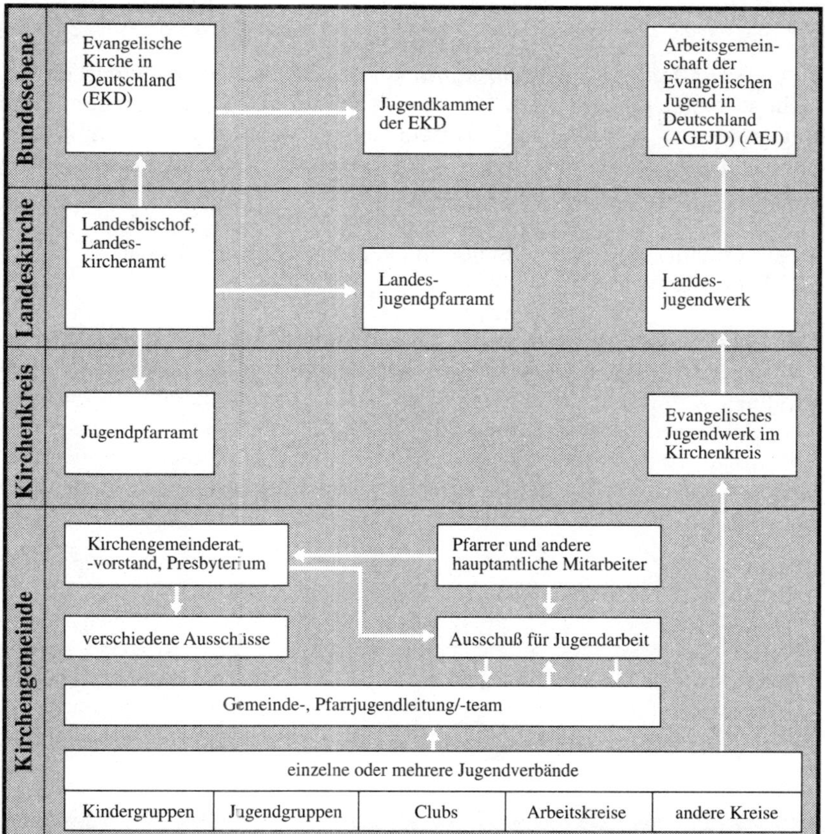

8. »Die Gemeinde trägt mit den Eltern die Verantwortung für die heranwachsende Jugend; insbesondere ist der Kirchenvorstand berufen, sich dieses Auftrages anzunehmen. Ihm obliegt es, die für die Jugendarbeit notwendigen Räume und Mittel zur Verfügung zu stellen, und, wo es erforderlich und möglich ist, für Anstellung ausgebildeter Helfer und Helferinnen zu sorgen.«

Auch hier läßt sich ähnliches sagen, wie bereits über das katholische Dokument: Der Text ist inhaltlich gut, nur verpflichtet er niemanden. Weder der Pfarrer noch das Presbyterium müssen sich daran halten. Mehr als empfehlenden Charakter haben die Texte nicht. Diese Freiheit wird von vielen Mitarbeitern einerseits begrüßt, andererseits aber auch bedauert. Weil jede Gemeinde eigene Entscheidungskompetenz besitzt, kann man Glück oder Pech haben, mit einem Pfarrer oder Presbyterium zusammenarbeiten zu müssen, die für Jugendarbeit aufgeschlossen sind oder wenig dafür übrig haben.

2. Organisation. Die Organisation der evangelischen Jugendarbeit ist nicht so einfach darzustellen; sie kann nicht auf alle Landeskirchen übertragen werden. Vor allem auf Gemeindeebene sieht die Organisation sehr unterschiedlich aus. Man unterscheidet zwischen Kirchengemeinde, Kirchenkreis, Landeskirche und Kirche auf Bundesebene.

4.3.4. Organisation evangelischer und katholischer Jugendarbeit im Vergleich

Obwohl sich die Organisation der Jugendarbeit in der katholischen Kirche von der der evangelischen Kirche unterscheidet, lassen sich beide doch vergleichen.[20]

20 Vgl. K. Reichle/M. Gellert: Handbuch für Gruppenleiter. Gelnhausen: Burckhardthaus 1979, S. 348.

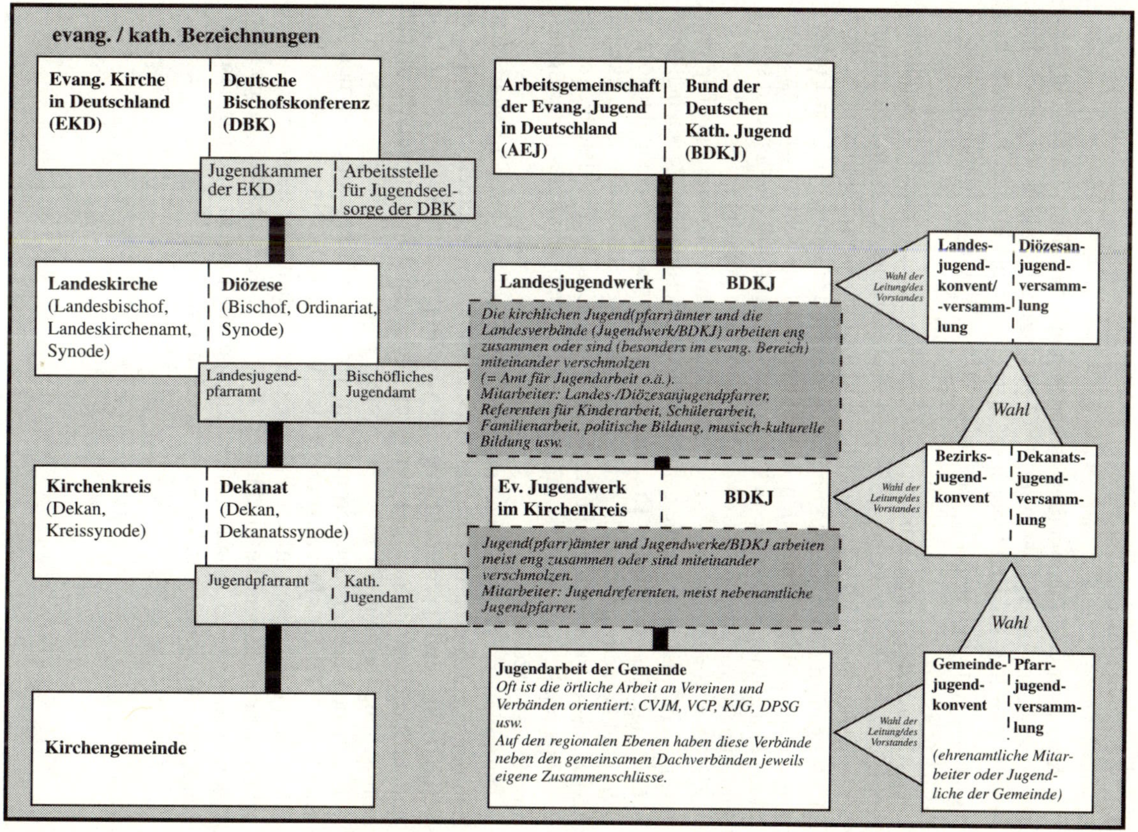
evang. / kath. Bezeichnungen
Evang. Kirche in Deutschland (EKD)
Deutsche Bischofskonferenz (DBK)
Jugendkammer der EKD
Arbeitsstelle für Jugendseelsorge der DBK
Arbeitsgemeinschaft der Evang. Jugend in Deutschland (AEJ)
Bund der Deutschen Kath. Jugend (BDKJ)
Landeskirche (Landesbischof, Landeskirchenamt, Synode)
Diözese (Bischof, Ordinariat, Synode)
Landesjugendpfarramt
Bischöfliches Jugendamt
Landesjugendwerk
BDKJ
Die kirchlichen Jugend(pfarr)ämter und die Landesverbände (Jugendwerk/BDKJ) arbeiten eng zusammen oder sind (besonders im evang. Bereich) miteinander verschmolzen
(= Amt für Jugendarbeit o.ä.).
Mitarbeiter: Landes-/Diözesanjugendpfarrer, Referenten für Kinderarbeit, Schülerarbeit, Familienarbeit, politische Bildung, musisch-kulturelle Bildung usw.
Wahl der Leitung/des Vorstandes
Landesjugendkonvent/-versammlung
Diözesanjugendversammlung
Wahl
Kirchenkreis (Dekan, Kreissynode)
Dekanat (Dekan, Dekanatssynode)
Jugendpfarramt
Kath. Jugendamt
Ev. Jugendwerk im Kirchenkreis
BDKJ
Jugend(pfarr)ämter und Jugendwerke/BDKJ arbeiten meist eng zusammen oder sind miteinander verschmolzen.
Mitarbeiter: Jugendreferenten, meist nebenamtliche Jugendpfarrer.
Wahl der Leitung/des Vorstandes
Bezirksjugendkonvent
Dekanatsjugendversammlung
Wahl
Kirchengemeinde
Jugendarbeit der Gemeinde
Oft ist die örtliche Arbeit an Vereinen und Verbänden orientiert: CVJM, VCP, KJG, DPSG usw.
Auf den regionalen Ebenen haben diese Verbände neben den gemeinsamen Dachverbänden jeweils eigene Zusammenschlüsse.
Wahl der Leitung/des Vorstandes
Gemeindejugendkonvent
Pfarrjugendversammlung
(ehrenamtliche Mitarbeiter oder Jugendliche der Gemeinde)

4.4. Zusammenfassung

Die Aufgaben von Jugendarbeit übernehmen öffentliche Träger (Jugendamt) und freie Träger, dies ist im JWG geregelt. Jugendarbeit ist nach dem Prinzip der Subsidiarität geordnet, d.h., Vorrang in der Jugendarbeit haben die Aktivitäten der freien Träger. Das JWG liefert dafür die gesetzliche Basis.

Die Bundesregierung arbeitet seit Jahren an einem neuen Jugendhilferecht, das am 10. November 1989 als Gesetzentwurf der Bundesregierung zur Neuordnung des Kinder- und Jugendhilferechts den Bundesrat passiert hat. Wegen zu hoher Kosten und Belastungen der Länder hat der Finanzausschuß des Bundesrates den Gesetzesentwurf in vollem Umfang abgelehnt. Der Bundesrat wollte sich dem jedoch nicht anschließen und schlug Änderungen vor, die auch Kostenreduzierungen vorsehen.

Ziel der Jugendarbeit ist die individuelle und soziale Emanzipation Jugendlicher. Es geht um die ganzheitliche Förderung, um Persönlichkeitsentfaltung. Sie setzt beim Erzieher ein positives Menschenbild voraus, d.h., daß er davon ausgeht, daß jeder Mensch besondere Fähigkeiten besitzt, die es zu erkennen und zu fördern gilt. Eine Defizit-Pädagogik, die das Jugendalter als eine konflikt- und problembehaftete Lebensphase ansieht, ist abzulehnen.

Die freien Träger von Jugendarbeit führen etwa 90 Prozent aller Maßnahmen von Jugendarbeit durch. Die Jugendverbände haben ein doppeltes Mandat: Sie sind Träger allgemeiner sozialstaatlicher Aufgaben, und sie haben Sprecherfunktion. Sie vertreten die Jugend in den verschiedenen politischen Gremien.

Einen besonderen Schwerpunkt in der Jugendarbeit übernehmen die kirchlichen Träger. In Anbetracht des Wertewandels in unserer Gesellschaft und der konservativen Haltung der Kirchen (vor allem der katholischen Kirche) haben die kirchlichen Träger große Probleme, junge Menschen anzusprechen. Die kirchliche Jugendarbeit steckt in einer besonderen Krise, die vor allem eine Krise der Amtskirche ist.

5. Pädagogik der Jugend- und Freizeitarbeit

5.1. Problemskizze

Die Erkenntnisse der Pädagogischen Anthropologie sagen aus, daß menschliches Verhalten vor allem in den beiden Dimensionen Gefühl und Handeln eingebettet ist. Entsprechend sollte es in der Pädagogik besonders um die Bereitstellung von Handlungs- und Erlebnisfeldern gehen. Die Pädagogik muß sich viel bewußter auf Angebote konzentrieren, die das Gefühl des Menschen ansprechen und ihn zum Handeln anregen. Man könnte in diesem Zusammenhang geradezu von einer Gefühls- und Handlungspädagogik sprechen, die sich besonders für den Bereich der Jugendarbeit anbietet.

Sucht man nun nach Formen, in denen sich das Gefühl und Handeln ausdrückt bzw. gelebt wird, stößt man auf zwei Erlebnisbereiche, die durch Geselligkeit und spannende, risikoreiche Situationen gekennzeichnet sind. In der Geselligkeit geht es nicht so sehr um Inhalte, Programme, spannende Situationen, sondern ihr Spezifikum sind Beziehungen und Gefühle. Im folgenden soll dieser Aspekt an der von *Friedrich Schleiermacher* entwickelten *Geselligkeitspädagogik* dargestellt werden.[1]

Spannende, risikoreiche Aktionen beinhaltet der andere, zweite Bereich, der zuerst von *K. Hahn* in seiner *Erlebnispädagogik* entworfen wurde und vor allem den Handlungsaspekt herausarbeitet.[2]

Diese beiden Bereiche entsprechen allen Überlegungen einer bedürfnisorientierten Jugendarbeit. Jugendliches Freizeitverhalten ist bestimmt von Geselligkeit und Aktion. Jugendliche signalisieren durch ihr Freizeitverhalten, daß es ihnen vor allem um diese beiden Dimensionen menschlichen Erlebens und Handelns geht, daß hier ihre Bedürfnisse liegen.

In der neuen Literatur zur Jugendkunde wird verstärkt auf das große Bedürfnis Jugendlicher hingewiesen, sich Räume anzueignen und Zeit zu erleben. Indem Jugendarbeit Jugendlichen Geselligkeit und Erlebnisse anbietet, kommt sie diesem Bedürfnis nach. In der Geselligkeit und in erlebnisreichen Handlungen können sich Jugendliche Raum und Zeit aneignen, erleben und überschreiten. Raum und Zeit werden zur Erlebniszeit und zum Erlebnisraum, die ganz andere Dimensionen haben als die meßbare Zeit und der meßbare Raum.

1 Vgl. F. D. E. Schleiermacher: Versuch einer Theorie des geselligen Betragens. In: Schleiermacher: Kritische Gesamtausgabe. Hrsg.: H.-J. Birkner u. a. Berlin: Gruyter 1984, Bd. 2, S. 164 bis 184.

2 Vgl. H. Weber/J. Ziegenspeck: Die deutschen Kurzschulen – Historischer Rückblick – Gegenwärtige Situation – Perspektiven. Weinheim: Beltz 1983.

Geselligkeit nimmt im Bevölkerungsdurchschnitt von allen Freizeitaktivitäten einen erhöhten Stellenwert ein:[3]

- Familienbezogene Freizeit: 49 Prozent,
- Entspannung: 47 Prozent,
- Geselligkeit: 44 Prozent,
- Regeneration, Ruhe: 41 Prozent.

In den letzten 26 Jahren (1953 bis 1979) ist das Bedürfnis nach Geselligkeit von 31 Prozent auf 64 Prozent gestiegen.[4] »Im Vergleich zu früheren Jahren sind heute in der Freizeit mehr Eigenaktivitäten und informelle Geselligkeit gefragt ... Vorrang gewinnt die zwanglose Geselligkeit bei Spiel, Fest und Feier sowie das Zusammensein in Cliquen.«[5]

Im Geselligkeitsbedürfnis junger Menschen drückt sich ganz allgemein ein Grundbedürfnis des Menschen aus. Arbeiten der Ethnologie und Kulturanthropologie belegen, daß Geselligkeit zum Wesen des Menschen gehört. Der Mensch verwirklicht sich in Geselligkeit. Geselligkeit wird als Natur- und Elementarkategorie des Menschen bezeichnet. Um so erstaunlicher ist es, daß Geselligkeit kein wissenschaftliches Thema ist. Die Monographien, die sich mit Geselligkeit befassen, kann man an den Fingern abzählen, daneben sind noch einige Zeitschriftenartikel zu erwähnen. Insgesamt also eine sehr geringe Literaturausbeute zum Thema Geselligkeit.

5.2. Definition von Geselligkeit

5.2.1. Nominaldefinition

Wenn Geselligkeit im Freizeitverhalten Jugendlicher wie Erwachsener dominiert, sollte man meinen, Geselligkeit zu definieren sei ein leichtes. Das Gegenteil ist jedoch der Fall. Über Geselligkeit spricht man nicht, Geselligkeit lebt man. Es gibt Lebensphänomene, die man nur aus der Aktion, aus der Phase des Erlebens heraus erklären kann. Eine Beschreibung dieses Phänomens, abgehoben vom Erlebnisbereich und der realen Situation, wird stets ein unbefriedigter Versuch bleiben. In dem Moment, wo man über Geselligkeit spricht, verändert sich das Phänomen, es ist nicht mehr die erlebte Geselligkeit, sondern ein abstrakter Wert, ein leerer Begriff.

Der Begriff Geselligkeit wird im alltäglichen Sprachgebrauch kaum ver-

3 Vgl. P. Gluchowski: Freizeit und Lebensstile. Hrsg.: Gesellschaft zur Förderung der Freizeitwissenschaften. Erkrath 1988, S. 50.

4 Vgl. H. Opaschowski: Arbeit, Freizeit, Lebenssinn? Opladen: Leske 1983, S. 72.

5 H. Opaschowski: Pädagogik und Didaktik der Freizeit. Opladen: Leske 1987, S. 26f.

wandt. Man sagt nicht: »Ich suche Geselligkeit.« Vielmehr gebraucht man eher Umschreibungen: »Ich möchte abschalten, lustig sein, mich amüsieren, unterhalten, mit netten Leuten zusammen sein, Freunde treffen etc.«

Geselligkeit zu definieren ist auch deshalb schwierig, weil sie von Personen, Raum, Zeit und Situation abhängig ist. Geselligkeit ist nicht für alle gleichbedeutend. Für den einen gehört zur Geselligkeit eine gemütliche Atmosphäre, für den anderen spielt dies eine untergeordnete Rolle; der eine setzt gleiche Interessen aller für Geselligkeit voraus, den anderen reizen gerade Gegensätze. Was für den einen Voraussetzung, Bedingung für Geselligkeit ist, kann für den anderen genau das Gegenteil bedeuten.

Geselligkeit ist ein vielsagender und vielschichtiger Begriff. Soll er definiert und damit greifbar gemacht werden, muß man nach seinen Ausdrucksformen fragen. Es bietet sich also an, statt einer Realdefinition eher eine Nominaldefinition anzustreben, d.h., man wählt wichtige Elemente von Geselligkeit aus und fügt diese Teilstücke anschließend als Ganzes zusammen. Durch dieses Vorgehen soll das »Feld« Geselligkeit gewissermaßen abgesteckt werden. So lassen sich fünf Teilbereiche von Geselligkeit erkennen und beschreiben.

1. Ausdrucksformen

Untersuchungen aus der Freizeitforschung sowie der Kulturanthroplogie und Ethnologie belegen, daß sich Geselligkeit besonders in folgenden *fünf* Formen ausdrückt bzw. verdichtet oder gelebt wird: *Gespräch, Spiel, Tanz, Musik* und *Fest.* Wo Spiel, Tanz, Fest usw. stattfinden, ergibt sich automatisch auch Geselligkeit. Diese fünf Ausdrucksformen sollen *primäre Ausdrucksformen* genannt werden. Daneben gibt es jedoch viele Situationen, die nicht auf Grund ihrer Konstitution gesellig sein müssen, aber sehr wohl sein können. Wenn Jugendliche z.B. Tischtennis, Billard spielen, kochen, am Lagerfeuer sitzen, eine Collage erstellen, etwas gemeinsam basteln, werken usw., d.h. miteinander etwas tun, handeln, kann dieses Tun/Handeln unterschiedliche Intentionen und Formen haben:

- Man will Tennis spielen und sonst nichts, d.h., die Tätigkeit ist Ziel und Inhalt.
- Man will gesellig sein und bedient sich des Tischtennisspielens als Medium, d.h., Geselligkeit bzw. der Umgang mit Personen ist Ziel und Inhalt.

Diese zweite Möglichkeit soll *sekundäre Ausdrucksform* oder *geselliger Anlaß* genannt werden.

Ein erstes Teilelement einer Operationalisierung dessen, was zur Geselligkeit gehört, können wir in diesen primären und sekundären Ausdrucksformen sehen.

2. Personenkreis

Neben diesen Ausdrucksformen beinhaltet Geselligkeit einen zweiten Teilbereich, nämlich den Personenkreis. Personen definieren, was sie unter Geselligkeit verstehen. Von bestimmten Personen hängt es vielfach ab, ob eine Situation gesellig wird oder nicht. Man sucht sich gezielt Personen aus, nette Leute, mit denen man gerne zusammen sein möchte. Vielfach kann man beobachten, daß Jugendliche kurz in einen Raum kommen, um zu schauen, wer da ist. Je nachdem, wen sie antreffen, werden sie dableiben, weggehen oder später noch einmal vorbeikommen.

Man sollte bedenken, daß Jugendliche selten allein eine Einrichtung oder ein Angebot der Jugendarbeit besuchen bzw. wahrnehmen, sondern daß sie vorwiegend in Gruppen an Veranstaltungen teilnehmen. Vor allem ist hier wiederum die Clique zu nennen.

3. Disposition, geselliger Wert

Ein dritter Bereich, der zur Geselligkeit gehört, ist eine gewisse Disposition bzw. der gesellige Wert. Man muß zwischen inneren und äußeren Faktoren einer Disposition unterscheiden.

Innere Faktoren: Der Teilnehmer muß disponiert, in richtiger Stimmung sein, eine positive Einstellung, Erwartung und Haltung einnehmen. Er muß sich niederlassen, einlassen und auf die Situation eingehen. Die geeignete innere Disposition ist im Sinne der Geselligkeit gegeben, wenn jeder einzelne sich in einer physisch-psychischen Verfassung befindet, die ihn für Geselligkeit empfänglich macht, d.h. wenn er dazu bereit ist, auf andere einzugehen, sie toleriert und akzeptiert.

Äußere Faktoren: Die Zeit, der Ort, der Raum und die Atmosphäre einer Einrichtung bzw. eines Raumes sind wichtige Voraussetzungen für die Entstehung von Geselligkeit.

Die *Zeit* spielt eine wichtige Rolle, da zur Geselligkeit immer Zeit notwendig ist, damit man sich entfalten kann. Eine zu knapp bemessene Zeitspanne verhindert Geselligkeit. Sie nimmt dem einzelnen und der Gruppe die Möglichkeit, sich aus dem Alltag, der ohnedies immer im Bewußtsein der Beteiligten bleibt, zu lösen.

Auch der *Raum* ist für die Entstehung von Geselligkeit wichtig. Zur Geselligkeit gehört eine gemütliche Atmosphäre. Müssen sich Jugendliche in unaufgeräumten, kahlen und kalten Räumen aufhalten, kann keine Geselligkeit entstehen. Man darf sich nicht wundern, wenn das soziale Verhalten in solchen Räumen von Aggressivität, Härte u.ä. geprägt ist. Raum und Verhalten bedingen sich wechselseitig.

4. Beziehungen, Inhalt

Das vierte Teilstück der Geselligkeit ist der Inhalt. Hier ist festzuhalten, daß es bei der Geselligkeit nicht primär um Rationalität, sondern vielmehr um Emotionalität geht. Das Fühlen, nicht das Denken bestimmt die Geselligkeit. Dabei ist für Geselligkeit bedeutend, daß der Inhalt eine »obere« und eine »untere« Grenze hat, d.h., man muß die Sphäre der Geselligkeit einhalten. Störend für Geselligkeit ist, wenn jemand mit intimen Problemen oder mit seinem beruflichen Ansehen und Prestige Geselligkeit beeinflussen bzw. mißbrauchen will. Das Eingehen auf allzu Subjektives wie Objektives zerstört Geselligkeit.

Für Geselligkeit gilt die wichtige Erkenntnis der Kommunikationsforschung: Der Mensch kommuniziert auf der Inhalts- und Beziehungsebene, wobei die *Beziehungsebene* die *primäre* und die *Inhaltsebene die sekundäre Form* darstellt, was nicht besagt, Inhalte seien belanglos, nur auf Gefühle käme es an. Geselligkeit hat nichts mit Gefühlsduselei zu tun. Entscheidend für eine Kommunikation sind die Beziehungen zwischen den Partnern. Sind diese nicht belastet, gestört etc., kann man sich mit den Inhalten der Nachricht unbeschwert auseinandersetzen. Stimmen die Beziehungen jedoch nicht, wird man sich weniger dem Inhalt als vielmehr den Beziehungen zuwenden, d.h., der Inhalt wird unter dem Gesichtspunkt der Beziehungen interpretiert. Legt der Jugendarbeiter Wert darauf, daß sich Jugendliche z.B. mit einem Inhalt/Thema auseinandersetzen, muß er sich über seine Beziehungen zu den Jugendlichen Gedanken machen.

5. Erlebnisqualitäten, Modalitäten

Jede gesellige Zusammenkunft zeichnet sich durch bestimmte Erlebnisqualitäten bzw. Modalitäten aus. Analysiert man die primären Ausdrucksformen unter dem Gesichtspunkt gemeinsamer Erlebnisqualitäten, erkennt man für alle Ausdrucksformen gleichermaßen gültige, konstituierende Elemente:

- Gegenseitiges Durchdringen: Beeinflussung, wechselseitiges Geben und Nehmen, Beziehung,
- Gestimmtheit: erfüllte Augenblicke, Freude, Gelöstheit, Zufriedenheit, Lebensgefühl, Gefühl,
- Spannung: Abenteuer, Wagnis, Risiko, Nervenkitzel,
- Rekreation: Erholung, Entspannung, Ausspannen, Abschalten,
- Freisein: Distanzierung von Problemen, Alltag, Freiheit,
- Entgrenzung: Raum- und Zeitlosigkeit, anderes Zeit- und Raumgefühl,
- Horizonterweiterung: Verarbeitung von Erfahrungen und Erlebnissen, neue Personenbegegnungen,
- Personenfindung: Ich-Erfahrung, Selbst-Erfahrung, Wesens-Erfahrung,
- Kreativität: Improvisation, Spontaneität, Phantasie.

Geselligkeit ist auch negativ abzugrenzen bzw. die *negativen Faktoren* sind zu benennen, die Geselligkeit zerstören bzw. gar nicht erst aufkommen lassen. Dies sind u.a. Personen, die sich nicht verstehen, zuviel Alkohol,

Sorglosigkeit oder Überbesorgtheit der Gastgeber z.B. bei einem Fest, Egoismus, Ernstcharakter, Fehlen von Humor, Verletzlichkeit, Überempfindlichkeit, Ängstlichkeit, Mangel an Zeit u.a.m.

5.2.2. Semantisches Differential

Neben dieser phänomenologischen Methode soll nun in einem zweiten Schritt durch eine empirische Befragung der Inhalt von Geselligkeit ermittelt werden. Mit Hilfe der Methode eines semantischen Differentials sollten Jugendliche und Jugendarbeiter angeben, welche von 25 Begriffen sie besonders mit Geselligkeit in Verbindung bringen. Es wurden 240 Jugendliche und 232 Jugendarbeiter befragt: »Was gehört für Sie zur Geselligkeit?« (fünf Antwortkategorien von »auf alle Fälle« bis »in keinem Fall«). Das Ergebnis in Prozent und Rangfolge:

Merkmale	Jugendliche		Jugendarbeiter	
	Rang	%	Rang	%
Spontaneität	8	45 %	5	78 %
Ausdauer	18	9 %	20	- 8%
Kontaktbereitschaft	2	70 %	1	95 %
Essen und Trinken	15	21 %	13	38 %
Abwechslung	11	37 %	9	61 %
Humor, Witz	4	65 %	6	71 %
Zwanglosigkeit	3	67 %	3	85 %
Besondere Räumlichkeiten	21	–13 %	19	- 7 %
Feinfühligkeit	13	28 %	12	42 %
Musik	10	40 %	14	34 %
Planung, Organisation	20	–12 %	22	–11 %
Zuhörfähigkeit	6	61 %	10	60 %
Ängstlichkeit	25	–63 %	25	–68 %
Eine bestimmte Tageszeit	24	–57 %	24	–62 %
Unterhaltung, Amüsement	9	44 %	8	70 %
Unverbindlichkeit	14	23 %	17	17 %
Toleranz	5	64 %	4	84 %
Erotik	22	–14 %	21	–10 %
Selbstkritik	17	11 %	16	18 %
Ordnung	23	–31 %	23	–49 %
Bestimmte Personen/Gruppen	16	12 %	15	32 %
Geistige Beweglichkeit	7	47 %	6	71 %
Gemütlichkeit	1	71 %	2	93 %
Ausgeglichenheit	12	34 %	11	50 %
Risikobereitschaft	19	- 5 %	18	–14 %

Die wichtigsten Merkmale von Geselligkeit sind nach dieser Befragung:

Jugendliche		Jugendarbeiter	
71 %	Gemütlichkeit	95 %	Kontaktbereitschaft
70 %	Kontaktbereitschaft	93 %	Gemütlichkeit
67 %	Zwanglosigkeit	85 %	Zwanglosigkeit
65 %	Humor, Witz	84 %	Toleranz
64 %	Toleranz	78 %	Spontaneität
Nicht zur Geselligkeit gehören:			
–63 %	Ängstlichkeit	–68 %	Ängstlichkeit
–57 %	bestimmte Tageszeit	–62 %	bestimmte Tageszeit
–31 %	Ordnung	–49 %	Ordnung
–14 %	Erotik	–11 %	Planung, Organisation
–13 %	besondere Räume	–10 %	Erotik
–12 %	Planung, Organisation	– 8 %	Ausdauer
– 5 %	Risikobereitschaft	– 7 %	besondere Räume

Es fällt auf, daß Jugendliche und Jugendarbeiter unter Geselligkeit fast das Gleiche verstehen. Die Unterschiede in der Rangfolge sind nicht gravierend, höchstens in der Häufigkeit der Nennungen unterscheiden sie sich. Die Jugendarbeiter werten einzelne Merkmale höher.

Geselligkeit wird als eine gelöste, gelockerte und gemütliche Situation verstanden, in der Toleranz, Humor und Witz gefragt sind.

Hervorzuheben ist der hohe Stellenwert, den die Gemütlichkeit einnimmt. Nach Meinung der Jugendlichen gehört zur Geselligkeit an erster Stelle die Gemütlichkeit. Es stellt sich die Frage: Verlassen vielleicht deshalb immer mehr Jugendliche die Jugendhäuser bzw. Jugendgruppen, weil deren Räume nicht gemütlich sind? Ist Jugendarbeit unter Umständen nicht mehr attraktiv, weil sie ungemütlich ist?

5.2.3. Offener Definitionsversuch

Die zwei Hinwege zu einer Definition (semantisches Differential, Nominaldefinition) können jetzt in einem *offenen Definitionsversuch* zusammengefaßt werden. Als offen wird dieser Versuch deswegen bezeichnet, weil Geselligkeit nur vage in einer Definition beschrieben werden kann und weil zweitens Geselligkeit von den beteiligten Personen definiert wird. Deshalb soll hier das Phänomen Geselligkeit auch nur annähernd semantisch umschrieben werden.

● Geselligkeit ist das vertraute und zwanglose Beisammensein von Menschen mit dem Ziel des gegenseitigen Kennen- und Verstehenlernens durch Erlebnis- und Gedankenaustausch.
● Nicht Denken, sondern Fühlen, nicht der Inhalt, sondern die Beziehungen bestimmen die Geselligkeit. Geselligkeit ist ein Bereich, bei dem der Mensch mit all seinen Sinnen angesprochen wird und sich erlebt.
● Zur Geselligkeit gehört eine gewisse innere und äußere Disposition. Zu den konstituierenden Merkmalen von Geselligkeit zählen folgende Erlebnisqualitäten: gegenseitiges Durchdringen, Gestimmtheit, Spannung, Freisein, Entgrenzung, Horizonterweiterung, Personenfindung, Kreativität.
● Jugendliche zählen zur Geselligkeit vor allem Gemütlichkeit, Kontaktbereitschaft, Zwanglosigkeit, Humor, Witz und Toleranz, dagegen schließen sie von Geselligkeit Ängstlichkeit, die Bindung an eine bestimmte Tageszeit, Ordnung, Erotik, besondere Räume, Planung, Organisation und Risikobereitschaft aus.
● Geselligkeit drückt sich primär im Gespräch, Spiel, in der Musik, im Tanz und im Fest aus.

5.2.4. Bedeutung der Geselligkeit für den Menschen

Ausgehend von den Überlegungen der Pädagogischen Anthropologie soll nun der Nachweis erbracht werden, daß Geselligkeit für den Menschen existentiell eine primäre Lebenskategorie ist.

1. Emotionsforschung

Die Emotionsforschung hat sich intensiv mit den beiden Dimensionen des Denkens und Fühlens und deren Wechselwirkung auseinandergesetzt. Kurz zusammengefaßt läßt sich ihr Ergebnis folgendermaßen darstellen: Auf eine Situation, einen Reiz spricht – von allen Dimensionen des Menschen – zuerst das Gefühl an, das getragen wird von Bedürfnissen, Trieben und dem Willen. Das Gefühl bewertet die Situation. Man fühlt sich wohl oder nicht, bekommt Angst etc. Das Gefühl gibt den Impuls an den Verstand, das Denken weiter. Der Verstand vergleicht die neue Information mit den bisherigen Erfahrungen. Aus Fühlen und Denken folgt die Motivation, die den Menschen zur Handlung veranlaßt.

Situation/ Reiz	⇄	Gefühl (emotionale Dimension)	⇄	Denken (kognitive Dimension)	⇄	Motivation	⇄	Handlung (psycho-motor. Dimension)

Nachdem durch Vermittlung der Gefühle die Bedürfnisse, Triebe und Willensansprüche wirksam geworden sind, führt das Denkprodukt zu Motivation und Handlung. Alle Faktoren/Dimensionen stehen in ständiger Wechselwirkung.

2. Wirkforschung

Hirnforscher haben Anhaltspunkte dafür, daß sich seit etwa 20 Jahren die rechte Gehirnhemisphäre kontinuierlich verändert und im Wachsen begriffen ist. Man unterscheidet bei der Gehirnhemisphäre zwei Teile: Die linke ist im wesentlichen zuständig, die Welt linear, objektiv, logisch, rational, analytisch und kausal zu erfassen, während die rechte Hälfte die Welt eher beziehungsreich, assoziativ, intuitiv, sprunghaft, emotional, ganzheitlich und gleichzeitig sieht.[6]

Gegen die zahllosen und wechselnden Lichtimpulse und elektronischen Reize, die das vegetative Nervensystem kaum noch verarbeiten kann, schützt sich der Mensch (unbewußt), indem die rechte Hirnhälfte wächst, die für die Aufnahme und Verarbeitung dieser Impulse vor allem zuständig ist. Das hat enorme Auswirkungen auf die Persönlichkeitsentfaltung des Menschen. Der Mensch entwickelt auf Grund der ständig wachsenden rechten Gehirnhemisphäre ein stärkeres Bedürfnis nach Emotionalität. Das bedeutet für die Pädagogik, mehr auf die Emotionalität einzugehen und sie durch Schaffung von Erlebnissituationen zu fördern.[7]

3. Kulturanthropologie und Ethnologie

Arbeiten der Ethnologie und Kulturanthropologie belegen, daß Geselligkeit zum Wesen des Menschen gehört. In den Arbeiten wird deutlich, daß die geselligen Ausdrucksformen des Menschen bei archaischen Völkern jeweils mit einem Kult in Verbindung stehen. Es handelt sich bei der Geselligkeit zunächst um kultische Formen. Der Kult wird gesungen, getanzt, gespielt. Der Mensch wählt aus seinem Leben Formen aus, die für ihn typisch sind, die ihn symbolisieren, in denen er lebt, und die ein geeignetes Medium darstellen, um den Gottheiten zu begegnen. Aus Ehrfurcht und Angst vor seinen Gottheiten wählt der Mensch das Edelste und für sein Wesen Charakteristischste aus, um mit ihnen in Verbindung treten zu können. Diese kultischen Ausdrucksformen werden von den Kulturanthropologen und Ethnologen bezeichnet als kulturelles oder existentielles Phänomen, primäre Lebenskategorie oder Lebenserscheinung, Elementar- oder Naturkategorie, Urphänomen. Zu diesen Urformen zählen Gespräch, Spiel, Tanz, Musik, Fest.

In der neueren Literatur, vor allem der Philosophie und Pädagogik, auch der Soziologie, werden diese Ausdrucksformen mit Geselligkeit umschrieben. Da der Bezug zum Kult verlorengegangen ist, die Formen

6 Vgl. I. Frohne: Das rhythmische Prinzip. Lilienthal: Eres Edition 1981, S. 40.

7 Vgl. W. Glogauer: Videofilm-Konsum der Kinder und Jugendlichen. Bad Heilbrunn: Klinkhardt 1987, S. 125 bis 132.

profanisiert und säkularisiert wurden – teilweise wird auch von Sinnentleerung gesprochen –, ist Geselligkeit die moderne Umschreibung dieses Urphänomens.

Man kann aus diesen Quellen festhalten: Geselligkeit ist angesichts ihrer Verbreitung über alle Völker und Kulturen als prä- und transkulturelle Vorbedingung des Menschen zu betrachten, als ein existentielles Phänomen des Menschen, das nicht weiter auf irgendein anderes anthropologisches Datum zurückgeführt werden kann. Sie gehört zum substantiellen und unverzichtbaren anthropologischen Grundbestand menschlichen Lebens.

Verzicht auf Geselligkeit
Wie gezeigt werden konnte, belegt die Literatur die Wichtigkeit der Geselligkeit als primäre Lebenskategorie des Menschen. Dieser Beleg soll noch von einer weiteren Seite erbracht werden; dabei ist zu fragen, wie wichtig die primären Ausdrucksformen von Geselligkeit für den Menschen sind. Die Bedeutung könnte man am besten dann erkennen und nachweisen, wenn man Geselligkeit aus dem Leben des Menschen streichen würde. Der Mensch wäre unter diesen Umständen zwar lebensfähig, er würde jedoch verkümmern; er wäre zwar noch ein Natur-, aber kein Kulturwesen mehr. In der Geselligkeit kann der Mensch lachen, frei sein, sich erleben, sich entgrenzen. Dies sind in besonderer Weise Formen, in denen der Mensch ein emotionales Wesen sein kann. In der Geselligkeit findet der Kulturmensch gewissermaßen Enklaven der Leichtigkeit, Fröhlichkeit, des Glücks, der Zufriedenheit, Gestimmtheit, Intensität. Geselligkeit gehört zur Lebensqualität des Menschen. Würde man also Geselligkeit aus dem Leben des Menschen streichen, dann würde man den homo ludens und homo festivus auf den homo faber beschränken. Bei einem solchen Vorgang, der Streichung anthropologischer Notwendigkeiten, käme die Humanität zu kurz. Es ist ein biologisches Gesetz, daß der Mensch Spannungs- und Ruhephasen braucht. Geselligkeit findet in der Ruhephase statt; viele Autoren bezeichnen Geselligkeit als Ruhephase. Damit wird ausgedrückt: Geselligkeit ist für den Menschen notwendig.

5.2.5. Jugendarbeit und Geselligkeit

Geht man von der Erkenntnis aus, daß die emotional-affektive Dimension die tragende Dimension menschlichen Handelns ist, muß es der Pädagogik entschieden darum gehen, das Gefühl des Menschen zu fördern und zu pflegen. Emotionale Erziehung müßte primäres Ziel einer Pädagogik sein. Denn wenn im emotionalen Bereich Störungen auftreten oder wenn diese

Dimension nicht genügend entfaltet oder entwickelt wurde, wird sich dies negativ auf die anderen Dimensionen – das Denken, die Motivation und das Handeln – auswirken. Die Tiefenpsychologie hat auf diesen Zusammenhang schon immer hingewiesen. Hat ein Mensch Probleme bei der Lebensbewältigung, erklären sich die Ursachen vor allem als Störungen im emotionalen Bereich.

Kritik an der einseitigen Betonung des Rationalen im Menschen durch die Pädagogik hat es zu jeder Zeit gegeben, Entscheidendes geändert hat sich bisher nicht. Man muß jedoch festhalten.: »Die Vernunft entspringt einer Mischung von rationalem Denken und Gefühl. Wenn die beiden Funktionen auseinandergerissen werden, verkümmert das Denken zu einer schizoiden intellektuellen Aktivität und das Fühlen zu einer neurotischen lebensschädigenden Leidenschaftlichkeit ... Ohne den Antrieb unserer Emotionen wären wir nicht lebendige Menschen, könnten wir weder handeln, noch leiden, noch reden, noch denken ... Deshalb darf es bei der Erziehung weder zu einer Vernachlässigung der rationalen noch zu einer Geringschätzung der emotionalen Fähigkeiten und Kräfte kommen.«[8]

Will sich die Pädagogik der emotionalen Erziehung zuwenden, muß sie nach Formen suchen, in denen sich Emotionalität besonders ausdrückt. Es wurde bereits darauf hingewiesen, daß die Geselligkeit den emotionalen Bereich besonders anspricht. In der Geselligkeit geht es um Personen, Beziehungen vor dem Hintergrund des Sich-Wohlfühlens, d.h. der Emotionalität. *Geselligkeit ist Pflege der Emotionalität.*

Halten wir fest: Wenn die emotional-affektive Dimension für den Menschen und sein Handeln so wichtig ist, wenn es der Pädagogik um emotionale Erziehung geht, wenn Geselligkeit eine besondere Form der Pflege, Erziehung und Bildung von Emotionalität ist, dann übernimmt Jugendarbeit mit der Pflege der Geselligkeit eine für den Menschen zentrale Aufgabe.

In einer Geselligkeitspädagogik geht es um die Bildung des ganzen Menschen. Die Ausdrucksformen von Geselligkeit werden nicht als Methoden eingesetzt, um z.B. soziales Verhalten oder andere pädagogische Ziele zu erreichen. Bei dieser Einstellung würde Geselligkeit benutzt, um »höhere Bildungsziele« anzustreben. Geselligkeit würde dabei nicht als eigener Wert anerkannt und geachtet. Diese Einstellung widerspricht dem Ziel der Geselligkeitspädagogik. Geselligkeit ist ein Wert an sich. In den Ausdrucksformen verwirklicht sich der Mensch als Ganzes. Ziel einer Geselligkeitspädagogik ist es also nicht, z.B. Tanz, Feste u.a. Ausdrucksformen zu

8 R. Oerter/E. Weber (Hrsg.): Der Aspekt des Emotionalen in Unterricht und Erziehung. Donauwörth: Auer 1975, S. 106f.

verpädagogisieren, vielmehr geht es in der Geselligkeitspädagogik darum, den Wert der Ausdrucksformen herauszuarbeiten, die Formen vor falschen Eingriffen von außen zu schützen und sie zu pflegen. Geselligkeit soll gelernt werden durch Handlungen, Erfahrungen und Erleben. Ein solches Verständnis von Geselligkeit fordert vom Jugendarbeiter hinsichtlich seiner Einstellung und seines pädagogischen Verhaltens entsprechende Konsequenzen.

Augenscheinlich fällt es Pädagogen schwer, Geselligkeit an sich zu akzeptieren und sie ernst zu nehmen, wenn nicht zugleich damit pädagogisch »Verwertbares«, etwas Vorzeigbares verbunden werden kann. Man muß dem Jugendarbeiter anraten, die Blickrichtung einmal zu ändern, indem er den geselligen Bereich nicht als einen Bereich pädagogischer Intervention, sondern als Lernfeld für Pädagogen versteht. Was passiert, wenn Jugendarbeiter nicht direkt anfangen, den geselligen Bereich zu strukturieren, d.h. zum pädagogischen Lernfeld zu machen, sondern wenn sie ihn für sich selbst zunächst als Lernfeld begreifen, wenn sie versuchen, sich nicht wertend, sondern akzeptierend in den geselligen Bereich einzubringen? Versuchen sie es, dann werden sie lernen, schrittweise eigene Wahrnehmungs- und Verständigungsschwierigkeiten abzubauen. Sie werden entdecken, daß sich neue Handlungsmöglichkeiten eröffnen, die für Jugendarbeit von hoher Bedeutung sind, und daß dieser Prozeß auch neue ästhetische Aneignungsformen freisetzt.

Jeder Jugendliche hat ein bestimmtes Maß an Erfahrungen in Geselligkeit, hier setzt die Geselligkeitspädagogik an. Es geht ihr dabei um positive Erfahrungen, was nur über Erfolgserlebnisse erreicht werden kann. Da jeder bereits seine Erfahrungen einbringt und auf Erfolge in Geselligkeit verweisen kann, ist der Ansatz einer Geselligkeitspädagogik positiv. Es geht nicht primär um die Aufdeckung von Defiziten, sondern um die Stärkung bereits vorhandener Fähigkeiten und Erfahrungen. Wenn Jugendliche ihre Erfahrungen und Stärken in Geselligkeit positiv erleben, dann werden sie zur Daseins-Bewältigung aufgebaut, motiviert.

Als Konsequenz für den Jugendarbeiter ergibt sich daraus: »Der Pädagoge muß all das, was er von seinem Beruf für sich selbst erhofft hat, auch an sich selbst verwirklichen. Er muß versuchen, es in den alltäglichen Notwendigkeiten und Ungereimtheiten der Erziehungsarbeit konkret werden zu lassen. Dies gilt auch, wenn er über die emotionale Knochenarbeit hinaus zu Gemeinsamkeiten mit den Jugendlichen kommen will, ihnen Alternativen nahebringen will. Aus diesem Grunde sollten Pädagogen in der Jugendarbeit offen von eigenen Überzeugungen und Interessen ausgehen, gerade auch dann, wenn sie wissen, daß die Überzeugungen, Erfahrungen und Interessen der Jugendlichen mit den ihren nicht deckungsgleich sein können. Sie sollten eine Variante der goldenen Regel beachten, die lautet: Was du willst, das die anderen tun sollen, das tu zuerst selbst für dich:

- Willst du, daß sie aktiv sind, statt zu gammeln, dann tue etwas, das dir selbst Spaß macht.
- Willst du, daß sie offen über sich reden, dann rede selber offen über dich.
- Willst du, daß sie lernen, Rückgrat zu beweisen, dann erprobe, wie stark dein eigenes Rückgrad ist etc.«[9]

5.2.6. Ausdrucksformen von Geselligkeit

1. Geselligkeit und Gespräch

Im Gespräch kann der junge Mensch Erlebnisse verarbeiten. Indem er mit Gleichaltrigen, die sich in einer ähnlichen Lebenslage befinden, positive wie negative Erfahrungen durchspricht, gelingt es ihm, diese eher zu bewältigen. Dabei bedarf es keiner großen Worte, man versteht sich automatisch.

Im Gespräch werden Alltagssituationen, Alltagserfahrungen ausgetauscht. Jugendliche erfahren auf diese Weise etwas über den Alltag und damit darüber, wie sie sich in kommenden Alltagssituationen möglicherweise verhalten können. Dieser Austausch von Erfahrungen ist für den jungen Menschen ein sehr wichtiges Lernfeld. Hier wird im Gespräch funktional gelernt, vielleicht sogar vieles, was der Jugendliche im Leben notwendig braucht.

Als pädagogisches Ziel für Jugendarbeit läßt sich schlußfolgernd aus diesen Überlegungen über das Gespräch formulieren:

Das Gespräch muß in seiner eigenständigen Bedeutung und Wertigkeit für den Jugendlichen wie auch für den Jugendarbeiter entdeckt und anerkannt werden. Das Gespräch erfüllt sehr wichtige Funktionen in der Persönlichkeitsentwicklung des Menschen.

Dem Gespräch muß im Bereich der Jugendarbeit Raum zur Verfügung gestellt werden. Das Bedürfnis der Jugendlichen, sich mit anderen zu treffen und mit ihnen zu diskutieren, ist nicht nur legitim, sondern sollte unbedingt anerkannt und gefördert werden.

Es geht in der Jugendarbeit nicht darum, das Gespräch in den pädagogischen Bereich hineinzuführen bzw. es zu ver-pädagogisieren, vielmehr geht es darum, den pädagogischen Wert des Gesprächs zu entdecken, ihn zu entfalten und vor falscher Pädagogik abzuschirmen.

Das gesellige Gespräch erfüllt in höchstem Maße pädagogische Ziele. Ein Umdenken auf seiten der Jugendarbeiter und des Trägers ist erforder-

9 K. Lange u. a.: Alltag des Jugendarbeiters. Neuwied: Luchterhand 1980, S. 22.

lich. Die Bedeutung des Gesprächs soll vom Jugendarbeiter selbst geschätzt und den Jugendlichen erklärt werden. Auf diese Weise kann es in der Jugendarbeit das werden, was das gesellige Gespräch in den Salons und Clubs des 18. Jahrhunderts einmal war: aktive Teilnahme am gesellschaftlichen und politischen Leben. Hierbei handelt es sich jedoch um ein Fernziel, dessen muß man sich bewußt sein.

2. Geselligkeit und Spiel

Das Spiel ermöglicht derart viele Lernprozesse und übernimmt soviel pädagogische Aufgaben, daß man geneigt ist, die Forderung aufzustellen: Zurück zum Spiel. Das Spiel übernimmt ähnliche Funktionen wie das Gespräch. Erlebnisse des Alltags können »zer-spielt« werden. Ein Schüler, der einen schlechten Tag hatte, kann diese Erfahrung korrigieren und spielerisch dieses Erlebnis verarbeiten, indem er sich mit anderen in solchen Spielen mißt und testet, in denen er gut ist. Er kann durch das Spiel sein Bild, sein Image korrigieren.

Als weitere Funktion des Spiels können genannt werden: Ventilfunktion, Aggressionsabbau, Ausgleichsfunktion etc. Im Spiel kann der Jugendliche versuchen, sich darzustellen, einen großen Wurf zu riskieren. Gewinnt er, wächst sein Ansehen; verliert er, war es ja nur ein Spiel. Durch das Spiel gelingt es dem Jugendlichen, mit neuen Rollen zu experimentieren. Das Spiel kommt dem Bedürfnis nach, sich darzustellen, zu messen, Neues auszuprobieren, mit dem Verhalten Erwachsener zu experimentieren. Die Befriedigung dieser Bedürfnisse ist eine wichtige Voraussetzung dafür, den Jugendlichen für andere, weitere Bedürfnisse ansprechbar zu machen. Man könnte geradezu sagen, zuerst muß der Jugendliche seine Erlebnisse zer-reden oder zer-spielen, d.h. verarbeiten, danach befindet er sich in einer Lage, die ihn für andere Interessen öffnet.

Das Spiel als Lernfeld weist sich auch dort besonders gut aus, wo es um soziales Lernen geht. Spielend lernt man mit Niederlagen und Siegen umzugehen, Koalitionen zu schließen, Taktiken zu entwickeln, mit Schwächen zu leben, am Können anderer zu partizipieren, Gemeinsamkeiten zu entdecken und zu entwickeln, Kontakte zu knüpfen, Toleranz zu üben usw.

Man kann erkennen, daß das Spiel in sich Werte besitzt, die es zu fördern gilt. Es bietet viele Möglichkeiten, sich im kognitiven, affektiven und psychomotorischen Bereich zu entfalten und zu bilden. Welche Forderungen und Ziele lassen sich aus diesen Überlegungen für Jugendarbeit ableiten?

Der Jugendarbeiter sollte den Wert des Spieles nicht nur für Jugendliche erkennen, sondern auch für sich. Er sollte selbst gerne spielen. Eine ansehnliche Spielsammlung sollte vorhanden sein. Da Jugendliche die meisten Brettspiele nicht kennen, muß der Jugendarbeiter die Spiele nicht nur vorstellen, sondern auch vorspielen. Erst nach mehrmaligem Durchspielen erregt ein Spiel evtl. Interesse und gewinnt an Wert. Es genügt also nicht, die Spiele nur auszugeben.

Es trifft nicht zu, daß Jugendliche nicht gerne spielen. Man muß ihnen zeitgemäße Spiele anbieten, d.h. solche, die ihrem technischen Interesse entsprechen. Mit »Mensch ärgere dich nicht« kann man sie sicher nicht begeistern. Dagegen finden technische Spielgeräte (Billard, Flipper, Kikker, Video-Spiele etc.) bei ihnen reges Interesse. Solche Spiele sollten nicht aus dem Grund abgelehnt werden, weil sie aus der kommerziellen Freizeitindustrie stammen und den Konsum fördern. Wenn das Spiel in sich als Wert anerkannt wird, ist auch das Spiel an technischen Geräten wertvoll.

Auch für das Spiel gilt wie für das Gespräch: Man muß nicht erst überlegen, welche pädagogischen Ziele mit dem Spiel erreicht werden können, sondern Spielen beinhaltet in sich pädagogische Werte. Diese Erkenntnis muß in pädagogischen Kreisen erheblich wachsen.

3. Geselligkeit und Musik

Zur Geselligkeit gehört auch die Musik. Jugendliche können scheinbar gar nicht ohne Musik auskommen. Musik ist für sie ein Stück ihres Lebens. Der Jugendliche kommt in die Einrichtung der Jugendarbeit, um mit Gleichaltrigen zu reden. Es wurde bereits darauf hingewiesen, daß miteinander reden nicht unbedingt bedeutet, viele Worte zu machen, sondern sich verstanden zu wissen. Man kann auch wortlos miteinander kommunizieren. Dies gilt besonders für Jugendliche, die sich entwicklungsbedingt in der gleichen Lebenslage befinden und sich von daher wortlos verstehen. Die Musik kann nun bei dieser Art von Kommunikation eine wichtige Rolle spielen. Dort, wo Musik gespielt wird, dazu in einer entsprechenden Lautstärke, wird niemand gezwungen, sich verbal auszudrücken. Man kann auch durch seine Anwesenheit, seine Haltung, seine Gesten mit anderen in Kontakt treten.

Musik ermöglicht eine bestimmte Atmosphäre. Man kommt in einen Raum und hört seine Musik. Diese Tatsache löst beim Jugendlichen Geborgenheit und Sicherheit aus. Der musikerfüllte Raum nimmt ihn auf, er muß nichts artikulieren, sagen, er kann sich zu Hause fühlen. Die Atmosphäre nimmt ihm Angst und gibt ihm ein Zugehörigkeitsgefühl; er muß sich nicht erst orientieren, er kennt sich aus. Für seine Persönlichkeitsentwicklung bedarf der junge Mensch gerade solcher Oasen, die ihm bekannt, angenehm sind und Sicherheit verleihen.

In dieser Atmosphäre kann der Jugendliche sich fallen lassen, er kann aus seiner Rolle aussteigen, alles von sich weisen und zu träumen beginnen. Die von Musik untermalten Tagträume sind Jugendlichen wichtig. In diesen und durch diese Träume können sie Erlebnisse verarbeiten, kompensieren, ihre Rolle anders gestalten. Auf diese Tagträume reagieren

Pädagogen allergisch. Sie wollen den Fluchtmechanismus aufdecken und den jungen Menschen mit der Wirklichkeit konfrontieren, damit sie diese bewältigen können. Hier zeigen sich wiederum die schulpädagogischen Ziele sehr deutlich: rationales Verarbeiten der Probleme. Für Träumereien, Phantasie, Romantik hat man wenig übrig. Es wäre sehr zu begrüßen, würde man in der Jugendarbeit wieder den Wert der Phantasie entdecken und fördern. Träumereien sind nicht nur Zeichen für Flucht, sondern auch Mechanismen für Verarbeitung von Problemen, wie es die Psychologie überzeugend darzulegen weiß. Aus Träumereien, Phantasie können neue Impulse zur Gestaltung des eigenen Lebens hervorgehen.

Aus diesen Überlegungen lassen sich für Jugendarbeit folgende Ziele ableiten:

Junge Menschen bedürfen für ihre Entwicklung der Träumerei. Musik ist ein wichtiges Medium, sie schafft die notwendige Atmosphäre. Der Jugendarbeiter sollte sich daher bemühen, dem Jugendlichen diese Welt mitzugestalten. Es wäre nicht zum Schaden, wenn auch Jugendarbeiter träumen könnten.

Die Musik als Raum, um sich fallen lassen, aussteigen zu können, ist für die Entwicklung des Jugendlichen wichtig. Gerade er, der aufgrund entwicklungsbedingter Spannung der Gelegenheit zum Abbau dieser Spannung bedarf, sollte in diesem Bemühen Unterstützung finden. Erwachsene empfinden es als sehr wohltuend, wenn sie von der Arbeit heimkommen und aus ihrer Berufsrolle aussteigen können. Warum wird den Jugendlichen nicht dasselbe Recht zugestanden?

Ziel pädagogischen Bemühens sollte es sein, nicht nur diese Notwendigkeit einzusehen, sondern sie als pädagogisch wertvoll zu achten und zu ermöglichen. Musik ist kein unwichtiges Beiwerk, Musik – auch laute Discomusik – ist pädagogisch von Wert, weil sie dem Jugendlichen in vielerlei Hinsicht hilft.

Die Beratung des Jugendlichen durch den Jugendarbeiter wird in diesem Zusammenhang besonders wichtig. So bedeutungsvoll Träumereien für den Jugendlichen sind, so darf er jedoch nicht bei ihnen stehen bleiben und sie als ständigen Fluchtmechanismus verstehen. Der Jugendarbeiter muß Einfühlungsvermögen beweisen, indem er die positive sowie die negative Seite der Träumereien erkennt und gegebenenfalls auf sie einwirken wird.

4. Geselligkeit und Tanz

Fragt man Jugendliche, wie sie ihre Freizeit am liebsten verbringen, dann wird sicher unter den drei beliebtesten Aktivitäten der Tanz genannt. Tanz ist eine Form der Kompensation. Man kann Probleme tanzend verarbeiten, indem man sich allmählich von ihnen löst, sie für eine Zeit lang vergessen kann. Erwachsene finden gute Gründe dafür, wenn sie einmal abschalten wollen. Jugendlichen will man dieses Recht nur ungern einräumen, sie sollen sich ständig mit ihren Problemen auseinandersetzen. Wird hier nicht wiederum das schulpädagogische Zieldenken deutlich: reden, spielen, träumen, tanzen sind wenig wertvoll? Es ist angebracht, diese rationalistische Denkweise in Grenzen zu halten, sie sollte nicht einziger Wertmaßstab menschlichen Verhaltens sein.

Der Tanz ist eine Form der Kommunikation. Der Tanzende kann nonverbal mit seinem Tanzpartner kommunizieren. Die laute Musik mag ihm dabei helfen, sprachlos Kontakte aufzunehmen. Dies ist vor allem für diejenigen Jugendlichen wichtig, die Schwierigkeiten mit der verbalen Kommunikation haben.

Eine sehr wichtige Funktion erfüllt der Tanz hinsichtlich des Bedürfnisses, sich anderen darzustellen. Der junge Mensch hat einen starken Darstellungsdrang. Er möchte seine Wirkung auf andere, besonders auf andersgeschlechtliche Personen testen und ausprobieren. Der Tanz ermöglicht ihm in diesem Bestreben viele Freiheiten. Er kann erste Tanzschritte für sich alleine wagen, er kann aber auch als hervorragender Disco-Tänzer die Aufmerksamkeit der Anwesenden auf sich lenken. Die Lernmöglichkeiten, die ihm der Tanz bietet, sind für den Jugendlichen sehr bedeutsam.

Durch den Tanz kann der Jugendliche Kontakte zum andersgeschlechtlichen Partner knüpfen. Diese Möglichkeit des Tanzes ist für den Jugendlichen wichtig, da er einerseits gehemmt ist, auf andersgeschlechtliche Personen zuzugehen, andererseits ein starkes Bedürfnis hat, Kontakte aufzunehmen. Der Tanz schafft einen Raum, in dem man mit den andersgeschlechtlichen Partner Distanz wie Nähe, Gespräche wie Schweigen üben kann. Jede Form besitzt ihren eigenen Wert. Der Jugendliche kann mit seinem Verhalten experimentieren, ohne dabei seine Unsicherheit zu zeigen oder sein Gesicht zu verlieren. Auch diese Erfahrungen sind für die Persönlichkeitsentwicklung junger Menschen wesentlich.

Als pädagogische Zielvorstellungen lassen sich aus diesen Überlegungen ableiten: In der Jugendarbeit sollte der Tanz nicht als notwendiges Übel gesehen werden, weil die Jugendlichen darauf bestehen zu tanzen, sondern auch der Tanz hat – wie die bereits erwähnten anderen Ausdrucksformen der Geselligkeit – pädagogische Funktionen.

Der Jugendarbeiter sollte gerne tanzen und Möglichkeiten zum Tanzen schaffen.

5. Geselligkeit und Feste

Jugendliche feiern sehr gerne. Sie suchen vielfältige Gelegenheiten, um Feste, Feten oder Parties zu feiern. Blickt man in die Geschichte der Menschheit zurück, ist eines auffällig: Die Menschen des Altertums und Mittelalters liebten die Feste, den Tanz und das Spiel. Die Forschungen der Anthropologie und Ethnologie belegen eindeutig: Feste feiern gehört zum Menschsein. Der Mensch bedarf der Festlichkeit, der Höhepunkte.

Würde man das Fest aus dem Leben des Menschen streichen, so würde er eine wichtige Lebensfunktion verlieren.

Das Fest zeichnet sich dadurch aus, daß die Gäste durch eine gehobene Stimmung aus ihrem Alltag aussteigen wollen, der sie einengt und »beschränkt«. Im Fest können sie in einen anderen »Raum«, eine andere Welt eintreten, die sie befreit; sie auf einer ganz anderen Ebene anspricht und leitet. Die festliche Geselligkeit spricht den emotionalen Bereich des Menschen an. Der Mensch kann auftanken, kann sich geborgen fühlen.

Festlichkeit hat etwas mit Transzendentalität zu tun, sie ermöglicht, Grenzerfahrungen, d.h., man kann sich selbst, die Zeit, alles, was einen bedrückt, vergessen. Man kann sich selbst »entgrenzen«. Dazu bedarf es nicht besonderer Drogen, um in einen Trance-Zustand zu gelangen. Man kann sich auch vom Fest selbst »berauschen« lassen. Froh sein, sich wohlfühlen, gelockert sein können Ergebnisse eines Festes sein.

Feste bieten die Möglichkeit, mit sich selbst und seiner Wirkung auf andere zu experimentieren.

Feste können Sicherheit vermitteln, weil sie das Anderssein erlauben, Experimente als Ausnahme ermöglichen.

Feste zu feiern wird als Ausgleich zum tristen Alltag erlebt. Besonders in Gesellschaften, in denen der Mensch durch die Maschine geprägt ist und Gefahr läuft abzustumpfen, sind Feste ein wichtiges Korrelat zu dieser maschinellen, technischen Welt. Der Mensch bedarf des Festes quasi als psychischer Hygiene.

Feste dürfen nicht dem Ziel dienen, die Arbeitskraft wiederherzustellen. Vielmehr muß der Eigenwert des Festes erkannt werden. Menschen, die nicht mehr feiern und sich freuen können, sind seelisch krank.

Diese Überlegungen mögen recht theoretisch klingen. Jeder Jugendarbeiter wäre glücklich, würden Feste in diesem Sinn verlaufen und zu solchen Erfahrungen führen. Doch die Wirklichkeit sieht anders aus. Hierzu muß folgendes gesagt werden: Welche Ziele verfolgt der Jugendarbeiter? Kann es Ziel von Jugendarbeit sein, wenn bei Jugendlichen ein Defizit vorliegt, ein Unvermögen feststellbar ist, dieses nicht wahrhaben zu wollen, bzw. solche Jugendliche aus ihrem Arbeitsbereich auszuklammern? Muß es nicht vielmehr Aufgabe von Jugendarbeit sein, Jugendliche zur Erlebnisfähigkeit von Festen zu führen? Wo junge Menschen keinen Zugang zum Feiern haben – ähnlich wie bei den bereits genannten anderen Elementen der Geselligkeit –, sollte es Ziel von Jugendarbeit sein, auf diesem Gebiet pädagogisch wirksam zu werden. Ich möchte des weiteren folgende These aufstellen: Es gibt Jugendliche, bei denen die Fähigkeit zum Feiern verschüttet ist und allmählich wieder ins Bewußtsein gebracht werden muß. Es gibt aber auch Jugendliche, die sehr wohl den tieferen Sinn des Feste-Feierns spüren und auch in der Lage sind, sich entsprechend zu verhalten.

Folglich sollten in der Geselligkeitspädagogik folgende Ziele angestrebt werden:

Feste feiern gehört zum Menschen. Der Jugendarbeiter sollte diesbezüglich Möglichkeiten anbieten.

Die Erlebnisfähigkeit von Jugendlichen muß gefördert werden. Dies erreicht man sicher nicht dadurch, daß man Jugendliche ihre Feste in Kneipen statt in Einrichtungen der Jugendarbeit feiern läßt.

Feste sind gut vorzubereiten. Sie sollen Höhepunkte im Alltag der Jugendlichen sein.

Bei der Vorbereitung wie der Gestaltung und Durchführung der Feste sind Jugendliche die Veranstalter und Verantwortlichen.

Ohne Beratung und Hilfe von seiten des Jugendarbeiters sind Jugendliche vielfach mit der Planung und Durchführung eines Festes überfordert.

Durch die Hilfestellung und Mitarbeit des Jugendarbeiters lernen die Jugendlichen, wie man Feste gestalten kann. Sie erhalten darüber hinaus Anregungen für ihre privaten Feste. Jugendarbeit wird zum Lernfeld für Ästhetik und Kultur.[10]

5.3. Erlebnispädagogik

5.3.1. Handeln, eine conditio humana

Die neuere Pädagogische Anthropologie hat herausgearbeitet, daß der Mensch ein handelndes Wesen ist. Der Mensch wird durch einen Reiz in all seinen sechs Dimensionen angesprochen. Die Reaktion darauf drückt sich im Handeln aus. Die psycho-motorische Dimension ist die ausführende, handelnde Dimension. Handelnd erlebt sich der Mensch, setzt sich mit der Außenwelt auseinander und erfährt diese. Was bedeutet es nun, daß der Mensch durch Handeln zum Erleben und zum Begreifen gelangt?

Handeln als Grundmöglichkeit, Existential des Menschen ist immer mit Unsicherheit und Risiko verbunden. Man ist sich bei seinem Handeln selten des Ergebnisses gewiß, man läuft Gefahr, daß eine Handlung auch anders ausgehen könnte. Wesentlich für menschliches Handeln ist daher, daß es sich zwischen den beiden Polen von Sicherheit und Unsicherheit bewegt. Zum Handeln ist ein gewisses Maß an Risikobedürfnis und Unsicherheit notwendige Voraussetzung.

10 Vgl. J. Schilling: Ziele und Methoden der Arbeit in einem Jugendfreizeitheim – Plädoyer für eine Geselligkeitspädagogik. In: Jugendwohl 1/1983, S. 3 bis 9; J. Schilling: Freizeit & Geselligkeit. München: Kösel 1989, S. 43 bis 137.

Der Mensch braucht zum Handeln ständig neue Aufmerksamkeitsanforderungen und Erwartungsspannungen. Sind diese nicht gegeben, werden seine Handlungen zur Routine und Monotonie. Nach erreichtem Erfolg seiner Handlung sucht der Mensch wiederum nach neuen unsicheren Handlungen, weil er nur dadurch zu Erfolg und Gratifikation gelangen kann.[11]

Man kann als anthropologische Konstante festhalten: Der Mensch braucht und sucht Spannungen; er ist ein von Natur aus aktives Wesen.

Weil der Mensch sich als handelndes Wesen verwirklichen muß/will, sucht er sich Handlungs- und Erlebnisfelder, z.T. – aufgrund mangelnder Möglichkeiten – auch Ersatzhandlungs- und Ersatzerlebnisfelder.

Lustbetonte Spannung und Erregung sind ein Grundmotiv vieler Freizeitbeschäftigungen. Ohne entsprechende periodische Erregung durch anregende Erfahrungen und starke Empfindungen besteht die Gefahr, daß der Mensch in seiner Vitalität geschädigt wird. Die Mehrzahl der Menschen ist von spannenden Handlungen und Erlebnissen jedoch ausgeschlossen. Das Ergebnis sind zwanghafte Langeweile und ein ungesättigtes Bedürfnis, das sich auf Ersatzbefriedigungen richten muß.

Reizentzug, Mangel an Handeln können Desaktivierung (Schlaf, Dösen) oder eine erhöhte Aktivierung des Organismus (Aggressivität) auslösen, die als ein Versuch zu werten sind, die Streßsituation durch Eigenaktivitäten zu bewältigen.

Abenteuerliche Erfahrungen aus »zweiter Hand« liefern lediglich Spannung und lassen Eigeninitiative und aktives Handeln verkümmern.

Unzufriedenheit, Unterforderung, Konsumverhalten, Langeweile sind vielfach die Folge fehlender Handlungsmöglichkeiten.[12]

5.3.2. Handlungs- und Erlebnisdefizite in der Familien-, Schul- und Berufserziehung

1. Familie

Die Entwicklungspsychologie (Piaget, Oerter u.a.) hat deutlich herausgearbeitet, daß es wesentlich zur Persönlichkeitsentfaltung des Kindes gehört, daß es sich aktiv und experimentierend mit seiner Umwelt auseinandersetzen kann. Das Kind lernt durch Greifen das Begreifen. Neugier- und Spielverhalten bilden wichtige Funktionen für die Ausformung der kindlichen Intelligenz, für die Persönlichkeitsbildung und die Strukturierung von Motivationssystemen. Neugierverhalten kann sich jedoch nur

11 Vgl. F. Tenbruck: Zur Anthropologie des Handelns. In: H. Lenk (Hrsg.): Handlungstheorien – interdisziplinär II. München: Fink 1978, Erster Halbband, S. 89 bis 139, bes. S. 91f.

12 Vgl. W. Schleske: Abenteuer – Wagnis – Risiko im Sport. Schorndorf: Hofmann 1977, S. 48ff.

ausbilden, wenn das Individuum ein anregendes Umweltmilieu vorfindet, seine Sicherheit preisgibt und sich ins Unbekannte und Ungewisse wagt.

In Anbetracht der »Unwirklichkeit« unserer Städte und mangelnden Wohnraums sind den Familien wenig Möglichkeiten gegeben, ihren Kindern Erlebnis- und Handlungsfelder-, -räume zur Verfügung zu stellen.

Die Wohnungen erlauben den Kindern keine großen Bewegungsmöglichkeiten. Dafür sind die Wohnungen vielfach zu klein, wenig variabel, zu hellhörig und von der Einrichtung her nicht geeignet.

Ihren Bewegungsdrang können Kinder aber auch außerhalb der Wohnung nicht ausleben. Hier fehlt es an Spielplätzen, Abenteuerspielplätzen, Grünanlagen. Die Spielplätze sind oft so steril und einfältig ausgestaltet, daß sie kaum als reizanregende Umwelt verstanden werden können.

2. Schule/Beruf

Diese Armut an Reizanforderungen, an Spannung, die zum Handeln notwendig ist, findet man auch in der zweiten Sozialisationsinstitution Schule vor. Vielfach wird dem Bewegungs-, Handlungs- und Erlebnisdrang des Kindes/Jugendlichen bewußt entgegen gearbeitet. In der Schule geht es weitgehend um einseitige Förderung des rationalen Handelns, d.h. um eine Beschränkung des Handelns auf rational-kognitive Prozesse. Der Mensch verkopft und verarmt im emotional-affektiven, psycho-motorischen und sozialen Bereich. Aufgrund einseitiger oder mangelnder Handlungsimpulse bilden sich Entwicklungsdefizite heraus.

Die berufliche Tätigkeit ist für viele Menschen nicht durch kreatives Handeln und Selbstverwirklichung gekennzeichnet, sondern durch Monotonie. Handeln ist reduziert auf bestimmte, festgelegte Handgriffe bzw. Ausführungen. Auch hier müssen wir konstatieren: Viele Menschen können sich nicht in ihrem Beruf handelnd verwirklichen.

Zusammenfassend kann man sagen: Die Bedingungen in Familie, Schule und Beruf lassen elementare Grundbedürfnisse des Menschen zum Teil unbefriedigt und erzeugen ein »ungesättigtes dramatisches Bedürfnis«.

5.3.3. Abenteuer, Wagnis, Risiko, Spannung

»Abenteuer, Wagnis und Risiko sind Erlebnisse oder Erfahrungen, in denen subjektive oder objektive Situationsfaktoren zusammenwirken. Durch eine bestimmte momentane Konstellation von Faktoren entsteht ein Erlebnisfeld mit intensiven Handlungsimpulsen, das das handelnde

Individuum mit all seinen Kapazitäten in Anspruch nimmt und in ein dramatisches Geschehen verstrickt.«[13]

In unserer zivilisierten Gesellschaft, in der Unsicherheitsfaktoren und Risiken aus dem Arbeitsleben ausgeschlossen werden, entsteht ein irrationales und maßloses Bedürfnis nach Spannung und Abenteuer, das sich in der Suche nach Grenzerlebnissen und dem Erproben dessen, was gerade noch möglich ist, ausdrückt. Obwohl die biologischen Grundbedürfnisse (Nahrung, Bekleidung, Wohnung) befriedigt werden, hat die umfassende Sicherung der materiellen Existenz auch negative Folgen. In dem Maße, wie Unsicherheitsfaktoren, Risiken und Gefahren aus dem alltäglichen Leben ausgeschlossen werden, nehmen Monotonie und Routinisierung zu. Der Verlauf des alltäglichen Lebens, seine Anforderungen, die zu erledigenden Aufgaben, häusliche Tätigkeiten und die Tätigkeiten zur Existenzsicherung werden in zunehmendem Maße von den Prinzipien der Rationalität und Organisation, der Ökonomie und zeitbezogenen Kontrolle erfaßt, so daß die Menschen immer weniger als eigenverantwortlich entscheidende, spontan handelnde und selbsttätig disponierende Individuen gefordert sind. Durch umfassende Versicherungen und Versorgungseinrichtungen werden die alltäglichen Verrichtungen für den Verlauf des Lebens praktisch folgenlos. Erlebnishöhepunkte und existentielle Entscheidungen sind weitgehend ausgespart.

Die Bedingungen einer industrialisierten und technisierten Gesellschaft lassen elementare Bedürfnisse unbefriedigt und erzeugen ein als maßlos und oft irrational zu bezeichnendes Abenteuerbedürfnis. Das Bedürfnis nach Spannung und Abenteuer kann als anthropologische Konstante bezeichnet werden. Der Mensch ist von Natur aus ein aktives Wesen, er braucht Spannungen, die er sich selbst schaffen muß. Besonders im Jugendalter werden die eigene Körperlichkeit und die sozialen Normen der Gesellschaft zum abenteuerlichen Experimentierfeld. Das Abenteuerverhalten hilft zur Erkenntnis, Formung und Festigung der eigenen Persönlichkeit und manifestiert Übergangsängste. Der Umgang mit Gefahr und Risiken ist für das Erleben einer realistischen Eigen- und Fremdeinschätzung notwendig. Die Suche nach Abenteuern erweist sich als Flucht aus der Geborgenheit und Behütung in die Gefährdung und markiert entwicklungsbedingte Verhaltens- und Handlungstendenzen, für die die soziale Umwelt vielfach wenig Verständnis aufbringt. Jugendliche Grenzüberschreitungen und Grenzerkundungen, Erprobungssituationen und körperliche Leistungsproben – ähnlich den Initiationsriten der Naturvölker – erweisen sich als Mittel zur Selbstfindung und Selbstentdeckung und ste-

13 Ebenda, S. 26.

hen im Zeichen der Suche nach personaler Identität, was sich außerhalb der Familie und in einer Vielzahl von neuen Situationen darstellen muß.

Jugendliche zeigen in diesem Zusammenhang für Erwachsene häufig unverständliche Verhaltensweisen:

Erklettern von Baugerüsten, Einsteigen in Gärten, Freude am Mopedfahren ohne Rücksicht auf Risiko, Experimentieren mit Drogen und Alkohol, Kneipentouren, Beteiligungen an Demonstrationen, Auseinandersetzen mit der Polizei, Randalieren in Fußballstadien, Schlägerei, Provokation durch Kleidung und Haartracht, Bevorzugung von Abenteuersportarten und Abenteuerreisen, Motorrad- und Autoraserei, Vorliebe für Abenteuer-, Horror- und Pornofilme. Man könnte die Liste der »Abenteuer« beliebig ergänzen. Kinder und Jugendliche brauchen Räume ungeschützter Erfahrungen und Erkenntnisse, Felder, wo sie sich selbst, die Welt und die Menschen ungesichert und aus eigenen Kräften entdecken können, wo sie durch die Altersgefährten dazu ermutigt werden, dies alles zu wagen und sich selbst dabei zu begreifen.

Abenteuer und riskante Handlungssituationen werden als Steigerung der eigenen Existenz aktiv und freiwillig aufgesucht. Sie vermitteln das Empfinden von Zeitdichte und einer Fülle des Lebens. Offenbar verbirgt sich hinter dem Abenteuerbedürfnis das Bestreben, selbstgesteuert, spontan und kompetent zu handeln und sich in kritischen Situationen zu bewähren.

Zur Entwicklung ihrer Persönlichkeit bedürfen Jugendliche der Spannung, der Risiken und der Abenteuer. Die Lebensbedingungen in Industriegesellschaften bieten jedoch zuwenig Möglichkeiten für dieses Abenteuerverhalten. Entwicklungsdefizite entstehen. Durch Mangel an Gelegenheiten z.B. für körperliche Bewegung ist ein Verfall an Unternehmungs- und Abenteuerlust zu verzeichnen. Dies führt auch zu Fehlentwicklungen und -anpassungen durch optisch und akustisch vermittelte Sensationen in den Massenmedien.

Aus dem verhängisvollen Kreislauf von Passivität, Überproduktion und Konsumzwang ergeben sich unphysiologische Belastungs- und Entlastungssituationen – eine Unterforderung der Eigenaktivität auf der einen Seite, nervöse Überforderung durch die nicht bewältigte Reizfülle auf der anderen. Die Folge davon sind Zivilisationskrankheiten wie vegetative Dystonie und Neurosen, die als Aktivitätsatrophien als Verkümmerung von vitalen Kräften durch den Mangel an Beanspruchung interpretiert werden.

Als Beweis für die Krankhaftigkeit des Zustandes ist die Tatsache zu sehen, daß die zivilisierten Wohlstandsbürger trotz materieller Absicherung und einer weitgehenden Angstfreiheit des Alltagslebens vielfältige neurotische Ängste ausbilden, die zu der Vermutung Anlaß geben, daß der

Organismus grundsätzlich ein Minimum an Frustrationserlebnissen braucht; sonst müsse er von sich aus Ängste ohne adäquaten Anlaß gleichsam halluzinieren.

Aus dieser Perspektive erhält die Freizeit- und Geselligkeitsphäre wichtige gesundheitsfördernde Funktionen und erscheint als ein integraler Teil der sozialen Realität. Die institutionalisierten Freizeiteinrichtungen stellen »soziale Enklaven« dar, in denen starke Erregungen offen ausgedrückt werden dürfen, ohne die sozialen und persönlichen Gefährdungen, die das im Alltag mit sich bringen würde.

Für die Jugendarbeit bedeuten die bisherigen Überlegungen:
- Ein gewisses Maß an Spannungen und Erregungen braucht der Mensch, sie sind für seine Persönlichkeitsentwicklung notwendig. Da Jugendliche aus ihrer Umwelt wenig Anregungen erfahren und sie z.T. unterfordert werden, suchen sie sich Erlebnisse aktiver oder passiver Art.
- Jugendarbeit muß Handlungs- und Erlebnisfelder anbieten, in denen Jugendliche dieses Bedürfnis befriedigen können.

  Angebote, die Spannung, Erregung, Abenteuerlust erzeugen, gehören ins Programm der Jugendarbeit. Dies können Veranstaltungen sein wie Ferienfreizeiten, Spiele, Feste, Tanz, Sport u.a.
- Jugendarbeit muß zum Ziel haben, Jugendliche von der passiven Erlebnisform zur aktiven Erlebnisweise anzuleiten. Jugendliche müssen zu originären Erlebnissen geführt werden. Durch den freiwilligen Umgang mit Gefahren erlernen sie realistische Eigen- und Fremdeinschätzung.

5.4. Zusammenfassung

Jugendarbeit erhebt den Anspruch, eine dritte Lerninstitution zu sein. Will sie diesem Anspruch genügen, dann muß ihre Pädagogik entsprechende Anforderungen erfüllen. Zwei Kriterien müssen zugrunde gelegt werden: Die Pädagogik muß anthropologisch begründet und bedürfnisorientiert ausgerichtet sein.

Die Pädagogische Anthropologie hat nachgewiesen, daß der Mensch sechs Dimensionen ist, wobei die psychische Dimension das »Herz« und die psycho-motorische die ausführende Dimension, die »Hand«, des Menschen ist. Entsprechend muß es in der Pädagogik (nicht nur) der Jugendarbeit vor allem um diese beiden Dimensionen des Menschen gehen. Der Mensch braucht Erlebnis- und Handlungsfelder. Diesem anthropologisch begründeten Grund- und Naturbedürfnis kommt die Jugendarbeit nach, indem sie die Geselligkeitspädagogik und Erlebnispädagogik zu ihrem zentralen *Arbeitsprinzip* macht. Arbeitsprinzip besagt, daß bei allen Angeboten und Programmen in der Jugendarbeit die Basis pädagogischen Überlegens Geselligkeit und Erlebnis sein sollten.

Geselligkeits- und Erlebnispädagogik sind zwei Seiten ein und derselben Tatsache. So wie der Mensch sich im Handeln erlebt und dies ein Ganzes bildet, so sind auch die Geselligkeitspädagogik und Erlebnispädagogik lediglich besondere Akzentuierungen eines gemeinsamen Prozesses.

Man kann den Zusammenhang von Geselligkeit und Erlebnis auch so darstellen: Es ist der Wechsel von Spannung und Entspannung. Das menschliche Leben ist gekennzeichnet durch diesen Wechsel von Tätigsein und Erholung. Diesem Grundgesetz des Lebens entspricht das pädagogische Angebot nach Geselligkeit (mehr Ruhe) und Erlebnis (mehr Aktivität).

Das schließt nun keineswegs aus, daß Jugendarbeit z. B. auch Einzelfallhilfe anbietet. Es darf nicht der Eindruck entstehen, als behandele Jugendarbeit nur den »positiven«, »gemütlichen« Teil, den der Geselligkeit, und würde den »grauen Alltag« der Jugendarbeit außer acht lassen, der vor allem durch Jugendsozialarbeit gekennzeichnet ist (Alkohol, Drogen, Arbeitslosigkeit, Ausländer etc.). Es ist natürlich richtig, daß man z. B. arbeitslosen Jugendlichen wenig hilft, wenn man mit ihnen ein geselliges Frühstück organisiert, obwohl dies in der Praxis häufig angeboten wird. Die sozialen Probleme Jugendlicher müssen mit diesen gemeinsam gelöst werden. Diese Tatsache schließt jedoch nicht aus, daß z. B. auch für arbeitslose Jugendliche Geselligkeit und Erlebnisse wichtige Lebensdimensionen sind und daß sie hier Bedürfnisse haben.

Ich möchte die *These* aufstellen: Werden die Bedürfnisse Jugendlicher nach Geselligkeit und Erlebnis befriedigt, geht man auf sie ein, weil sie ein Wert an sich sind, dann ist die Grundlage für eine positive Beziehung geschaffen, auf der alle weitere pädagogische Arbeit aufbauen kann.

Wenn man des weiteren bedenkt, daß Geselligkeit und Erlebnis in den beiden anderen Erziehungs- und Bildungsinstitutionen (Familie und Schule/Beruf) kaum gelehrt und vermittelt werden, erhält Jugendarbeit ihre Legitimation, dritte Lerninstitution zu sein, indem sie Geselligkeit und Erlebnis in den Mittelpunkt ihrer Pädagogik stellt.

6. Personales Angebot – Mitarbeiter

6.1. Problemskizze

Die in der Bundesarbeitsgemeinschaft der freien Wohlfahrtsverbände zusammengeschlossenen Spitzenverbände schätzen die Gesamtzahl der ehrenamtlichen Mitarbeiter auf etwa zwei Millionen; der durchschnittliche Arbeitsaufwand beträgt etwa 12 bis 18 Stunden im Monat. Alle ehrenamtlichen Mitarbeiter erbringen eine Leistung im volkswirtschaftlichen Gesamtwert von zwei bis drei Milliarden Mark.[1]

Der Landesjugendring von Nordrhein-Westfalen stellt folgende Rechnung auf: Nach Ermittlung des 3. Landesjugendberichtes gab es 1979 in Nordrhein-Westfalen im Bereich der Jugendarbeit 106 222 ehrenamtliche Mitarbeiter. Wenn diese Mitarbeiter pro Woche etwa 6 Stunden arbeiten, erbringen sie zusammen pro Woche eine Arbeitsleistung von 637 332 Stunden. Der Stundensatz für die Wertermittlung wird z. B. vom Deutschen Sportbund mit 10 DM angesetzt, d. h., die volkswirtschaftliche Leistung der ehrenamtlichen Mitarbeiter in der Jugendarbeit beträgt pro Woche 6 373 320 Mark. Das Resümee des Landesjugendrings lautet: »Die ehrenamtlichen Mitarbeiter erbringen ein Mehrfaches an volkswirtschaftlicher Leistung als in ihre Gewinnung, Aus- und Fortbildung investiert wird.«[2]

Jugendarbeit wird vor allem von ehrenamtlichen Mitarbeitern durchgeführt. Im Verhältnis: etwa 90 Prozent ehrenamtliche und etwa 10 Prozent hauptamtliche Jugendarbeiter.[3] Nach der Jugendhilfestatistik waren 1986 bundesweit 17 065 Personen haupt- und nebenberuflich und etwa 600 000 ehrenamtlich in der Jugendarbeit tätig.[4] »Angesichts solcher Relationen kann wohl von einer Verberuflichung der Jugendarbeit zumindest im Jugendverbandsbereich kaum gesprochen werden. Anders sieht es im Bereich der öffentlichen Träger aus, in dem ganz überwiegend mit Hauptamtlichen und Honorarkräften gearbeitet wird; dort hat die Zahl der Hauptamtlichen ... insbesondere in den beiden letzten Jahrzehnten stark zugenommen.«[5]

Hier soll nun über die Stellung und das Verhältnis von hauptamtlichen

1 Vgl. Ehrenamtliche Mitarbeiter in Jugendverbänden. Hrsg.: Landesjugendring Nordrhein-Westfalen. Düsseldorf 1982, S. 2.

2 Ebenda, S. 108.

3 Vgl. U. Sielert: Die Mitarbeiter in den Jugendverbänden. München: Juventa 1978, S. 63.

4 Vgl. Achter Jugendbericht. Hrsg.: Der Bundesminister für Jugend, Familie, Frauen und Gesundheit. Bonn 1990, S. 116.

5 Ebenda, S. 117.

zu ehrenamtlichen Mitarbeitern in der Jugendarbeit und deren Aufgaben nachgedacht werden.

6.2. Hauptamtliche Mitarbeiter – Professionalisierung

In den letzten Jahrzehnten, vor allem in den siebziger Jahren, wurden verstärkt hauptamtliche Jugendarbeiter eingestellt. 1974 gab es in der Bundesrepublik Deutschland nach Angaben des Statistischen Bundesamtes etwa 3100 vollzeitig beschäftigte Mitarbeiter in über 4000 Häusern der offenen Tür (1953 waren es 110 solcher Häuser). Im Gesamtbereich der Freizeiteinrichtungen waren ca. 13500 Personen beruflich tätig, davon etwa 5260 vollzeitbeschäftigt. Diese Entwicklung wird unterschiedlich bewertet. Einige Positionen:

Die Professionalisierung führt zu »Expertokratie«, d.h., Experten definieren, welche Bedürfnisse und Interessen Jugendliche haben. Sie verwalten diese mit einem großen Büro- und Verwaltungsapparat. Diese Vorgehensweise widerspricht einer bedürfnisorientierten und emanzipatorischen Jugendarbeit, in der die Jugendlichen sich selbst von Bevormundung befreien wollen. Professionalisierung führt nicht zur Mündigkeit, eher zur Unmündigkeit von Jugendlichen. Die durch ein Studium ausgewiesenen hauptamtlichen Mitarbeiter besitzen eine größere Fachkompetenz und meinen deshalb, über Jugendliche zu ihrem Besten entscheiden zu müssen.

Ein weiterer Kritikpunkt geht dahin, daß durch die Experten die Jugendarbeit eine Entwicklung weg von der Freizeitarbeit und hin zur Bildungsarbeit erfahren hat. Jugendarbeitern erscheint es pädagogisch unzureichend, überwiegend Freizeitangebote in ihren Einrichtungen zu machen. Ziel ihrer Arbeit ist es dagegen, Bildungsarbeit durchzuführen. Dieser Wunsch resultiert aus vielerlei Gründen: Studierte Jugendarbeiter wollen ihr Bildungsniveau weitergeben bzw. auf diesem Niveau arbeiten; Bildungsarbeit läßt sich gegenüber dem Träger besser vertreten; in der Freizeitarbeit wird wenig sinnvolles Engagement gesehen. Geselligkeit wird als Vorstufe oder Methode verstanden, um Jugendliche zu sinnvolleren Aktivitäten, sprich Bildungsaktivitäten zu führen.

Durch die Professionalisierung entsteht eine Marginalisierung der ehrenamtlichen Mitarbeiter. Da die Entscheidungskompetenz und die Verantwortung schließlich bei den Hauptamtlichen liegen, wird die Stellung der ehrenamtlichen Mitarbeiter automatisch herabgesetzt. Sie sind von den Jugendarbeitern abhängig und in ihrer Eigenständigkeit erheblich eingeschränkt. Dies wiederum ist Ursache dafür, daß die ehrenamtliche Tätigkeit an Attraktivität verliert.

Als besonders schwerwiegend bezeichnen Kritiker das Argument der

Verschiebung von Zielgruppen. Zunehmend übernimmt Jugendarbeit die Bearbeitung sozialer Probleme, engagiert sich im Bereich der Sozialarbeit. Im Kanon sozialpolitischer Bemühungen zur Regulierung gesellschaftspolitischer Probleme wie Arbeitslosigkeit, Integration von Ausländern u. ä. übernimmt Jugendarbeit Aufgaben, die zur Ausweitung ihrer Arbeit auf diese Adressatengruppen führt und eine Professionaliserung erfordert. Hiermit ändern sich die Strukturen der Jugendarbeit.

Ein besonders nachdrücklicher Vertreter dieser Kritik ist *H. Giesecke:* Er warnt die Jugendarbeit vor einer Sozialpädagogisierung, wobei er diese im Sinne von Sozialarbeit versteht. Die sozialarbeiterische Versorgung von Randgruppen war niemals zentrale Aufgabe der Träger von Jugendarbeit, sondern der Wohlfahrtsverbände. Der Trend zur Sozialarbeit (Jugendfürsorge statt Jugendpflege) als metaphylaktisches Arbeitsfeld geht von einem negativen Menschenbild aus, die Jugendlichen werden als defizitär definiert, als mit Mängeln behaftet, die es zu beseitigen gilt. Der Jugendarbeiter erhält auf diese Weise eine Dominanz, die nicht aus seiner fachlichen Kompetenz resultiert, sondern aufgrund der Definition des Partners. Man würde damit aussagen, »daß Normalität und Unnormalität nicht mehr klar zu unterscheiden seien, daß vielmehr angesichts der bedrohlichen gesellschaftlichen Verhältnisse und Entwicklungen mehr oder weniger alle Menschen zu einer defizienten Existenz gezwungen seien. Abgesehen davon, daß diese These eine Totalisierung des sozialpädagogischen Denkens und Handelns zur logischen Folge hat ..., kann keine Gesellschaft und keine soziale Gruppe bei Strafe ihrer Identität und Handlungsfähigkeit ohne die Vorstellung existieren, sie sei alles in allem normal, was einschließt, ein gewisses Maß an persönlicher wie gesellschaftlicher Problematik ebenfalls als normal zu erklären«[6].

Giesecke warnt deshalb vor einer Professionalisierung in der Jugendarbeit, wenn deren hauptamtliche Mitarbeiter sich weiter im Arbeitsfeld der Sozialarbeit engagieren.

»Die Arbeit mit Benachteiligten oder sozial abweichenden Gruppen ist nicht Aufgabe der Jugendarbeit, sondern sozialpädagogischer (besser: sozialarbeiterischer, d. Verf.) Berufe und Träger; sie hat eine spezifische Organisations- und Finanzierungsform und eine spezifische Definition der Klientel zur Voraussetzung, die, auf die Jugendarbeit übertragen, deren Untergang zur Folge hätte.«[7]

Jugendarbeit darf nicht zu einer Einrichtung der Sozialarbeit werden, diese Warnung von *H. Giesecke* ist sehr ernst zu nehmen. Durch die Professionalisierung in der Jugendarbeit kann diese Gefahr entstehen und ten-

6 H. Giesecke: Wozu noch Jugendarbeit? In: deutsche jugend 10/1984, S. 447.
7 Ebenda, S. 449.

denziell verstärkt werden. Wo dies der Fall ist, muß man den kritischen Stimmen uneingeschränkt zustimmen.

Es gilt daher, sich bewußt zu machen, was Jugendarbeit ist und welchen Auftrag sie hat: Jugendarbeit ist eine dritte Lerninstitution und ist im prophylaktischen, sozialpädagogischen (nicht sozialarbeiterischen) Bereich angesiedelt. Ihre Zielgruppe sind »normale« Kinder und Jugendliche. Versteht sich Jugendarbeit in diesem Sinn, können auch Argumente für hauptamtliche Mitarbeiter gefunden werden.

Geht man davon aus, daß Jugendarbeit neben Familie und Schule eine dritte Lerninstitution ist mit einem eigenständigen pädagogischen Auftrag, dann sind ausgebildete, studierte Jugendarbeiter eine logische Folgerung und Forderung. Entsprechend braucht Jugendarbeit nicht weniger, sondern mehr Jugendarbeiter, um diesen Auftrag erfüllen zu können. Dies allein ehrenamtlichen Mitarbeitern zu überlassen, wäre eine Überforderung und ein Eingestehen der Inkompetenz, im Bereich der Jugendarbeit mitzuentscheiden.

Im 8. Jugendbericht des Bundesministers wird die Aufgabe der Jugendarbeiter so dargestellt: Sie sollen die Infrastruktur der Jugendarbeit absichern, insbesondere durch die Aus- und Fortbildung der Ehrenamtlichen, durch Reflexion und Qualifizierung ihrer Arbeit, durch Konzeptvorbereitung für offene Jugend- und Jugendbildungsarbeit, durch die Gewinnung von neuen Mitarbeitern. Sie wirken mit einem Multiplikatoreffekt und sind für die Kontinuität und Fachlichkeit der Arbeit unverzichtbar.[8]

Die dritte Lerninstitution braucht Jugendarbeiter, das ist eine unabdingbare Forderung. Dies heißt jedoch nicht, daß Jugendarbeit nicht gleichermaßen ehrenamtliche Mitarbeiter braucht. Jugendarbeiter sollen sich dessen bewußt sein und darüber nachdenken, wie sie ihre Position und Rolle verstehen; wie sie das Verhältnis zu den ehrenamtlichen Mitarbeitern gestalten wollen. Dabei ist jede Haltung abzulehnen, die die Ehrenamtlichen diskriminiert und nicht als Partner versteht. Bei der Lösung dieser Frage sind die Kompetenz und Qualifikation des Jugendarbeiters gefragt und gefordert. Welche Funktionen ihm zufallen, soll an anderer Stelle dieses Kapitels noch behandelt werden. Nur soviel sei hier bereits gesagt: Aufgabe des Jugendarbeiters ist es sicherlich nicht (wie vielmals von einem falschen pädagogischen Verständnis ausgehend gesagt wird), sich überflüssig zu machen, sondern dem ehrenamtlichen Mitarbeiter zur Persönlichkeitsentfaltung und zur Selbständigkeit zu verhelfen; Gefälle ab- und Partnerschaftlichkeit aufzubauen. Mit dieser Einstellung wird der Jugendarbeiter erfahren, daß er nicht nur Gebender sondern auch Empfangender ist und von den Jugendlichen lernen kann. Jugendarbeit wird dann auch für

8 Vgl. Achter Jugendbericht. A.a.O., S. 117.

ihn eine Bereicherung und nicht zu einer Last oder einem frustrierenden Geschäft.

6.3. Ehrenamtliche jugendliche Mitarbeiter

6.3.1. Aufgabengebiete

Ehrenamtliche Mitarbeiter in der Jugendarbeit sind unverzichtbar. Jugend- und Freizeitarbeit müßten an vielen Stellen unserer Gesellschaft aufgegeben werden, wenn sie nicht auf den Einsatz und auf das Engagement von ehrenamtlichen Mitarbeitern zurückgreifen könnten.

»Ehrenamtliche Tätigkeit ist in vielen Bereichen des öffentlichen Lebens und der sozialen Hilfeleistungen geeignet, die Gefahren anonymer Verwaltung zu überwinden und den Funken mitmenschlicher Gegenseitigkeit zu zünden, der für Demokratie als Lebensform unentbehrlich ist.«[9]

Aufgabe der Ehrenamtlichen ist es nicht, Lückenbüßerfunktion und Handlangerdienste für Hauptamtliche zu übernehmen, sondern in Zusammenarbeit mit diesen auf Verkrustungen, Hierarchieprobleme, Beharrungstendenzen, berufliche Verselbständigung hinzuweisen und auf Änderungen hinzuarbeiten.

Als Tätigkeitsfelder der Ehrenamtlichen können genannt werden:

- offene Jugendarbeit,
- Gruppenarbeit,
- Jugendclubarbeit,
- Teestuben-, Disko-, Bistroarbeit,
- Mitarbeit bei besonderen Aktionen und Veranstaltungen,
- Interessengruppen,
- Leiter/Helfer von Jugendfreizeiten,
- internationale Jugendarbeit,
- Arbeit mit ausländischen Kindern und Jugendlichen,
- Arbeit mit behinderten Kindern und Jugendlichen,
- Schulaufgabenhilfe,
- Funktionärsaufgaben usw.[10]

Das durchschnittliche Einstiegsalter in die Jugendarbeit liegt bei ehrenamtlichen Mitarbeitern zwischen 17 und 19 Jahren. In der Regel engagieren sie sich vier bis sechs Jahre in der Jugendarbeit.

Vielfach hört man Jugendarbeiter über das fehlende Engagement von Jugendlichen klagen. Jugendliche seien zur Mitarbeit nicht zu motivieren,

9 A. K. Stenzel: Mitarbeiter für das Ehrenamt gewinnen und fördern. Wiesbaden: Haus Schwalbach 1968, S. 7.
10 Vgl. Ehrenamtliche Mitarbeiter in Jugendverbänden. A.a.O., S. 12.

sie wollten sich nicht binden, lieber konsumieren, keine Verantwortung übernehmen usw. Ich stelle die *These* auf: Jugendliche wollen sich sehr wohl in der Jugendarbeit engagieren, vorausgesetzt, die (Arbeits-) Bedingungen stimmen. Es gehört eigentlich zur Natur eines jungen Menschen, sich in Verantwortung zu üben. Jugendliche brauchen zur Persönlichkeitsentfaltung entsprechende Handlungs- und Erlebnisfelder. Welche Voraussetzungen müssen gegeben sein, damit sich Jugendliche in der Jugendarbeit engagieren?

6.3.2. Voraussetzungen

1. Jugendliche wollen ernstgenommen werden
Jugendliche wollen wissen, was Jugendarbeit ist und welche Aufgaben sie übernehmen sollen. Wenn es um Mitgliederwerbung für einen Verein geht, um Vereinsmeierei, Prestige, Vereinsideologie oder Kirchenbesuch, dann lehnen Jugendliche eine Mitarbeit ab. Geht es dagegen um ihre Bedürfnisse, um Experimentieren mit Verantwortung, um Selbständigkeit, dann engagieren sie sich. Wenn Jugendliche ernstgenommen werden und experimentieren dürfen, was automatisch heißt, auch Fehler machen zu dürfen, ist ihr Einsatz oft erstaunlich. Ihr Engagement darf jedoch kein »Sandkastenspiel« sein, ihre Aufgaben müssen sinnvoll und von Bedeutung sein.

2. Jugendliche suchen die Nähe von Persönlichkeiten
Trifft der junge Mensch auf Erwachsene, die in ihrer Einstellung zu ihm und zur Jugendarbeit glaubwürdig sind, zu denen er eine tragfähige Beziehung entwickeln kann, dann fällt es ihm nicht schwer, sich für die Mitarbeit zu entscheiden. Gefragt ist also in erster Linie die Glaubwürdigkeit der Erwachsenen. Ist der in der Jugendarbeit tätige Erwachsene attraktiv, eine Persönlichkeit, die tolerant und liebenswürdig ist, die weiß, was sie will, die eine Autorität ist, nicht, weil sie etwas zu verbieten, sondern weil sie etwas anzubieten hat, dann wird der junge Mensch auch in der Jugendarbeit aktiv.

3. Jugendliche wollen in einem Team arbeiten
Typisch für das Jugendalter ist, daß Jugendliche sich in Cliquen am wohlsten fühlen. Es ist nur verständlich, wenn Jugendliche den Wunsch äußern, mit anderen, dem Freund, dem Cliquenmitglied etc. gemeinsam eine Aufgabe übernehmen zu dürfen. Alleine trauen sie sich nicht, und es ist auch nicht einzusehen, warum sie dies nicht mit Freunden gemeinsam machen sollten. Teamarbeit sollte also angeboten werden.

4. Jugendliche erwarten eine Schulung
Eine weitere wichtige Voraussetzung für die Mitarbeit junger Menschen in der Jugendarbeit ist eine gute Vorbereitung auf ihre Tätigkeit. Deshalb

sollte jeder ehrenamtliche Mitarbeiter vor Aufnahme seiner Tätigkeit an einer ihn qualifizierenden Schulung teilgenommen haben. Solche Schulungen werden von den Trägern in unterschiedlicher Form angeboten.

5. Jugendliche bedürfen einer Betreuung

Während seiner Tätigkeit braucht der Jugendliche eine Bezugsperson, eine Fachkraft, die ihm Hilfestellung und Rat gibt. Jeder Einsatz in der Jugendarbeit ist auch mit Problemen behaftet. Deshalb braucht der Mitarbeiter eine Betreuung. Bevor Jugendarbeiter Jugendliche bezüglich einer Mitarbeit ansprechen, sollten sie sich fragen, ob sie die notwendige Betreuung garantieren können. Der Betreuer sollte jedoch nicht nur warten, bis der Jugendliche ihn einmal aufsucht, sondern er muß regelmäßig Kontakt halten. Denn nur, wenn man sich einigermaßen kennt, eine positive Beziehung zueinander aufgebaut hat, wird der Betreuer auch vom Jugendlichen angesprochen. Einem fremden Menschen trägt man wohl kaum seine Probleme vor, vorher wirft man die Sache lieber hin und hört enttäuscht und resigniert auf.

6. Jugendliche suchen Beziehungen

Jugendliche werden kaum in einer Einrichtung mitarbeiten, zu der sie keine positive Beziehung aufbauen können. Anonymität, Bürokratie, Unverbindlichkeiten, isoliertes Arbeiten lehnen sie zu Recht ab. Kann ein persönlicher Kontakt hergestellt werden, ist ihre Mitarbeit ziemlich sicher. Persönlicher Kontakt sowie Attraktivität der Einrichtung und Arbeit sind wichtige Voraussetzungen. Ein Beispiel: Einrichtungen der Jugendarbeit der Stadt Düsseldorf klagten darüber, daß Studenten der Fachhochschule für Sozialpädagogik sich zuwenig auf die vielen Aushänge in der Fachhochschule, in denen um Mitarbeit geworben wurde, meldeten. Den Studenten sagte man fehlendes Engagement nach. Bei einem Gespräch wurde folgender Plan aufgestellt: Mitarbeiter aller Einrichtungen, die studentische Mitarbeiter engagieren wollten, wurden in die Hochschule eingeladen. Sie sollten sich, ihre Einrichtung und ihr Anliegen vorstellen. Ein Großteil der Einrichtungen kam der Einladung jedoch nicht nach. Dagegen waren viele Studenten anwesend. Die wenigen Einrichtungen, die sich vorstellten, bekamen ihre studentischen Mitarbeiter. Fazit: Anonyme Aushänge in der Hochschule nützen gar nichts, persönliche Kontakte sind ausschlaggebend. Wahrscheinlich sind die Einrichtungen dem Termin ferngeblieben, die sich schlecht darstellen können, nicht attraktiv sind. Sie werden weiter über den Mangel an Mitarbeitern klagen und dabei kaum bemerken, daß sie die Ursachen dafür bei sich selbst suchen müssen. Kritische Reflexion wäre hier angebracht.

7. Jugendliche erwarten Bestätigung

Für ihre ehrenamtliche Mitarbeit investieren Jugendliche Zeit, oft auch Geld, Mühen und verzichten auf manche Dinge, die ihre Bekannten während dieser Zeit tun. So ist es nur legitim, daß Jugendliche für ihren Einsatz Belohnung erwarten. Sehr wichtig ist ihnen die Anerkennung ihrer Person und Arbeit. Sie wollen als Partner akzeptiert werden. Erhalten sie diese Bestätigung durch ihre Arbeit und von dem Jugendarbeiter, erlebt man sehr engagierte Jugendliche.[11]

6.4. Ehrenamtliche erwachsene Mitarbeiter

Jugendarbeit ist ein Bereich, in dem Jugendliche unter sich sind, quasi ein Schonraum, abgegrenzt von Erwachsenen. Dies ist ein Spezifikum von Jugendarbeit. Entsprechend dieser These findet man in vielen Einrichtungen der Jugendarbeit auch keine erwachsenen ehrenamtlichen Mitarbeiter.

Ich stelle eine *Gegenthese* auf: In der Jugendarbeit sollten auch Erwachsene ehrenamtlich mitarbeiten. Diese These soll von zwei Seiten her belegt werden: Zum einen sollen Argumente zusammengestellt werden, die Erwachsene und zum anderen, die Jugendliche von der Notwendigkeit der Mitarbeit Erwachsener überzeugen sollen. Erwachsene sehen die Notwendigkeit vielfach nicht ein, weil sie eine falsche Vorstellung von Jugendarbeit haben; und umgekehrt haben Jugendliche Probleme einzusehen, daß die Mitarbeit Erwachsener für Jugendarbeit notwendig ist.

6.4.1. Argumente für Erwachsene

1. Argumente aus der Sicht der Gesellschaft

- Demokratie ist ohne Bereitschaft zur Übernahme von Aufgaben und Verantwortung für andere nicht lebensfähig. Wollen Erwachsene Jugendliche zu demokratischem Verhalten erziehen, dann müssen sie mit gutem Beispiel vorangehen.
- Jugendliche bedürfen der Orientierung. Wenn Erwachsene Jugendlichen vorwerfen, sie würden Idolen anhangen, sie hätten keine Werte und Normen, trifft der Vorwurf eigentlich die Erwachsenen selbst, denn sie bieten den Jugendlichen kaum Orientierung. Erwachsene müssen sich auch im Freizeitbereich den Jugendlichen stellen und ihnen Vorbild sein.
- Jugend ist ein »Produkt« der Gesellschaft. Die Probleme Jugendlicher sind zum großen Teil von Erwachsenen verursacht. Deshalb müssen diese Probleme auch die der Erwachsenen sein. Erwachsene müssen sich verpflichtet fühlen, Jugendlichen bei der Lösung ihrer Probleme beizustehen.
- Erwachsene wie Jugendliche haben erhebliche Schwierigkeiten, ihre Freizeit zu gestalten. Erwachsene können von den Jugendlichen nicht for-

11 Vgl. J. Schilling: Leitfaden für Gruppenleiter. München: Kösel 1987, S. 11 bis 27.

dern, sie sollen ihre Freizeit »sinnvoll« gestalten, wenn sie ihnen nicht konkret helfen und »sinnvolle« Freizeit vorleben.

- Der Freizeitbereich darf nicht gänzlich der Beeinflussung der Freizeit- und Konsumindustrie überlassen bleiben. Engagieren sich Erwachsene nicht im Freizeitbereich und überlassen es den Jugendlichen selbst, sich einen Weg zu suchen, dürfen sich die Erwachsenen nicht wundern, wenn die Jugendlichen nur konsumieren wollen und passiv sind.
- Die öffentliche Hand stellt für Jugendarbeit Gelder zur Verfügung. Sie erwartet, daß mit diesen Geldern planvoll umgegangen und darüber Rechenschaft abgelegt wird; dabei bedürfen Jugendliche der Beratung und Hilfe Erwachsener.

2. Argumente aus der Sicht der Jugendarbeit

- Jugendarbeit ist eine dritte Lerninstitution. Sie ist damit Partner anderer Erzieher. Deshalb muß sie anderen gegenüber ihre Zielvorstellungen vertreten und mit ihnen partnerschaftlich zusammenarbeiten. Diese Aufgaben können jugendliche Gruppen- und Clubleiter nicht allein übernehmen. Erwachsene müssen ihnen bei dieser Aufgabe zur Seite stehen.
- Ziel der Jugendarbeit ist die Emanzipation, d. h. die Lösung aus selbstverschuldeten Abhängigkeiten. Dieses Ziel tangiert sehr wesentlich das Verhältnis zu Erwachsenen; daher muß es von beiden Seiten aufgearbeitet werden. Emanzipation kann kaum verwirklicht werden, wenn sie nicht in Zusammenarbeit mit Erwachsenen angestrebt wird, d. h., Zusammenleben und Miteinander von Jugend und Erwachsenen müssen auf der Grundlage von Emanzipation neu geregelt werden.
- Emanzipative Pädagogik fragt danach, wovon sich Jugendliche emanzipieren sollen und *woraufhin* sie sich emanzipieren. Auch auf diese Frage müssen Erwachsene Antwort geben. Die Antwort bestimmt das Verhältnis der Jugend zur Gesellschaft von morgen. Jugendliche erwarten mit Recht von Erwachsenen Ziele und Orientierungen.
- Emanzipation setzt bei den Konflikten zwischen den Beteiligten an; sie ist ein Prozeß zwischen allen Beteiligten. Man darf deshalb Erwachsene nicht ausklammern. Sie müssen sich an der Lösung der Konflikte beteiligen, d. h., sie müssen sich in der Jugendarbeit betätigen.
- Emanzipation erfordert einen Mitarbeitertyp, der in der Lage ist, emanzipatorische Denk- und Handlungsvollzüge in die Praxis umzusetzen. Um dieses Lernziel zu erreichen, brauchen Jugendliche Erwachsene, die ihnen in diesen Lernprozessen beistehen.
- Da Jugendliche die Gruppe vielfach als Flucht vor eigenen Problemen und als Ort der Anerkennung benutzen, lassen sich mit jugendlichen Betreuern nur begrenzt emanzipatorische Ziele verfolgen. Jugendliche sollten die Zielgruppe statt die Verantwortlichen für Jugendarbeit sein. Es ist unverantwortlich, Jugendliche alleinzulassen.

● Jugendarbeiter können nicht auf allen Gebieten Experten sein. Sie brauchen die Hilfe von Erwachsenen. Das umfangreiche Tätigkeitsfeld kann durch Hauptamtliche nicht allein bewältigt werden. Sollen Jugendarbeiter pädagogisch arbeiten, müssen sie auch Zeit zum Planen und Zuhören, Zeit für Gespräche und Hausbesuche haben.

● Jugendarbeiter sollen Vorbild sein. Dies können sie nur in eingeschränktem Maße. Teamarbeit mit Erwachsenen bietet daher eher die Möglichkeit, einen Teil der Erwachsenengesellschaft darzustellen und vorzuleben. Es gibt immer auch Jugendliche, denen der Jugendarbeiter nicht gerecht werden kann, was oft nicht unbedingt schlecht ist. Wird Jugendarbeit von einem Team geleitet, haben Jugendliche eine größere Auswahl von Erwachsenen, mit denen sie sich identifizieren können. Daher ist für die Jugendarbeit Teamarbeit erforderlich. Da es gegenwärtig vielfach noch utopisch ist, ein Team von Hauptamtlichen für jede Einrichtung der Jugendarbeit zu fordern, bleibt als Möglichkeit die Bildung eines Teams von Jugendarbeitern und erwachsenen Mitarbeitern.

3. Argumente aus der Sicht Erwachsener

● Erwachsene haben in ihrem Leben wichtige Erfahrungen gemacht, die sie Jugendlichen nutzbar machen könnten; zwar lassen sich Erfahrungen vielfach nicht vermitteln, doch können Erwachsene Jugendliche beraten und ihnen dabei helfen, ihren eigenen Weg zu finden. Sie können Kenntnisse, Fertigkeiten und Verhaltensregeln weitergeben, die den Jugendlichen helfen, sich in einer ähnlichen Situation entsprechend zu verhalten.

● Zielvorstellungen, Inhalte, Themen, Methoden der Jugendarbeit können Erwachsenen nicht gleichgültig sein. Da diese auch ihre eigenen Erziehungsziele (eventuell erheblich) beeinflussen können, sind Erwachsene aufgefordert, bei der Formulierung von Zielen und dem Erstellen von Konzepten mitzuwirken.

● Erwachsene kennen vielleicht die individuelle und soziokulturelle Situation der Jugendlichen besser als der Jugendarbeiter. Deshalb könnten sie auch eher den richtigen Ton und die notwendige Anerkennung bei Jugendlichen finden.

● Erwachsene und Jugendliche haben oft ganz ähnliche Probleme und Fragen. Beide Gruppen verschließen sich, um der anderen dies nicht zeigen zu müssen. Gemeinsames Handeln in der Freizeit führt zu gegenseitiger Offenheit und damit zu besserem gegenseitigen Kennenlernen. Dies ist eine wichtige Basis für den Dialog zwischen den Generationen.

● Erwachsene, die jugendliche Kinder haben, sind in der Regel zwischen 40 und 50 Jahre alt, d. h., sie befinden sich selbst in einem kritischen Alter. Ähnlich wie Jugendliche wollen sie dies nicht wahrhaben. Sie sind unsicher und müssen neu hinzulernen. Diese Tatsachen machen es wünschenswert, daß beide Personengruppen zusammenarbeiten. Sie würden mehr Verständnis füreinander aufbringen und könnten sich gegenseitig Hilfe geben. Es entstünde auf diese Weise eine echte Partnerschaft zwischen Erwachsenen und Jugendlichen.

● Erwachsene ziehen aus der Mitarbeit persönlichen Gewinn. Wenn sie mit ihren eigenen Kindern Probleme haben, können sie eventuell mit anderen Jugendlichen legerer und toleranter umgehen. Sie finden bei Jugendlichen Bestätigung und haben Erfolg. Jugendliche finden oft andere Erwachsene eher in Ordnung als die eigenen Eltern.

Wenn Erwachsene Erfolgserlebnisse haben, indem sie Probleme anderer lösen helfen, Jugendliche sie brauchen, auf ihren Rat eingehen, wirken sich diese Erlebnisse auch positiv auf die eigene Familie aus.

6.4.2. Argumente für Jugendliche

Der Jugendarbeiter kann nicht gegen den Willen der Jugendlichen Erwachsene in der Jugendarbeit einsetzen. Er muß die Jugendlichen von der Notwendigkeit der Mitarbeit Erwachsener überzeugen. Daher möchte ich im folgenden einige Argumente für die Mitarbeit Erwachsener nennen.

1. Argumente Jugendlicher gegen die Mitarbeit Erwachsener

● Die Freizeit ist nicht zuletzt deshalb ein wichtiger Freiraum Jugendlicher, weil die Eltern hier am wenigsten Kontrolle ausüben können, d.h., Jugendliche können sich in ihrer Freizeit am ehesten von den Eltern emanzipieren. Deshalb lehnen sie auch oft die Mitarbeit Erwachsener ab.

● Durch die Mitarbeit Erwachsener werden Aktivitäten Jugendlicher gestört, da sich Jugendliche in Gegenwart von Erwachsenen verunsichert fühlen. Wenn Erwachsene tatsächlich Fachleute sind, dominieren sie oft, so daß die Gefahr besteht, daß Jugendarbeit als Experimentier- und Lernfeld für Jugendliche an Wert und Bedeutung verliert.

● Jugendarbeit ist ein eigenständiger Bereich Jugendlicher. Jugendliche sind nicht Objekt, sondern Subjekt von Jugendarbeit.

● Jugendliche sind weniger als Erwachsene gegenüber dem Träger festgelegt. Sie unterliegen nicht von vornherein dem Verdacht, als Agent des Trägers tätig zu sein. Sie können spontaner und freier gegen Träger agieren, wodurch für die Jugendarbeit ein wichtiger Freiraum geschaffen wird.

● Das freiwillige Eintreten jugendlicher Mitarbeiter für die Ziele der Jugendarbeit kann andere Jugendliche motivieren, eigenes Engagement zu entwickeln.

● Jugendliche Mitarbeiter kennen die Situation Gleichaltriger unmittelbar und können auf diese Weise besser Solidarität mit Betroffenen zeigen.

● Jugendliche sind der Lebensproblematik, dem Lebensgefühl, der Sprache, dem inneren Protest, der Unsicherheit und Angst Gleichaltriger näher; sie kennen deren Bedürfnisse und Interessen. Aus diesem Grund haben Jugendliche zueinander besseren Zugang und mehr Vertrauen.

● Unabhängigkeit, Spontaneität und Unbefangenheit jugendlicher Mitarbeiter sind unverzichtbare Voraussetzungen, um einer Erstarrung der Jugendarbeit in Routine vorzubeugen.

2. Argumente für die Mitarbeit Erwachsener

● Jugendliche Mitarbeiter sind nur bedingt in der Lage, planmäßige Lernhilfen zur Emanzipation anzubieten. Jugendlichen fehlt es vielfach an entsprechender Planung und Weitsicht.

● Für eine pädagogische Arbeit ist Distanz erforderlich. Ohne sie kann man keine reflektierende und aktive Beziehung aufbauen. Das Jugendalter ist eine Zeit starker Orientierung an sich selbst, so daß eine Distanzierung schwerfällt, die aber notwendig ist, um für Probleme offen zu sein.

● Jugendliche Mitarbeiter werden es schwer haben, die in den Bedürfnissen und Interessen Jugendlicher zum Ausdruck kommenden Konflikte zu erkennen und zu verdeutlichen, weil sie oft selbst von ähnlichen Konflikten betroffen sind.

● Vielfach projizieren Jugendliche ihre Probleme auf andere Jugendliche (Gruppe, Club) und lassen ihre ungelösten Probleme in der Gruppe diskutieren. Es geht ihnen dabei also nicht um die Gruppe, sondern um sich selbst. Die Jugendgruppe wird somit zum Mittel für die Befriedigung eigener Bedürfnisse. Dies kann zum Schaden für alle Beteiligten sein.

● Es kann sein, daß sich der jugendliche Mitarbeiter den Jugendlichen völlig anpaßt, ihre Verhaltensweisen übernimmt und damit seine Persönlichkeit nicht mehr einzubringen in der Lage ist.

● Mißerfolg in der Gruppe könnte das Selbstbild des jugendlichen Mitarbeiters zerstören, da er diesen als persönliches Versagen verstehen könnte. Gruppenleitern werden Probleme anvertraut, die sie überfordern, da sie oft selbst genug Probleme haben und für andere nicht genügend offen und distanziert sein können.

● Jugendliche Mitarbeiter sind auf der Suche nach ihrer Identität und stehen gleichzeitig vor dem Problem, Identitätsobjekt zu sein. Der einerseits sich selbst immer noch in Frage stellende Jugendliche soll andererseits Anwort auf existentielle Fragen Jugendlicher geben; hiermit ist er vielfach überfordert.

● Für die Jugendlichen besteht die Gefahr, daß sie ihre eigenen Probleme verdrängen. Dadurch wirken sie altklug, aufgeklärt, scheinerwachsen. Sie spielen dauernd Theater. Da sie von den Erwachsenen Anerkennung erwarten, passen sie sich diesen an, dadurch kann aber Jugendarbeit nicht mehr Lernfeld der Identitätsfindung sein.

● Erfahrungsgemäß leiten Gruppenleiter ihre Gruppen ein bis drei Jahre. Es ist keine kontinuierliche Arbeit über einen längeren Zeitraum garantiert. Dies könnten Erwachsene eher leisten.

● Die Mitarbeit Erwachsener kann für die Jugendlichen und die Jugendarbeit von großem Vorteil sein, weil Erwachsene Aufgaben übernehmen können, die Jugendliche gar nicht oder nur ungern und ungenügend übernehmen können. Einige seien hier kurz aufgeführt:

- Erwachsene sollen den Jugendlichen Sicherheit, der Jugendarbeit Stabilität und Kontinuität geben,
- sie sollen die Jugendarbeit vor der öffentlichen Kritik schützen,
- sie können die Öffentlichkeitsarbeit übernehmen,
- sie helfen bei der Planung und Durchführung und schützen damit Jugendliche vor Enttäuschungen,
- sie können Beziehungen und Einfluß geltend machen,
- sie haben aufgrund ihrer Erfahrungen mehr Möglichkeiten, Aktivitäten und Ideen durchzusetzen,
- sie können in der Öffentlichkeit besser auftreten und argumentieren,
- sie sind eher Gesprächspartner für Eltern,
- sie haben in der Öffentlichkeit vielfach die notwendige Lobby,
- sie haben zu den Problemen Jugendlicher größere Distanz,
- sie können gegenüber Eltern und Amtspersonen eine Vermittlerrolle einnehmen.

Die erste Forderung an den Jugendarbeiter ist, daß er selbst die Notwendigkeit der Mitarbeit Erwachsener einsieht. Als zweites muß er eine klare Vorstellung von deren Einsatz haben. Jugendarbeiter müssen ein Konzept erarbeiten, aus dem klar ersichtlich ist, was von den Erwachsenen erwartet wird und wieviel Zeit sie investieren müssen. Vielfach scheitert eine Mitarbeit Erwachsener daran, daß die Jugendarbeiter sehr verschwommene Vorstellungen von deren möglichem Einsatz haben, Erwachsene dagegen sehr klare Anweisungen erwarten. Daß es nicht zu einem Engagement kommt, liegt eher an der Konzeptlosigkeit der Jugendarbeiter als an der Bereitschaft Erwachsener. Jugendarbeiter müssen in diesem Punkt umdenken und hinzulernen.[12]

12 Vgl. J. Schilling: Erwachsene Mitarbeiter in der Jugendarbeit. München: Kösel 1984, S. 40 bis 46.

6.5. Pädagogische Funktionen des Jugendarbeiters

Welche pädagogischen Funktionen haben erwachsene Mitarbeiter (erwachsene Ehrenamtliche, Honorarkräfte und Hauptamtliche)? Im folgenden sollen wichtige Funktionen dargestellt werden. Das Vorgehen soll einen konkreten Bezug haben, dafür wähle ich das Arbeitsfeld eines Jugendclubs aus. Welche Funktionen könnten erwachsene Mitarbeiter in einem offenen Jugendclub ausüben?

6.5.1. Schützende Funktion

Die schützende Funktion des Jugendarbeiters umfaßt mehrere Bereiche.

1. Schützende Funktion in bezug auf den Club

Der Jugendarbeiter soll sich mit dem Club identifizieren, ihn für wichtig halten und ihn als eine für junge Menschen wichtige Sozialisation in eigener Regie anerkennen und schützen. Für den Jugendarbeiter kommt es darauf an, den Club für die Jugendlichen zu erhalten, d.h., er wird sowohl nach innen als auch nach außen den Wert eines Clubs verdeutlichen müssen.

2. Schützende Funktion in bezug auf die Jugendlichen

Der Jugendclub bietet jungen Menschen eine reale Chance, mit Rollen Erwachsener zu experimentieren; sie werden im Club nicht als Kinder, sondern als junge Erwachsene behandelt. Aufgrund der entwicklungspsychologischen Lage verhalten sich Jugendliche häufig inkonsequent, sind zerrissen und von Disharmonie gekennzeichnet. Hinzu kommt, daß junge Menschen sich z.T. weigern, ständig den Erwachsenenstatus anzustreben, sich ihm gemäß zu verhalten; sie wollen aus dieser Zwangsrolle ausbrechen. Dieses Bedürfnis kann zu destruktivem Verhalten im Club führen. Durch aggressives und destruktives Verhalten wollen Jugendliche oft nicht den Club, sondern die Verursacher ihrer als miserabel empfundenen Situation und Lebenslage treffen. Hinsichtlich der Diskrepanzen jugendlichen Verhaltens hat der Jugendarbeiter die Aufgabe, den Club auch vor den Jugendlichen selbst zu schützen.

3. Schützende Funktion in bezug auf den Jugendarbeiter

Auch wenn sich der Jugendarbeiter mit dem bedürfnisorientierten Konzept identifiziert, ist er immer wieder zur Reflexion seiner Position verpflichtet. Vertritt er dieses Konzept in seinem vollen Umfang oder benutzt er es als Alibi für seine Resignation? Inwieweit entdeckt er in sich Bestrebungen zu pädagogisch »sinnvoller« Arbeit? Ist sein Verhalten zwiespältig, indem er intern für das Konzept plädiert, weil die Jugendlichen es wollen, extern aber von anderen Zielvorstellungen spricht? Um sich diesbezüglich selbst immer wieder zu hinterfragen, ist es notwendig, daß der Jugendarbeiter in einem Team arbeitet, das regelmäßig Reflexionsphasen einplant, oder aber regelmäßig einen Supervisor hinzuzieht. Denkbar wäre auch, daß Jugendarbeiter mit dem gleichen oder ähnlichen Konzept regelmäßig bei regionalen Treffen ihre Arbeit reflektieren.

4. Schützende Funktion in bezug auf den Träger

Das Verhalten des Trägers gegenüber einem Jugendclub ist häufig recht undurchsichtig und daher eine Gefahr für den Club. Entwickelt der Jugendarbeiter ein konkretes Konzept für einen Club, hat der Träger vielfach nichts dagegen einzuwenden, er gibt sich großzügig und liberal. Er äußert zwar Bedenken, ist aber grundsätzlich bereit, den Jugendarbeiter zu unterstützen. Entwickelt sich ein Jugendclub nach den konzeptionellen Vorstellungen, wird sein Tun vom Träger sicher so lange toleriert, bis Schwierigkeiten auftreten. In Konflikten wird dann nach dem pädagogischen Konzept und den nachweisbaren Erfolgen gefragt. In solchen Situationen zeigt sich nicht selten, daß der Träger eigene Vorstellungen oder sogar ein eigenes Konzept von Jugendclubarbeit besitzt. Daher ist es angebracht, daß der Jugendarbeiter frühzeitig nach einem möglichen Konzept des Trägers fragt. Der Jugendarbeiter sollte sein Konzept nicht nur für den Club, sondern auch für den Träger entwerfen. Ist dagegen ein internes Konzept vorhanden, sollte es Grundlage einer Diskussion über die Konkretisierung und Übertragung auf den Jugendclub sein. Hierbei wird der Jugendarbeiter versuchen, sich schützend vor die Jugendlichen, ihre Bedürfnisse und Interessen zu stellen. Das erarbeitete Clubkonzept ist ein dynamisches, d.h., es muß ständig weiterentwickelt werden. Auf diese Weise steht der Jugendarbeiter in einem ständigen Gespräch mit dem Träger und hilft ihm, den Clubprozeß zu verstehen, nachzuvollziehen und zu akzeptieren. Somit braucht auch der Träger bei Konflikten bzw. Problemen im Club nicht mit Verwunderung zu reagieren.

5. Schützende Funktion in bezug auf die Eltern

Das bedürfnisorientierte Konzept wird Erwachsenen nicht leicht verständlich zu machen sein. Eltern sollten verstehen lernen, daß Jugendliche einen Anspruch darauf haben, ihre Freizeit – ähnlich wie Erwachsene – nach ihren Bedürfnissen und Interessen zu gestalten. Inwieweit eine Beratung oder Hilfestellung möglich ist, muß unter den Jugendlichen, mit den Eltern und dem Jugendarbeiter diskutiert werden. Zudem gilt es, den Eltern zu vermitteln, daß Jugendarbeit kurzfristig kaum Verhaltensänderungen bei Jugendlichen bewirkt.

6. Schützende Funktion in bezug auf die Öffentlichkeit

Das bedürfnisorientierte Konzept, das erheblich von den standardisierten Konzepten von Jugendarbeit abweicht und oft als »Insider-Konzept«, »Sektiererkonzept« bezeichnet wird, weil es noch immer zuwenig oder nur bruchstückhaft bekannt ist, wird von vielen nicht selten heftig diskutiert.

Nachbarn eines Jugendclubs, Bürgern einer Gemeinde ist nicht zuzumuten, eine jugendliche Geselligkeitsform zu akzeptieren, die nach ihren (Un)Kenntnissen nur Gammeln zuläßt. Daher braucht der Jugendclub eine intensive Öffentlichkeitsarbeit. Clubmitglieder und Jugendarbeiter sollten jede Gelegenheit nutzen, mit Anwohnern und interessierten, auch kritischen Mitbürgern zu sprechen. Diskussionsabende, Vorträge, Zeitungsberichte, Einladungen dienen dem Club dazu, die Öffentlichkeit über sein Konzept zu informieren.

Gespräche zwischen Erwachsenen und Jugendlichen werden nicht immer reibungslos verlaufen. Das sollte jedoch kein Grund sein, auf die Gespräche zu verzichten. Die Auseinandersetzung mit der Außenwelt ist gleichfalls ein wichtiges Clubziel.

Der Club darf nicht nur eine »Spielwiese« ohne Bezug zur Gesellschaft sein. Vielmehr sollten im Club junge Menschen in einem Schutz- und Schonraum mit Verhalten und Meinungen risikofrei experimentieren dürfen. Die erworbenen Erfahrungen müssen sich jedoch auch außerhalb des Clubs bewähren. Somit sind beide Funktionen zu beachten: *der Jugendclub als Schutzraum vor der Gesellschaft und als Hinführung zur Auseinandersetzung mit der Gesellschaft.*

6.5.2. Beratende Funktion

Vielfach kann man in der Jugendarbeit feststellen, daß das, was als Ziel erklärt wird, bereits als Ausgangspunkt gelten soll. Man erwartet von Jugendlichen von Beginn an Selbständigkeit und Verantwortlichkeit. Diese Erwartung jedoch überfordert Jugendliche. Selbständigkeit und Eigenverantwortung müssen erst gelernt werden. Da diese Eigenschaften in der Schule nicht genügend geübt werden, kann man davon ausgehen, daß Jugendliche zwar ein großes Interesse an Eigenständigkeit haben, ihnen aber Übungsmöglichkeiten dazu fehlen. Jugendarbeit bietet aufgrund ihrer eigenen spezifischen Struktur Möglichkeiten, Selbständigkeit und Mitbestimmung zu lernen. Dies besagt ferner, daß der Übende nicht nur für sich, sondern unter Aufsicht, unter Anleitung und Assistenz des Jugendarbeiters übt. Es bedeutet nicht, daß der Jugendarbeiter eine Aufpasserrolle inne hat, sondern daß die Anwesenheit Erwachsener einen Teil der Gesellschaft repräsentiert. Dieses Üben bedeutet ein Experimentieren, Fehler machen dürfen; es ist aber nicht nur Spielerei. Der Versuch muß honoriert und anerkannt werden; er braucht das Feedback.

Diese Überlegungen machen deutlich, daß Jugendarbeit ohne Mitwirkung Erwachsener nicht möglich ist, daß der Jugendarbeiter beratende Funktion im Club einnimmt.

Wie diese beratende Funktion des Jugendarbeiters konkret gestaltet werden kann, soll im folgenden dargestellt werden. Die Beratung im Club erstreckt sich auf zwei Ebenen: 1. auf das Programm des Clubs und seine Organisation; 2. auf die Bedürfnisse, Interessen, Probleme und Konflikte der Clubmitglieder.

1. Beratung des Clubs

Der Berater sollte nicht autoritär, suggestiv oder manipulativ vorgehen. Ferner sollte sich der Berater nicht »klug« zurückhalten, sich nicht isolieren, abwarten oder eigene Fähigkeiten und Wissen nicht zur Verfügung stellen. Ziel der Beratung kann auch nicht sein, das Erlebnisbedürfnis Jugendlicher gering zu achten. Der Berater hat die Bedürfnisse und Interessen der Jugendlichen ernst zu nehmen, u. U. den Jugendlichen aufzuzeigen, wie manipuliert und abhängig ihre Lösungsversuche sind. Deshalb hält sich der Clubberater nicht zurück oder weist Vorschläge der Jugendlichen ab, sondern greift sie auf und bietet eventuell weiterführende Vorschläge an. Auch seine Vorschläge können abgelehnt werden, ohne daß er darin einen Autoritätsverlust sehen sollte. In der Clubberatung geht es darum, möglichst viele Clubmitglieder ohne Behinderung ihre Bedürfnisse und Interessen äußern zu lassen. Beratung findet dort ihre Grenze, wo die Freiheit und Freiwilligkeit der Clubteilnehmer nicht mehr garantiert ist.

2. Beratung der Clubmitglieder

Auch wenn die Beratung des Clubs sachbezogen ist, darf das persönliche Element in der Clubberatung nicht zu kurz kommen. Neben der sachbezogenen Clubberatung steht die personenbezogene Clubmitgliederberatung. Ihr typisches Merkmal ist der informelle Rahmen. In informellen, geselligen Situationen entwickelt sich am besten eine Atmosphäre für ein persönliches Gespräch. Für diese Art der Beratung muß folgendes beachtet werden:

- Voraussetzung für ein persönliches Gespräch ist eine informelle, gesellige Situation, die offen genug ist, in ein Gespräch einzusteigen, die es aber auch ermöglicht, das Gespräch ohne Umschweife abzubrechen.
- Beratung setzt Interesse an den Jugendlichen, genaue Kenntnisse ihrer Lebenslage, Bedürfnisse, Interessen und Probleme voraus.
- Beratung verlangt vom Berater, identisch zu sein, d. h. nichts vorzuspielen, sondern offen die eigenen Gefühle und Gedanken zu äußern.
- Im bedürfnisorientierten Ansatz ist Beratung keine professionelle, sondern eine zwischenmenschliche Situation. Es geht um eine dialogische Auseinandersetzung sich gegenseitig akzeptierender Personen.
- Der Berater muß die Eigenschaft besitzen, zuzuhören, zu verstehen, sich in den anderen einzufühlen, ohne ihn zu verurteilen, ohne seine Probleme zu bewerten.
- Der Berater soll nicht nur eine einzige Lösung anbieten. Er macht durch Fragen das Problem deutlich und führt zu Problemlösungen. Der Berater hat nicht die Lösung parat.

- Eine Fixierung auf den Berater ist zu verhindern. In besonderer Weise sollte die Clique in den Beratungsprozeß eingeschaltet werden; die Mitglieder einer Clique kennen sich weit besser und können so im gemeinsamen Gespräch am ehesten zu einer realistischen Lösung finden.

Die Beratung der Clubmitglieder ist durch folgende Schwerpunkte gekennzeichnet:
- informelle Situation,
- persönliche Beziehung,
- Hilfe zur Selbsthilfe der Clique.

Den nun folgenden Überlegungen über die beratende Funktion des Jugendarbeiters soll der Beitrag von *K. Mollenhauer* zugrunde gelegt werden.[13] *Mollenhauer* arbeitet heraus, daß Beratung eine Erziehungssituation darstellt. Sie ist »der exponierteste Teil einer modernen Bildung, dadurch nämlich, daß sie Aufklärung ist im fast reinen Fall«.

Das besondere Merkmal der Beratung ist – und damit unterscheidet sie sich nahezu von allen anderen pädagogischen Vorgängen: »Der Berater empfängt seine pädagogische Legitimation einzig und allein vom Ratsuchenden. Er ist ausschließlich zu dem befugt, was dieser ihm einräumt.« Aus dieser Grundthese lassen sich einige Prinzipien für das beratende Gespräch ableiten:

● Beratung entsteht und beginnt mit einer Frage. Mit dieser Frage drückt der Betreffende gleichzeitig aus, daß nur seine Erwartungen und nicht die des Beraters den Ansatz und Fortgang der Beratung bestimmen.

● »Der Befragte ist nicht in seiner Rolle als Erzieher angesprochen, sondern als jemand, der sich im Geflecht der persönlichen und gesellschaftlichen Existenz besser auskennt. Man erwartet von ihm keine Anweisungen, sondern daß er zuhört und aus vielleicht besserer Übersicht eine Antwort als Möglichkeit gibt. Man erwartet von ihm keinen Zwang, keine Vorschriften, keine unumstößlichen Wahrheiten, kein Urteil, das nicht revidiert werden könnte.

● Der Rat hat deshalb zunächst auch keine Verbindlichkeit für den Ratsuchenden. Die Antwort des Beratenden ist allenfalls Beispiel, nicht Vorbild, das zur Nachahmung oder Befolgung auffordert. Insofern liegt der pädagogische Sinn der Beratungssituation gerade darin, daß sie die Selbständigkeit, die Produktivität, die Rationalität und Phantasie des Ratsuchenden anspricht und erregt, daß sie ihn instand setzt, selbst auf einen Ausweg zu verfallen bzw. die erteilte Antwort nun als gleichsam selbst vollzogene zu akzeptieren oder auch sie zu verwerfen. Eine Beratung, die

13 K. Mollenhauer/C. W. Müller: »Führung« und »Beratung« in pädagogischer Sicht. Heidelberg: Quelle & Meyer 1965, S. 25 bis 41.

das Nein des Ratsuchenden nicht duldet oder ihm diese Möglichkeit nicht beständig ernsthaft zugesteht, verfehlt damit ihren Bildungssinn.«

- Beratung erfolgt in einem Gespräch. In diesem werden Informationen ausgetauscht. In der gestellten Frage liegt auch die Frage nach den eigenen Möglichkeiten. Insofern enthält ein Beratungsgespräch auch Elemente einer kritischen Aufklärung. »Das Gespräch schafft Distanz, es ermöglicht, das Besprochene objektivierend zu betrachten, es ermöglicht ein rationales Verhalten zu sich selbst und zu den Bedingungen der eigenen Existenz. In der Beratung werden nicht nur Antworten gegeben, sondern zugleich neue Fragen formuliert; die rationale Erhellung eines Problems wird so weit wie möglich versucht, um eine Entscheidung vorzubereiten, die von Vorurteilen und Verfestigungen frei, nach dem Abwägen der vernünftig entscheidbaren Fragen getroffen werden kann.«
- Beim Beratungsgespräch werden Informationen ausgetauscht, die die besondere Lebensproblematik des einzelnen umfassen. Es sind nicht allein Probleme des Berufs, der Freizeit, der Sexualität, des politischen Verhaltens, »sondern die spezielle Situation des ratsuchenden Subjektes, in die zwar die allgemeinen Bedingungen seiner gesellschaftlichen Existenz mit eingehen, aber ausschließlich in der subjektiven und individuellen Darstellung zum Gegenstand und Inhalt der Beratung werden. Das schließt nicht aus, sondern ausdrücklich ein, daß im Beratungsvorgang gerade jene objektiven gesellschaftlichen Bedingungen als Bedingungen der eigenen Problematik zum Bewußtsein gebracht werden«.
- »Die Beratung endet mit dem Rat, der, wenn er sich nicht als Ergebnis des Gesprächs für den Ratsuchenden selbst ergibt, vom Berater erteilt wird. Dieser Rat ist insofern verbindlich (für den Berater), als er das Engagement des Beraters enthält. Er ist insofern unverbindlich (für den Ratsuchenden), als er auch die subjektiven Motivationen des Beraters enthält, für den Ratsuchenden also nur Beispiel ist ... Der Sinn, den der Ratsuchende seinem eigenen Schritt gibt, würde hintergangen, und ein im engeren Sinne des Wortes pädagogisches Verhältnis würde vom Berater erschlichen, wenn er die vorübergehende Abhängigkeit des Ratsuchenden zu etwas benutzen würde, das nicht eindeutig zu dessen größerer Selbständigkeit führt. Gerade weil sich nicht zweifelsfrei vorhersagen läßt, wohin im Lebenszusammenhang des Klienten eine Beratung führt, gerade weil auch jeder Rat des Beraters notwendig subjektiv bleibt, andererseits die Beratung durch nichts anderes als die ratsuchende Frage konstituiert wird, bleibt der Berater an die Legitimation durch den Klienten gebunden, handelt er in dessen Auftrag. Die Verantwortung des Beraters ist die Verantwortung vor der gewollten Freiheit des Klienten.
- So wenig indessen der Berater auf eigenes Engagement verzichten bzw. es völlig unterdrücken kann, so sehr kann gerade dies das entschiedene

Engagement des Ratsuchenden verhindern. Häufig genug hat der Ratsuchende die Tendenz, in der akuten Unselbständigkeit, in der er sich befindet, zu verharren, noch tiefer in sie hineinzuflüchten dadurch, daß er sich an den Berater anlehnt, sich seiner Meinung unterwirft, sich als selbst Entscheidender und Planender aufgibt. Der Beratungsvorgang würde seiner Möglichkeit als Aufklärung zuwiderlaufen, wenn das Engagement des Beraters entscheidendes Gewicht bekäme. Er würde aber die Möglichkeit der Aufklärung wie die Möglichkeit, zur Selbständigkeit (Autonomie) zu führen, bewahren können, wenn er dem Ratsuchenden dessen Situation zu spiegeln vermöchte, wenn der Bedingungszusammenhang, in dem die vorstellbaren Entscheidungen stehen, zu realmöglichen Folgen eines Handelns konkret vergegenwärtigt werden.«

6.5.3. Autoritative Funktion

Es mag vielleicht der Eindruck entstanden sein, als würde der Jugendarbeiter im Club keine besondere Autorität darstellen. Treten im Club aber nicht gerade häufig Probleme der Führung und Autorität auf? Bei wem liegt nun die Führung, bei den Jugendlichen oder dem Berater? Ist die Rolle des Beraters nicht zu schwach? Muß nicht jemand den Club leiten und dafür verantwortlich zeichnen? Mitverantwortung ist Ziel der Jugendclubarbeit; wer also übernimmt zu Beginn die Verantwortung?

Unter Autorität versteht man »das Verhältnis der Wertvermittlung zwischen einem, der mehr hat, zum Beispiel Wissen, Erfahrung, Können, aber auch Güte, Geduld, Menschlichkeit, Weisheit, und einem, der ... noch mehr davon brauchen kann. Wer Autorität hat, will nicht bevormunden, unterdrücken, kleinhalten und abhängig machen, sondern gerade mehren und fördern, helfen und aufbauen, mündig und unabhängig werden lassen. Wirkliche Autorität verhindert nicht, sondern fördert wirkliche Emanzipation, die auf helfende Autorität angewiesen ist«[14]. Autorität im Sinne des Mehrens hat also nicht der, der etwas zu *verbieten,* sondern der, der etwas zu *bieten* hat. Diesbezüglich spielt das Alter nicht unbedingt eine Rolle. Autorität des Bietenkönnens begründet sich auf anerkannte, sachliche und menschliche Überlegenheit und nicht auf äußere Erziehungsmittel und -ansprüche, auf die Zahl der Jahre, auf Dienstalter und Stellung. Man muß davon ausgehen, daß Autorität nur ein relativer Vorgang auf Zeit und auf Abruf ist. »Sie beweist sich nicht darin, daß man sich möglichst unentbehrlich, sondern darin, daß man sich um der Entwicklung des anderen willen entbehrlich macht.«[15] Man muß sich darüber im klaren sein, daß es

14 U. Beer: Erziehung mit Autorität. Tübingen: Katzmann 1975, S. 14.
15 Ebenda, S. 40.

Autoritäten an sich nicht gibt, sondern Autorität wird von anderen verliehen. Deshalb bekommt derjenige Autorität, der die Bedürfnisse und Interessen der anderen am besten erkennt und vertreten kann. »Autorität bekommt der, der die menschlichen Grundbedürfnisse kennt, berücksichtigt und erfüllt. Wer selbst in der Verwirklichung dieser Bedürfnisse schon weiter fortgeschritten ist als andere, wird von ihnen als Verkörperer von Werten, Inhaber menschlicher Vorzüge angesehen, die sie auch selbst erstreben. Konkret bedeutet dies z. B.: »Wer sich akzeptiert fühlt, Selbstvertrauen ausströmt, weiß, wozu er da ist, harmonisch und ausgeglichen lebt, wirkt in diesen Qualitäten auf andere vorbildlich und ist zugleich in der Lage, sie anzunehmen, Selbstvertrauen zu vermitteln und das Gefühl, gebraucht zu werden, das zu ihrer inneren Harmonie dient.

Wer geistig angeregt ist, sich orientiert und klare Ziele vertritt, besitzt gegenüber anderen einen Vorsprung und ist selbst in der Lage, anderen Anregungen und Orientierung zu geben, Zielbewußtsein und geistige Klarheit zu übertragen und dadurch Autorität zu werden. Wer im Kontakt mit seinen Mitmenschen Solidarität übt und dann Resonanz und Erfolg hat und zugleich die anerkannten Normen in seiner Person verkörpert, wird damit zugleich prägend im Sinne dieser Normen wirken, selbst Kontakt und Solidarität stiften und so als Autorität Erfolg haben.«[16] Ausgangspunkt dieser Überlegungen ist also die Achtung der Bedürfnisse und Interessen anderer. »Wirkliche Autorität ist immer dadurch qualifiziert, daß sie die menschlichen Grundbedürfnisse nicht vergewaltigt, ignoriert oder unterdrückt, sondern verwirklicht und verkörpert. Durch die Anerkennung des Menschen und die Bejahung seiner Bedürfnisse wächst ihr die Anerkennung der Menschen zu. Durch diesen Vorgang, an Anerkennung und Vertrauen im Sinne eines Erfolgskreises, ... können weitere, bisher unbewußte Bedürfnisse geweckt und die menschliche Entfaltung der Partner gefördert werden. So vermag Autorität zu einer entwicklungssteigernden Potenz zu werden«.[17] zu einer Kraft, die wachsen läßt. Eine so verstandene Autorität schließt nicht aus, daß sie nicht alles weiß und kann. Wer sicher ist, kann menschliche Schwächen eingestehen und sich für Fehlverhalten entschuldigen. »Gerade diese flexible Sicherheit ist überzeugender als eine starre und unbewegliche, die im Grunde keine ist. Wir müssen nicht immer recht behalten, alles besser wissen, immer die Überlegenen sein.«[18]

In der Jugendclubarbeit geht es also überhaupt nicht um die Frage: Autorität oder nicht, sondern um die Frage nach der richtigen Autorität.

16 Ebenda, S. 69.

17 Ebenda, S. 20.

18 Ebenda, S. 111.

Besonders wichtig ist, daß sich dann eine Autorität bildet, wenn die menschlichen Grundbedürfnisse erkannt und ernstgenommen werden.

Als wichtige Merkmale einer Autorität können bezeichnet werden:

- nicht verbieten, sondern etwas bieten,
- nicht unentbehrlich, sondern entbehrlich machen,
- nicht Autorität beanspruchen, sondern Autorität sein,
- nicht Bedürfnisse vergewaltigen, sondern verwirklichen,
- nicht Auftrags-, sondern Personenautorität,
- nicht autoritär, sondern autoritativ,
- nicht an Autorität festklammern, sondern sie abgeben.

Es geht also gar nicht um die Frage, ob Autorität notwendig ist oder nicht, sondern um das richtige Verständnis von Autorität.

6.5.4. Situativ-arbeitende Funktion

Jugendliche äußern vielfach recht spontan ihre Bedürfnisse. Sie haben an etwas Interesse, beginnen mit einer Sache, können aber ebenso schnell damit wieder aufhören und etwas anderes anfangen wollen. Diese Spontaneität und Instabilität, dieses wenig ausdauernde Verhalten kennt jeder Jugendarbeiter. Für ihn wird das Arbeiten jedoch dann besonders schwierig, wenn er von der pädagogischen Vorstellung ausgeht, daß sich die Situation nach allgemeinen Gesetzen darstellt und der Pädagoge nach standardisierten Prinzipien zu handeln habe. Diese Pädagogik bezeichnet man als Schulpädagogik. Das Sozialisationsfeld Jugendarbeit bedarf einer *Situationspädagogik* im Unterschied zur Angebots- bzw. Forderungspädagogik.

Worin liegt der Unterschied zwischen Situations- und Angebotspädagogik? Jugendliche sind nur schwer zu motivieren; vor allem wenn es um werken, basteln und andere Interessengruppen geht, finden sie Gründe, diesen Angeboten fernzubleiben. »Wenn die Jugendlichen entdecken, daß sie den Anforderungen der Handhabung von Werkzeug und Werkstoff nicht gewachsen sind, werfen sie schnell die begonnene Sache hin. Die Erfahrung der eigenen Unfähigkeit rührt an tiefsitzende Ängste, unzulänglich und wertlos zu sein. Um diese Berührung des negativen Selbstbildes zu vermeiden, zeigen die Jugendlichen oft wenig Bereitschaft, sich überhaupt auf Aktivitäten einzulassen ... Wir sehen weder im Angebot besonders interessanter Beschäftigung noch in völligem Verzicht auf jegliches Angebot eine brauchbare pädagogische Konzeption der Jugendarbeit. Statt dessen streben wir an, das pädagogische Handeln stärker an der Situation der Jugendlichen zu orientieren und mehr darauf zu achten, was die Jugendlichen von sich aus ›anbieten‹. Dieses situative Vorgehen erfordert, routinierte Sichtweisen und Handlungsformen aufzugeben. Auf die Situation der Jugendlichen einzugehen, kann gelingen, wenn der Jugendarbeiter offener in der Wahrnehmung seiner selbst und der Jugendlichen wird. Dazu gehört, daß er klarer sieht, welche Bedeutung es für ihn hat, bestimmte Angebote zu machen, und welche Bedürfnisse, Absichten und Schwierigkeiten von den Jugendlichen ausgedrückt werden. Weiter fordert Situationspädagogik die Fähigkeit, jeweils das aufzugreifen, was in der Situation aktuell ist. Dann wird es möglich sein, daß der Jugendarbeiter aus seinem Angebotsrepertoire jeweils das heraussucht, was auf die anstehende Situation am besten ›paßt‹. Dabei kann er auch die Erfahrung machen, daß er improvisieren oder zusammen mit den Jugendlichen etwas entwickeln oder auch, daß er es ihnen allein überlassen muß, eine Auseinandersetzung mit der Situation zu suchen und selbst die Lösung zu finden.«[19] Als Modell für eine Situationspädagogik können die Arbeiten von *P. Freire* gelten.[20] Sein Ansatz kann Grundlage einer Pädagogik der Jugendarbeit sein.

6.6. Attraktivität der Mitarbeiter

Eine alte Weisheit der Jugendarbeit besagt: Jugendarbeit steht und fällt mit der Person. Ist der Mitarbeiter attraktiv, eine Persönlichkeit – das soll nicht heißen, daß er von Gestalt und Aussehen attraktiv sein muß, sondern als Person – kann er begeistern, mitreißen, motivieren, dann wird er Jugendliche auch ansprechen. Ist er dieses nicht, wird er noch so viele Programme und Aktionen anbieten können, Jugendliche werden sie nicht wahrnehmen. Woran liegt das?

1. Beispiel: Der gestreßte Jugendhausleiter

Im Laufschritt durchquert der Jugendhausleiter um 14 Uhr den Gang, reißt seine Bürotür auf und stürzt auf seinen Schreibtisch zu, hastig durchblättert er die Post. Er schimpft über die Verwaltung, den Bauhof, die dummen Anfragen. Soll seine Arbeit eigentlich nur aus Papierkram, Büroarbeit bestehen? Was denken die sich eigentlich? Formulare ausfüllen, Fragebögen beantworten, Statistik, alles Arbeiten, die ihn daran hindern, pädagogisch tätig zu werden. Er klagt über den Streß und den Zeitmangel für die eigentliche Arbeit. Hektik verbreitet er um sich. Die Verwaltungsarbeit nimmt ihn ganz in Beschlag.

Als ein Kollege sich anbot, ihm die Büroarbeit abzunehmen, lehnte er das Angebot ab. Er müsse schon den Überblick behalten, schließlich hätte er ja für alles die Verantwortung.

19 J. R. Hoppe u. a.: Alltag im Jugendclub. München: Juventa 1979, S. 86 bis 87.

20 Vgl. P. Freire: Pädagogik der Unterdrückten. Stuttgart: Kreuz 1973; P. Freire: Erziehung als Praxis der Freiheit. Reinbek b. Hamburg: Rowohlt 1977.

Der Jugendhausleiter wurde krank, und sein Kollege übernahm die zeitaufwendige Büroarbeit. Er konnte feststellen, daß es gar nicht so viel Arbeit war. Die Verwaltungsarbeit konnte er gut nebenbei erledigen. Er hatte zum pädagogischen Handeln trotzdem genügend Zeit.

Worum geht es? Der Jugendhausleiter ist in seinem Handeln nicht attraktiv. Vielleicht kommt er bei den Jugendlichen nicht an und flieht deshalb in die Büroarbeit, die er nicht delegiert, obwohl er sich ständig darüber beklagt. Er braucht diese Arbeit. Er verbreitet um sich Hektik, um zu zeigen, wie beschäftigt er ist und wie wichtig seine Arbeit ist.

Sein Verhalten ist jedoch eine Flucht vor dem Eingeständis, daß er als Person sich in seinem Beruf nicht verwirklichen kann, daß sein Tun weder für ihn noch für die Jugendlichen attraktiv ist.

2. Beispiel: Der gelangweilte Jugendhausleiter

Im Jugendhaus ist Disco. Jugendliche belagern das ganze Jugendhaus. Es ist ein ständiges Gehen und Kommen. Ein eingespieltes Disco-Team führt die Veranstaltung durch. Dem Jugendhausleiter fällt die Rolle des Aufpassers, Polizisten zu. Gelangweilt durchstreift er die Gänge und den Discoraum. Er hofft im Stillen, daß alles problemlos verläuft, daß es keine Schlägerei, keinen Ärger gibt. Hoffentlich wird pünktlich Schluß gemacht. Nach seinen Rundgängen zieht er sich in sein Büro zurück und wartet, daß es 22 Uhr wird.

Worum geht es? Die Rolle des Aufpassers übernimmt der Jugendarbeiter gezwungenermaßen. Der Betrieb läuft an ihm vorbei. Er ist nicht Akteur; er will und kann es nicht sein. Seine Rolle ist alles andere als attraktiv. Er fühlt sich unwohl, unzufrieden. Vielleicht träumt er von »sinnvollen« Programmangeboten, bei denen er als pädagogischer Berater, Animateur oder Akteur gefordert ist. Sein Handeln ist frustriert, gelangweilt, er selbst ist eine gelangweilte und frustrierte Person, denn Handeln ist immer auch gleichzeitig Sprache. Durch sein Handeln teilt sich der Jugendarbeiter mit. Ein gelangweilter Jugendarbeiter ist nicht sonderlich motivierend.

3. Beispiel: Der enttäuschte Jugendarbeiter

Der Jugendarbeiter hat alle Höhen und Tiefen der Jugendarbeit erlebt. Es gibt eigentlich nichts mehr, was er nicht erlebt hat. Er hat Erfahrungen gesammelt und kennt die Jugendlichen. Ihm machen sie so schnell nichts mehr vor. Sie reden viel und handeln wenig. Sie fordern viel und können damit nicht umgehen. Der Jugendarbeiter hat seine Konsequenzen gezogen. Auf viel Gerede läßt er sich nicht mehr ein. Er verfolgt eine klare Linie. Wem sie nicht gefällt, der kann fortbleiben.

Worum geht es? Der Jugendarbeiter ist von den Jugendlichen enttäuscht und läßt sich auf kein Risiko mit ihnen ein. In seinem Handeln vermeidet er Spannungen, Widersprüche. Dadurch wird sein Tun jedoch für Jugendliche wenig attraktiv. Als Person setzt der Jugendarbeiter auf Programme, auf Inhalte. Er will nicht wahrhaben, daß es in der Interaktion und Kommunikation primär um Beziehungen geht. Sein Verhalten wird ihn ständig bestätigen, denn weil er von Jugendlichen enttäuscht ist, sind auch Jugendliche von ihm enttäuscht, der Kreis schließt sich.

Es ließen sich weitere Beispiele anführen, aus denen deutlich würde, daß Jugendarbeiter ihr Handeln überprüfen müssen. Der Jugendarbeiter verwirklicht sich und drückt sich im Handeln aus. Dieses Handeln muß ehrlich, aufrichtig sein, soll die Person, die dahinter steht, akzeptiert und attraktiv werden. Es geht hier also um die Forderung, daß Jugendarbeiter ihr Handeln reflektieren. Wenn ihr Handeln langweilig ist, können sie als Pädagogen von Jugendlichen auch nicht als attraktiv und motivierend empfunden werden. Zunächst muß der Jugendarbeiter selbst davon überzeugt sein, daß sein pädagogisches Arbeitsfeld ihm Erlebnis-, Spannungs- und Handlungsfeld ist und daß er sich im Handeln verwirklichen kann, daß er diese Spannung braucht. Flucht in die Verwaltungsarbeit, langweilige Polizistenrolle übernehmen und ähnliches sind keineswegs Handlungen, durch die man sich verwirklichen kann.

Es geht um die grundsätzliche Einstellung des Jugendarbeiters zu seinem Beruf. Er darf nicht neben oder außerhalb der Handlungs- und Erlebnisfelder Jugendlicher stehen. Er kann auch nicht von außen Handlungs- und Erlebnisfelder für Jugendliche schaffen, vielmehr muß er mit den Jugendlichen gemeinsam handeln und erleben. Wenn er selbst sich handelnd erlebt, kann er auch Jugendliche motivieren. Ist das personale Angebot attraktiv, ist auch die Jugendarbeit attraktiv. Jede Veränderung, jede Motivation in der Jugendarbeit fängt bei den Jugendarbeitern selbst an. Es ist eine alte Weisheit: Nur wenn ich von etwas überzeugt bin, kann ich andere überzeugen.

Wenn Jugendarbeit in der Krise ist, dann müßte man wohl eher präzisieren, daß sich Jugendarbeiter in einer Krise befinden, in einer Handlungs- und Erlebniskrise.

6.7. Zusammenfassung

In unserer Gesellschaft wird Jugendarbeit als eine randständige Einrichtung angesehen. Sind die öffentlichen Haushaltskassen knapp, kürzt man leichten Herzens Gelder im Jugendpflegebereich. Hier ist eine deutliche Tendenz zu beobachten. Man beruhigt das schlechte Gewissen u.a. mit dem Argument, daß Jugendarbeit von ihrem eigentlichen Verständnis her eine Angelegenheit von ehrenamtlichen jugendlichen Mitarbeitern sei. Die

Einstellung von Hauptamtlichen steht im Prinzip gegen den Geist von Jugendarbeit.

Solchen Argumenten ist gegenüberzustellen: Jugendarbeit bedarf gerade aus ihrem eigenen Verständnis heraus hauptamtlicher Mitarbeiter. Will Jugendarbeit als dritte Lerninstitution ihren Auftrag erfüllen, dann kann dies nicht nur durch jugendliche Ehrenamtliche geschehen, Hauptamtliche sind eine logische Folgerung. Das Besondere der Jugendarbeit ist das Miteinander von Ehren- und Hauptamtlichen. Gefahren durch die Mitarbeit Hauptamtlicher müssen gesehen und ihnen muß entgegengewirkt werden. Jugendarbeit darf nicht zu einem Arbeitsfeld der Sozialarbeit werden. Jugendarbeit leistet nicht in erster Linie Pannenhilfe und verhindert Brunnenstürze, sie arbeitet vornehmlich im prophylaktischen, präventiven Bereich. Dies muß vor allem Jugendarbeitern und Politikern klar gemacht werden. Ersteren, weil sie aufgrund ihrer Professionalität Arbeit und Bestätigung eher im Umgang mit »nicht-normalen« Kindern und Jugendlichen suchen; letzteren, weil sie die Vergabe von Geldern für Jugendarbeit häufig daran knüpfen, daß sich Jugendarbeit der Problemgruppen annimmt. Es muß deutlich vor einer Wende der Jugendpflege hin zur Jugendfürsorge gewarnt werden.

Eine wichtige Aufgabe von Jugendarbeitern ist es, ehrenamtliche Mitarbeiter zu gewinnen. Jugendliche wie Erwachsene lassen sich zur Mitarbeit motivieren. Voraussetzung ist, daß der Jugendarbeiter weiß, was er will, daß er ein Konzept für die Mitarbeit entwickelt hat, seine Einrichtung und er selbst attraktiv sind. Man kann es niemandem übelnehmen, wenn er sich in einer muffigen Einrichtung nicht für einen übelgelaunten und gestreßten Jugendarbeiter engagieren möchte. Hier müssen erst die notwendigen Voraussetzungen geschaffen werden. Eine Klage über die Passivität Jugendlicher muß vielfach hinterfragt werden: Ist die Einrichtung und sind die Mitarbeiter attraktiv? Ist dies der Fall, dann werden auch Ehrenamtliche zur Mitarbeit zu motivieren sein.

7. Raumangebot

7.1. Problemskizze

Im dritten Jugendbericht wird an vielen Stellen aufgezeigt, daß nur wenige Jugendämter in der Lage sind, auf dem Gebiet der »Freizeithilfen« Aktivitäten zu entfalten, die an den Interessen und Bedürfnissen junger Leute anknüpfen, ihrem Verständnis entsprechen und Konflikte nicht ausklammern.[1] Die kritischen Anmerkungen des dritten Jugendberichtes über das Ausmaß und die Qualität der Aktivitäten von Jugendämtern im Bereich der Freizeithilfe haben ihre Wirkungen vielfach nicht verfehlt. In vielen Kreis- und Stadtjugendämtern wurden empirische Erhebungen der Bedürfnislage Jugendlicher durchgeführt, ein Jugendpflegeplan erstellt und Modelle konzipiert. Studiert man diese Jugendpflegepläne, ist man über die Vielfalt der Möglichkeiten und Angebote überrascht. Man könnte die Jugendlichen fast dazu beglückwünschen, welch guten jugendpflegerischen Zeiten sie entgegengehen. Doch zur Verwirklichung dieser Pläne ist Geld notwendig. Da dieses vielfach nicht oder nur in begrenzten Mengen vorhanden ist, scheitern die Pläne, bleiben sie unrealisierbar. Vor allem die mittleren und kleineren Gemeinden, die auf die überörtliche Finanzierung aus den Landesjugendplänen angewiesen sind, beklagen ihre finanziellen Beschränkungen. Sie sehen die Notwendigkeit der Jugendarbeit ein, sie verstehen das Drängen der Jugendlichen, aber sie können nur mit den Schultern zucken: Es ist für ein Jugendhaus oder Jugendzentrum kein Geld da. Es soll hier nicht problematisiert werden, ob dieses Bedauern der Jugendämter echt oder vielmehr ein willkommener Vorwand gegen Jugendinitiativen ist, um den Unannehmlichkeiten und Konflikten z. B. eines Jugendhauses aus dem Weg zu gehen.

Berücksichtigt man diese Situation, ist es notwendig, Modelle zu entwerfen und zu diskutieren, wie die Jugendämter vor allem kleinerer und mittlerer Kommunen auf dem Gebiet der Jugendhilfe eher Chancen haben, Aktivitäten zu entfalten, die den Bedürfnissen und Interessen Jugendlicher entsprechen. Ich möchte hier ein Modell vorstellen und diskutieren, das vor allem für mittlere und kleinere Städte wie für Landgemeinden praktikabel erscheint. Es handelt sich dabei um ein Modell, das in einer Kleinstadt und einigen ländlichen Gemeinden konzipiert und durchgeführt wurde.

1 Vgl. Dritter Jugendbericht. Hrsg.: Der Bundesminister für Jugend, Familie und Gesundheit. Bonn-Bad Godesberg 1973².

7.2. Notwendigkeit von Jugendhäusern

Das Jugendhaus ist der Kern der Offenen Jugendarbeit. Das statistische Bundesamt zählte 1982 insgesamt 2265 Jugendfreizeitstätten, Heime der Offenen Tür und Jugendzentren, 4337 Jugendheime und 9629 Jugendräume, in denen Offene Jugendarbeit stattfindet.[2] Das klassische Bundesland, in dem man die meisten Häuser der Offenen Tür findet, ist Nordrhein-Westfalen. 1981 gab es dort 1601 Jugendfreizeitstätten, Heime der Offenen Tür, Häuser der Jugend u. ä.[3] Jugendhäuser gibt es vor allem in größeren Städten, dagegen sind kleinere und mittlere Gemeinden kaum in der Lage, Jugendhäuser zu finanzieren. Die Untersuchung von *Grauer* und *Lüdtke* weist aus, daß in den 24000 Dörfern und kleineren Städten bis zu 10000 Einwohnern – dort wohnen über 40 Prozent der Gesamtbevölkerung – zum Zeitpunkt der Untersuchung lediglich 214 Jugendfreizeitstätten ermittelt wurden.[4] Diese Untersuchung liegt zwar schon zwei Jahrzehnte zurück, aber viel dürfte sich an diesem Befund inzwischen kaum geändert haben. Das Argument der kommunalen Verwaltung ist bis heute das gleiche geblieben: Für den Bau eines Jugendhauses und für die Einstellung eines Jugendarbeiters fehlt das Geld. Hinter vorgehaltener Hand wird vorgerechnet, wie viele Mittel ein Jugendhaus jährlich verschlingt: Ein Jugendarbeiter etwa 60000 Mark plus Material- und Haushaltskosten von 80000 Mark ergibt etwa 140000 Mark im Jahr, und das für vielleicht 40 bis 50 Jugendliche, wenn es hoch kommt, d. h., für jeden Jugendlichen würde die Kommune rund 3000 Mark im Jahr aufwenden. Das steht in keiner Relation zu anderen Ausgaben im Jugendbereich.

Jugendhäuser sind für die Jugendarbeit unverzichtbar. Jugendliche brauchen Räume, um sich treffen zu können. Eine Stadt, die für Erwachsene, Urlauber, Touristen etc. sehr viele Einrichtungen anbietet und dafür Geld investiert, hat schlechte Argumente, wenn sie für Treffpunkte Jugendlicher kein Geld hat.

Bei der Forderung nach geeigneten Räumen für die Jugendarbeit muß man jedoch differenzieren. In Nordrhein-Westfalen gibt es z. B. drei Modelle der Offenen Tür:

- Teil-Offene Tür (TOT): Ein verbands- oder pfarreigenes Jugendfreizeitheim, das einige oder alle Räume an bestimmten Tagen und Stunden für die nicht verbandlich organisierte Jugend öffnet.
- Kleine Offene Tür (KOT): Einrichtungen, ähnlich wie TOT mit dem

2 Vgl. W. Klawe: Arbeit mit Jugendlichen. Weinheim: Juventa 1986, S. 13.

3 Vgl. 4. Jugendbericht des Landes NW. Hrsg.: Ministerium für Arbeit, Gesundheit und Soziales des Landes NW. Düsseldorf 1982, S. 224.

4 Vgl. G. Grauer: Jugendfreizeitheime in der Krise. Weinheim: Beltz 1973, S. 19.

Unterschied, daß eine hauptamtliche pädagogische Kraft mindestens zu 50 Prozent eingestellt ist.

- Ganz Offene Tür (GOT): Eine Einrichtung, die täglich für nicht verbandliche Kinder und Jugendliche geöffnet ist, in der Regel sind hier eine bis drei hauptamtliche pädagogische Fachkräfte tätig.

Ein Jugendhaus muß also nicht immer ein großer Prestigebau sein, auch kleine Häuser mit wenigen Räumen können oft ausreichen.

Welche **Funktionen** haben Jugendhäuser?

Giesecke schlägt vier Funktionen vor:

1. »Sozialpolitische Funktion der sozialen Kontrolle«: Dies ist nicht einseitig negativ zu sehen. Angesichts der von den Gleichaltrigen ausgehenden Gefährdungen ist diese Funktion durchaus positiv zu verstehen, und zwar im Interesse der Jugendlichen selbst.

2. »Freizeitpolitische Funktion des Aufenthaltsangebotes«: Außerhalb von Familie und Schule ist Jugendlichen ein Freizeitaufenthalt zu bieten, der sie nicht verpflichtet. Er soll nach Geh- und nicht nach Komm-Strukturen aufgebaut sein. Geselligkeit hat einen bedeutenden Stellenwert.

3. »Pädagogische Funktion des Lernangebotes«: Es geht um Informieren, Beraten, Animieren, Arrangieren und nicht um Verpädagogisieren jugendlichen Freizeitverhaltens.

4. »Sozialisierende Funktion des Austausches zwischen den Generationen«: Der Jugendarbeiter steht stellvertretend für die anderen Erwachsenen, er hält den Kontakt zu den Jugendlichen als Vertreter der älteren Generation aufrecht. Damit wird vor einer vorschnellen Identifikation mit den Jugendlichen gewarnt.[5]

Die Funktion des zukünftigen Jugendarbeiters sieht *Giesecke* darin: »Der Pädagoge der Zukunft ist jemand, der etwas kann, was andere von ihm bzw. mit ihm zu lernen als lohnend ansehen, und der die Fähigkeit hat, es ihnen beizubringen.«[6] Der Pädagoge versteht sich als »Lernhelfer«. Lernen soll im umgangssprachlichen Sinne so verstanden werden: Lernen ist eine alltägliche Dimension unseres Lebens. Wir lernen unentwegt von anderen. Oberstes Ziel pädagogischen Handelns ist »Lernen ermöglichen«[7].

Im folgenden soll nun ein Modell vorgestellt werden, das sich als Ergänzung und Alternative zu Jugendhäusern versteht. Es gibt vor allem kleineren Gemeinden eine Chance, für Jugendliche Räume bereitzustellen.

5 Vgl. H. Giesecke: Wozu noch Jugendhäuser? In: Wohin entwickelt sich die offene Jugendarbeit? Hrsg.: Landeswohlfahrtsverband Württemberg-Hohenzollern/Landesjugendamt. Stuttgart 1985, S. 38.

6 Ebenda, S. 41.

7 H. Giesecke: Pädagogik als Beruf. Weinheim: Juventa 1987, S. 38.

Dabei soll den zwei Hauptproblemen bzw. Argumenten kleinerer Gemeinden, vor allem Landgemeinden, begegnet werden: 1. »Wir haben kein Haus oder keine Räume.« 2. »Wir haben kein Geld. Wir können keinen Jugendarbeiter finanzieren.«

7.3. Dynamische statt stationärer Jugendarbeit

Es herrscht in der sozialwissenschaftlichen Jugendkunde einhellig die Meinung vor, daß die informellen Gesellungsformen die eigentlich adäquate Form jugendlicher Gesellung darstellen. Empirische Untersuchungen über Gesellungsformen Jugendlicher im Freizeitbereich machten drei Trends deutlich:

1. *Informelle Gesellungsformen,* vor allem die Clique, werden von Jugendlichen organisierten Freizeitangeboten und -gesellungsformen vorgezogen.
2. *Kommerzielle Angebote* wie Clubs und Diskotheken werden zwar häufig frequentiert, aber nicht selten kritisch als Mangel an anderen Angeboten gesehen.
3. Jugendliche wünschen sich *Clubs* und *Diskotheken* als Angebote der Jugendarbeit, die jedocn nicht auf *kommerzieller Basis* arbeiten.

Aufgabe der Jugendpflege müßte es nach den empirischen Ergebnissen daher sein, diesem Bedürfnis Jugendlicher nach informellen Treffs nachzukommen. Das kann jedoch nicht gelingen, indem große Freizeitstätten gebaut werden. Vielmehr ist vorzuschlagen, von dem statischen zum mehr dynamischen Freizeitsystem überzugehen, wie es aus dem anglo-amerikanischen Raum seit geraumer Zeit bekannt ist und von vielen Jugendarbeitern seit langem auch für die Jugendarbeit der Bundesrepublik gefordert wird. Wegen der Wichtigkeit dieser Vorschläge sollen hier einige in Auszügen zitiert werden.

W. Erl bringt drei Beispiele aus dem anglo-amerikanischen Raum. Er fordert, daß »neben die ›stationären‹ (an ein Haus gebundenen) Aufgaben der Jugendfreizeitstätten in ihrem Einzugsgebiet ›ambulante‹ Arbeit treten soll. Versuche der ›detached work‹ (von Häusern gelöster mobiler Jugendarbeit), die seit 1950 in den USA, später auch in England gewagt wurden, könnten vielleicht sogar dazu ermuntern, ganz auf Freizeitbauten, zumal auf kostspielige, zu verzichten«[8].

In England fand 1960 ein dreijähriges Experiment statt. »In jeder Stadt versuchte zunächst ein detached worker die Unorganisierten als einzelne und in Gruppen zu lokalisieren ... Die bevorzugten Gesellungsorte der jungen Leute waren schnell gefunden: ein Jazzclub, ein Schwimmbad oder

8 W. Erl: Jugendarbeit im Experiment. Tübingen: Katzmann 1971, S. 68.

die beliebte ›coffee-bar‹ ... Wenn ein solcher Platz zwei oder drei Wochen lang anscheinend dieselben Gesichter anzog, war es einer der gesuchten Treffpunkte. Hier ... waren Kontakte und schließlich Vertrauen anzustreben.«[9]

Ein anderes Beispiel berichtet von einem coffee-stall, einem fahrbaren Café-Stand, der an einer günstigen Straßenecke aufgestellt wurde, um auf diese Weise mit den Jugendlichen in Kontakt zu treten. *W. Erl* berichtet, daß 1964 »der Chicagoer Youthwest YMCA seine Gebäude verkaufte und drei ›youth-mobiles‹ in der Überzeugung erstand, mit den Kleinbussen seine Zielgruppe, rund 30 Clubs höherer Schüler, wirkungsvoller zu fördern, wenn er sie in ihren 18 Schulen, auf ihren Spielplätzen, in ihren Wohnungen und an ihren sonstigen Treffpunkten erreichen kann«[10].

Als Forderung hieraus an die Jugendpflege in der BRD findet man seit geraumer Zeit verstärkt Hinweise in der Literatur: »Die stationäre Arbeit in festen Räumen und Gebäuden ist zu ergänzen durch eine ambulante Arbeit. Jugendpfleger, Gruppenberater, Freizeitberater, Einzelhelfer u.a. besuchen teilnehmend die verschiedenen Orte jugendlicher Gesellung, d.h., sie ›begleiten‹ bei Bedarf Individuen und Gruppen ›quer‹ durch das gegebene Freizeitfeld: Diskothek, Kneipe, Straßenecke, Park, Urlaubsorte, Bowlingbahn, Konzertsaal, Wohnheim, Wohnung usw., im Unterschied zur Wartestellung am fixierten Ort im Heim.«[11]

Andere fordern: »›Detached Youthwork‹ ist eine Form der Jugendarbeit in diesen Ländern, die sich von den bestehenden Erziehungseinrichtungen längst gelöst haben. Diese Arbeit wird meist in Clubs geleistet, die entweder für sich allein bestehen oder an ›community centers‹ angeschlossen sind. Eine besondere Form dieser Arbeit ist ›streetwork‹ – Straßenarbeit, d.h., der Jugendarbeiter kommt mit den Jugendlichen in direkten Kontakt in von den Jugendlichen selbst gewählten Kommunikationspunkten, wie zum Beispiel Kneipen und Clubs, Straßenecken und Diskotheken.«[12] Diese Form der Jugendarbeit müßte auch in der BRD eingeführt werden. *W. Erl* fragt zu Recht: »Das Prinzip der ›detached work‹ ließ sich von den USA nach Großbritannien verpflanzen, sollte es nicht auch in die Bundesrepublik übertragbar sein? Die englischen Experimente wurden durch den englischen Regierungsbericht von 1960 ... ermöglicht, weshalb bleibt die deutsche Jugendhilfe ... so immobil?«[13] Diese Beispiele wurden so ausführlich gebracht, nicht nur, um damit auf eine eklatante Misere der

9 Ebenda, S. 71.

10 Ebenda, S. 79.

11 H. Lüdtke: Jugendarbeit und außerschulische Freizeiterziehung. In: L. Böhnisch (Hrsg.): Jugendarbeit in der Diskussion. München: Piper 1973, S. 304.

12 R. Bolz/J. Boulet: Jugendarbeit als »kategoriale« Gemeinwesenarbeit. In: Ebenda, S. 314.

13 W. Erl: Jugendarbeit im Experiment. A.a.O., S. 81.

Jugendpflege aufmerksam zu machen, sondern auch, um den folgenden Vorschlag besser verstehen zu können. Der Vorschlag läuft darauf hinaus, eine ganze Stadt mit einem Netz von »überdachten Ecken« (um einen alten Begriff der Jugendpflege zu entleihen) bzw. von »Cliquentreffs« zu überziehen.

Konkret könnte man auf zweierlei Weise vorgehen:
1. Zunächst müßte durch Beobachtungen festgestellt werden, wo sich Jugendliche in der Regel treffen, als nächster Schritt müßte in der Nähe dieser Orte ein Raum gemietet werden.
2. Man erstellt eine Topographie über eine ganze Stadt, einen Stadtteil oder eine Gemeinde von möglichen Raumangeboten und lädt Jugendliche ein, diese in Eigenverantwortung zu übernehmen. Räume lassen sich ganz sicher, vor allem in ländlichen Gegenden, finden, z.B. Kellerräume, Garagen, leerstehende Geschäfte, Werkstätten, Fabriken, Gemeinderäume, Baubaracken u.a.

Insgesamt müßte man dieses Angebot exemplarisch nur einigen Cliquen machen; bei dem allgemein guten Informationsfluß unter den Jugendlichen wäre dieses Konzept sehr bald bei allen Jugendlichen bekannt. Eine der eingangs gestellten Fragen kann hier also bereits beantwortet werden: *Ist es einer mittleren Stadt- oder Landgemeinde finanziell zuzumuten, für Jugendliche Räume zur Verfügung zu stellen?* Diese Frage dürfte wohl eindeutig mit einem »Ja« zu beantworten sein. Es lassen sich Räume finden, die Kosten für Miete, Strom, Heizung usw. sind tragbar.

7.4. »Wir haben kein Geld«

Die zweite Frage lautet: Kann sich eine Gemeinde eine hauptamtliche Kraft für Jugendarbeit finanziell leisten? Diese Frage wird allzu rasch mit einem klaren »Nein« beantwortet. Das mag auf den ersten Blick wohl auch für viele mittlere und kleinere Gemeinden zutreffen. Doch geht es bei dem Konzept »Cliquentreff« gar nicht darum, daß eine Gemeinde allein eine hauptamtliche Kraft einstellt. Für dieses Modell ist ein Team von hauptamtlichen und ehrenamtlichen Mitarbeitern wie z.B. Jugendarbeitern, Sozialpädagogen, Psychologen, Politikern, Lehrern, Kindergärtnerinnen sowie weiteren kompetenten und sich interessierenden Erwachsenen notwendig und wünschenswert. Dieses Team könnte einen recht großen Kreis von Cliquen beraten. Das bedeutet konkret: Ziel dieser Überlegungen ist es, ein Team für einen größeren Raum, etwa für mehrere Stadtteile, mehrere Orte, Landgemeinden oder Verwaltungsgemeinschaften zusammenzustellen.

Das Konzept der »Cliquentreffs« macht eine pädagogische Betreuung also nicht überflüssig, sie ist vielmehr unbedingt notwendig. Jedoch besteht hier die Chance, daß die Effizienz des personalen Einsatzes größer ist und mehr Cliquen Jugendlicher das Angebot der Beratung erhalten. Jugendpfleger oder auch andere pädagogisch geschulte Personen könnten nach diesem Modell für eine Vielzahl von Jugendlichen eines größeren Bereichs zuständig sein und nicht etwa nur für die relativ wenigen eines Hauses der Offenen Tür. Bei aller Eigenständigkeit einzelner Cliquen wären die Pädagogen und ihr Programmangebot nicht überflüssig. Sie könnten systematisch für verschiedene Cliquen Angebote unterbreiten, wie auch von verschiedenen Cliquen Angebote ausarbeiten und selbst anbieten lassen, wobei die Pädagogen die Rolle des Animateurs bzw. des Beraters innehätten. Auf diese Weise würde man der Gefahr einer »Cliquen-Wirtschaft« begegnen.

Es mag sein, daß in der Anfangsphase die Cliquen recht isoliert, für sich abgeschlossen ihre Freizeit gestalten. In der zweiten Phase sollten dann jedoch gemeinsame Programme mehrerer Cliquen angestrebt werden, und in der dritten Phase müßte es zu einer engen Kooperation aller oder mindestens vieler Cliquen kommen. Zu diesen gemeinsamen Programmen sollten nicht nur Cliquen eingeladen werden, sondern diese Programme sollten für alle Jugendlichen offenstehen. Hinter dieser Überlegung steht das Ziel, daß sich die Cliquen öffnen und anderen Jugendlichen die Möglichkeit bieten, sich ihnen anzuschließen.

Ein Rechenexempel soll deutlich machen, daß für dieses Konzept das Argument »es fehlt an Geld« nicht zutrifft. Angenommen, drei Kleinstädte mit je 12 000 Einwohnern stellen einen Sozialpädagogen ein und haben je drei Räume gemietet. Dann würden pro Gemeinde etwa folgende Kosten anfallen:

1 Sozialpädagoge		
je Gemeinde (anteilig)	DM 20 000	
25 % Zuschüsse vom Kreis	DM 5 000	DM 15 000
3 Räume (Miete, Strom, Heizung)		
1 Raum	ca. DM 2 000	
3 Räume	ca. DM 6 000	
20 % Zuschüsse vom Kreis	DM 1 200	DM 4 800
Für Personal- und Sachkosten pro Gemeinde insgesamt		DM 19 800

Man könnte daraus fast einen Werbeslogan für die Jugendarbeit einer Gemeinde machen: »Mit 2 Mark sind Sie dabei!« Das heißt: Wenn jeder Einwohner für die Jugendarbeit 2 Mark im Monat geben würde, wären fast alle Unkosten für Jugendarbeit, die einer Gemeinde entstehen würden, abgedeckt. Sollte trotzdem eine Gemeinde, wobei vielleicht die Jugendlichen einen Teil der Unkosten selbst mittragen könnten, für Jugendarbeit nichts unternehmen, müßte man ihr wohl nachsagen: Sie zeigt kein Interesse für die Jugendlichen. Das sollte sie dann auch ganz deutlich sagen und sich nicht hinter Scheinargumenten verbergen.

7.5. Wie richtet man einen Cliquentreff ein?

Daß dieses Konzept »Cliquentreff« nicht nur Theorie ist, sondern auch Eingang in die Praxis gefunden hat, soll im folgenden aufgezeigt werden. In einem Landkreis im Schwarzwald wurde ein entsprechendes Konzept erarbeitet und über zweieinhalb Jahre ausprobiert. Als Ergebnis ist festzuhalten:

- Es wurden in dieser Zeit 28 Cliquentreffs eingerichtet.
- Für diese Cliquen standen 24 Räume zur Verfügung.
- Selbst in der kleinsten Gemeinde (480 Einwohner) ließ sich ein Raum für die Jugendlichen finden.
- Die ländlichen Gemeinden sind für ein solches Konzept aufgeschlossen.
- Die Einrichtungen der Räume wurden weitestgehend von den freien bzw. öffentlichen Trägern übernommen, zu einem Teil auch von den Jugendlichen selbst.
- Die Kosten für Strom und Heizung eines Raumes (Miete mußte in keinem Fall gezahlt werden), die jährlich etwa DM 1 200 betrugen, wurden von den Trägern übernommen.
- Die Sachkosten für die Cliquenarbeit wurden fast ausschließlich von den Cliquen getragen.
- Die Räume wurden von den Cliquen in vielen Fällen selbst verwaltet.
- Durch die Cliquen wurden regelmäßig etwa 800 Jugendliche, die sich zum Teil täglich trafen, angesprochen. In kleinen Gemeinden trafen sich fast alle Jugendlichen im Cliquentreff.
- Zu größeren gemeinsamen und öffentlichen Veranstaltungen, zum Beispiel zu Tanzveranstaltungen, die jeden Samstag von einer anderen Clique veranstaltet wurden, kamen mehrere hundert Jugendliche, nicht nur Cliquenmitglieder.
- Die Betreuung der Cliquen erfolgte durch zwei Hauptamtliche, die einen recht großen ehrenamtlichen Mitarbeiterstab von Jugendlichen und Erwachsenen hatten.

Aufgrund ihrer Unzufriedenheit über die Hinhalte- und Versprechenstaktik kommunaler oder freier Träger bezüglich Jugendzentrum kann man Jugendliche relativ leicht für das Modell Cliquentreff gewinnen. Bei einem ersten Schritt der Begegnung von Cliquen und Jugendarbeiter sind allerdings einige Überlegungen notwendig:

- Der Jugendarbeiter darf nicht als »Handlanger« einer Behörde auftreten, die Jugendlichen wären ihm gegenüber mißtrauisch.
- Eine gewisse Vertrauensbasis muß zwischen beiden Partnern, dem Jugendarbeiter und den Cliquen, hergestellt werden können.
- Der Jugendarbeiter kann Jugendliche besser überzeugen, wenn seinem Handeln ein Konzept zugrunde liegt.
- Jugendliche akzeptieren den Jugendarbeiter eher, wenn dieser ihnen nicht zu sehr als Autorität, aber auch nicht zu sehr als Kumpel begegnet.
- Die Zeitwahl des Ansprechens von Jugendlichen für diesen Plan ist nicht unwichtig. Die Sommer- und Wintermonate sind weniger günstig, weil im ersten Fall die Jugendlichen nicht so sehr an einem Raum interessiert sind und sie im zweiten Fall überwiegend ihre Freizeit im häuslichen Bereich verbringen. Eher bieten sich die Herbst- und Frühjahrsmonate an; während dieser Zeit vermissen Jugendliche am ehesten einen Raum, sind daher auch eher für dieses Modell anzusprechen.
- Hinsichtlich der Verhandlungen mit zuständigen Vertretern der Kommunen oder anderer Träger ist es wichtig, daß der Jugendarbeiter sein Konzept überzeugend darstellen und bereits mit einem gut ausgearbeiteten Vorschlag aufwarten kann.

Ich habe die Erfahrung gemacht, daß sich keine Gemeinde diesem Modell hat entziehen können. Vielmehr haben sich die Kommunen intensiv bemüht, einen Raum für die Jugendlichen zu finden. In einem Fall wurde sogar im Rathaus ein recht kostspieliger Umbau vorgenommen, weil sich in der Gemeinde tatsächlich kein günstiger Raum finden ließ.

Ist in einer Gemeinde für die Jugendlichen ein Raum gefunden, dann entwickelt sich der Aufbau eines Cliquentreffs etwa in folgenden Schritten. Ich habe mit diesem Modell zwei Wege erprobt:

1. Gruppendynamischer Weg: Zunächst wurde in vielen Sitzungen mit den Jugendlichen genau geplant: Wie soll der Cliquentreff organisiert, wie soll der Raum eingerichtet, welches Programm soll im Cliquentreff angeboten werden? Hinter diesem Vorgehen stand die Überlegung: Zuerst sollen sich die Cliquen über den Gruppenprozeß stabilisieren und selbst klären, was sie eigentlich wollen. Das Ergebnis dieses Vorgehens war nicht sehr ermutigend. Die Cliquen feindeten sich an, der Jugendarbeiter wurde abgelehnt, und der ganze Versuch drohte zu scheitern. Schließlich wurde dem Jugendarbeiter von den Jugendlichen nachgesagt, er halte die Jugendlichen für unfähig und halte sie genauso hin wie die Gemeindeverwaltung. Ein zweiter Weg war dagegen erfolgreicher.

2. Aktionaler Weg: Die Jugendlichen wollten etwas tun, und zwar möglichst sofort. Diesen Aktivitätsdrang sollte man durch gruppendynamische Überlegungen nicht drosseln; denn über die Aktivitäten entwickelt sich ein

Prozeß, und in diesen Prozeß können Reflexionsphasen, feedback und andere aufbauende und kritische Überlegungen eingefügt werden. So wurde in wenigen Zusammenkünften geplant: Wie soll der Raum eingerichtet werden? Wie kommt man an die Einrichtungsgegenstände? Wie kommt man zu Geld? Bezüglich dieser Fragen galt für dieses Modell grundsätzlich folgende Regelung:

● *Geld:* Der Cliquentreff sollte sich finanziell selbst tragen. Über ein Darlehensverfahren verschaffte sich der Treff Geld. Dies sah so aus: Jedes Cliquenmitglied, das an dem Treff Interesse hatte, gab ein Darlehen in beliebiger Höhe (einige gaben DM 5, andere bis zu DM 50 und mehr). Vorher wurde vereinbart: Sobald der Cliquentreff durch Aktionen, Veranstaltungen etc. über Geldeinnahmen verfügt, werden die Darlehen allmählich zurückgezahlt. Beim Verlassen der Clique wird jedem sein Darlehen sofort zurückgegeben. Auf diese Weise hatte ein Cliquentreff sofort ein nicht geringes Startkapital, es waren in der Regel etwa DM 500 und mehr.

● *Einrichtungsgegenstände:* Die Einrichtungsgegenstände besorgt sich der Cliquentreff selbst. Die Cliquenmitglieder sollten daheim Speicher und Keller durchforsten, bei Verwandten und Bekannten nachfragen oder durch Aktionen die notwendigen Einrichtungsgegenstände selbst herbeischaffen. Dabei galt das Prinzip: Möglichst wenig kaufen, keine unnötigen Geldausgaben machen. Als gute Quellen erwiesen sich der Caritas-Verband, das Diakonische Werk, Altersheime und Brauereien. Die kirchlichen Vereinigungen haben zum Teil recht umfangreiche Lagerbestände von gebrauchten Möbeln, die sie mitunter gerne abgeben. Das gleiche gilt auch für Altersheime. Bei Brauereien besteht mitunter die Möglichkeit, recht preisgünstig an Mobiliar zu kommen, da diese die Einrichtungen von Gastwirtschaften, die schließen mußten, übernehmen und günstig wieder abgeben. Wir haben die Erfahrung gemacht, daß die Herbeischaffung von Einrichtungsgegenständen für den Cliquentreff kein Problem war. Jugendliche haben diesbezüglich hervorragende Beziehungen und Organisationstalente.

● *Einrichtung:* Die Einrichtung übernehmen die Cliquen selbständig. Wie ein Cliquentreff eingerichtet werden soll, ob als Clubraum, Diskothek oder Teestube etc., ist den Cliquen überlassen. Von ihrem Startkapital schaffen sie sich vor allem die notwendigen technischen Einrichtungen wie Strahler, Kassettenrecorder, Geschirr etc. an.

Diese erste Phase der Einrichtung machte automatisch notwendig, daß der Cliquentreff auch eine gewisse Organisation brauchte. Obwohl die Cliquen intern bereits eine klare Rollenverteilung und Führungsstruktur besaßen, wurden diese Rollen zum Teil organisatorisch festgelegt bzw. neu geregelt. Für den Cliquentreff wurden in der Regel folgende »Ämter« notwendig: Leitungsteam (bestehend aus den Cliquenchefs), Finanzwart, Schriftführer. Weitere Aufgaben mußten verteilt werden, je nachdem, welche Form der Cliquentreff annahm: Discjockey, Barkeeper usw.

Nachdem ein Cliquentreff eingerichtet war, was relativ schnell ging, mußten noch zwei weitere Fragen geklärt werden: 1. Welche Ordnung gibt sich der Cliquentreff? 2. Welche Programme sollten angeboten werden?

● *Ordnung:* In der Ordnung wurde festgehalten, daß der Cliquentreff eine Einrichtung der Jugendlichen für die Jugendlichen ist. Das bedeutet: Der Cliquentreff wird von den Jugendlichen in Eigenverantwortung geleitet; das Cliquenteam ist der Gesprächspartner für die »externen Stellen«; was im Cliquentreff geschieht, bestimmen die Cliquen; die Treffs werden von einem Hauptamtlichen beraten. In zwei Fällen sollten die »externen Stellen« eingreifen dürfen: Wenn der Cliquentreff zum Beispiel aufgrund interner Spannungen oder aus welchen Gründen auch immer, zu zerfallen droht oder nicht mehr besucht wird. Wenn im Cliquentreff Drogen genommen würden.

Die Ordnung sollte möglichst wenige Regelungen enthalten. Dahinter stand die Erfahrung, daß auch eine Ordnung einem Prozeß unterliegt und langsam entwickelt werden sollte und nicht umgekehrt, daß zuerst eine starre Ordnung vereinbart wird, die dann in der Regel von den Jugendlichen ständig verändert oder gar nicht beachtet wird.

● *Programm:* Hauptprogrammpunkt der Cliquentreffs war die Geselligkeit. Daneben wurden jedoch auch noch andere Programme angeboten.

Wir sind etwa so vorgegangen: Durch die Brain-storming-Methode wurde mit den Jugendlichen eine Liste von möglichen Freizeitaktivitäten (zum Teil bis über 150 Ideen) aufgestellt. In der anschließenden Diskussion wurde diese Liste auf realisierbare Ideen hin durchgegangen; diese Aktivitäten wurden nun nach dem Grad der Interessen geordnet. Somit entstand eine Rangliste von möglichen Freizeitbeschäftigungen im Cliquentreff. Diese Liste blieb jedoch solange Theorie, bis sich Cliquenmitglieder bereit erklärten, diese nun auch in die Praxis umzusetzen. Erst wenn sich einige Mitglieder bereit erklärten, für bestimmte Aktivitäten zuständig zu sein und sie im Cliquentreff vorzubereiten und durchzuführen, wurden diese als »feste« Aktivitäten akzeptiert. Auf diese Weise bildeten sich sog. »Spezialisten« heraus. Es gab zum Beispiel eine »Kleinclique« für Sport, Tanz, Film, Diskussion, Aktionen, Zeitung, Kultur, Musik etc. Bei diesen Kleincliquen galt, daß jeder irgendwo mitmachen durfte und sollte. Damit wurde erreicht, daß es keine Passivität gab, sich jeder nach seinen Fähigkeiten und Interessen einbringen konnte, Lernprozesse stattfinden konnten, jeder experimentieren konnte und die festgeschriebenen Cliquenrollen möglicherweise verändert werden konnten, indem »schwächere« Cliquenmitglieder sich eher aktiv einbringen und am Erfolg ihrer Kleinclique partizipieren konnten.

Die Funktion des Jugendarbeiters bestand darin, die Kleincliquen bei der Vorbereitung ihrer Aktionen oder Programme zu beraten und ihnen Materialien zur Verfügung zu stellen. Die Durchführung einer Veranstaltung lag freilich in ihren Händen. Auf diese Weise gelang es, daß die Cliquentreffs sehr schnell regelmäßig Veranstaltungen selbständig durchführten, die zum Teil als cliqueninterne und zum Teil als öffentliche Programme bekanntgegeben wurden. Zu den öffentlichen Veranstaltungen konnte jeder Jugendliche kommen. Hier bot sich die Gelegenheit neuer Kontaktaufnahme sowohl von seiten der Cliquen als auch einzelner Jugendlicher.

Ich konnte feststellen, daß die Cliquentreffs eine geringe Fluktuation hatten; nur einige Jugendliche blieben dem Treff fern, andere kamen neu hinzu. Insgesamt muß man sagen, daß der Cliquentreff eine leichte Tendenz zur Vergrößerung hat.

Diese leichte Öffnung der Cliquentreffs garantiert auch deren Stabilität. In diesem Modell bestehen die Treffs in dieser organisierten Form inzwischen zum Teil schon seit drei Jahren; nimmt man hinzu, daß die Cliquen bereits vorher existierten und zur Zeit wenig Anzeichen bestehen, daß sie sich in naher Zukunft auflösen werden, kann man mit Recht die *These* vertreten: *Jugendarbeit sollte mobil und cliquenorientiert sein.* Nach den Erfahrungen in der Arbeit mit Cliquentreffs kann man sagen, daß sich dieses Modell in einer kleineren Stadt und in ländlichen Gemeinden bewährt hat und weiterzuempfehlen ist.[14]

Die Vorteile des hier vorliegenden Konzeptes sind leicht einzusehen:

1. Durch die Angebote der Jugendtreffs, die sich vielleicht nicht sehr von der Funktion der früheren Eckkneipen unterscheiden, die es dem Jugendlichen nahelegen, sich mit seiner Clique an der nächsten Ecke zu treffen, besteht die Möglichkeit, einen weit größeren Kreis junger Leute anzusprechen. Mit diesem Angebot würde die kommunale Jugendpflege den sogenannten Unorganisierten ein ihren Bedürfnissen entsprechendes Angebot unterbreiten.
2. Es würde mit diesem Angebot des weiteren erreicht, daß auch Jugendliche der Unterschicht von den Einrichtungen Gebrauch machen könnten.
3. Man würde auf diese Weise dem primären Bedürfnis nach informeller Geselligkeit in Clubs und Diskotheken, die nicht auf kommerzieller Basis arbeiten, entsprechen.
4. In dem Angebot der Selbstverwaltung der Jugendtreffs würde man dem Wunsch der Jugendlichen entgegenkommen, ohne daß sie sich dafür an Organisationen oder Institutionen binden müßten; der Charakter der informellen Treffs bliebe damit gewahrt.
5. Durch die Selbstverwaltung können Jugendliche im kleinen Bereich besser experimentieren und ohne große Folgen Selbstständigkeit und Eigenverantwortung lernen und einüben, als das in größeren Freizeiteinrichtungen möglich ist.
6. Die Stadt, die Träger der Jugendtreffs könnten keine Argumente bzw. Strategien des Hinhaltens mehr gegen solche Einrichtungen vorbringen bzw. entwickeln. Die Chancen der Jugendlichen würden erheblich verbessert, Unterstützung der Stadt für dieses Konzept zu erhalten.
7. Die Stadt könnte Freizeitstätten nicht im Sinne des Prestiges erbauen, um sich so absichern zu können, für die Jugendlichen der Stadt ja alles getan zu haben.
8. Der finanzielle Aufwand dürfte, was das Raumangebot betrifft, nicht allzu groß sein, zumal die Ausstattung der Räume der Eigenregie Jugendli-

14 Vgl. J. Schilling: Der Jugendclub als soziales Lernfeld. In: E. Kerkhoff (Hrsg.): Alltagssituationen in der Sozialpädagogik. Heidelberg: Quelle & Meyer 1978, S. 100 bis 117.

cher weitgehend überlassen bleiben sollte. Das so eingesparte Geld sollte unbedingt für die Anstellung von hauptamtlichen Mitarbeitern verwendet werden.

9. Die Cliquentreffs wären auch für jüngere Jugendliche erreichbar, die noch keine Mopeds oder Autos haben, um zu den Jugendhäusern zu gelangen, was vor allem für Jugendliche aus Landgemeinden sehr wichtig ist.

10. Die bereits vorhandenen Raumkapazitäten der Kommunen wie vielleicht auch – gerade auf dem Lande – der kirchlichen Vereinigungen würden besser ausgenutzt.

11. Die öffentlichen und die freien Träger, die Jugendlichen selbst und die Gemeinden würden zu Eigenleistungen und Mitarbeit aktiviert.

12. Jugendarbeit fände »vor Ort« statt, in der unmittelbaren Nähe der Wohnung. Damit sind auch die Eltern der Jugendlichen angesprochen; denn quasi vor ihrer Haustür liegt der Treffpunkt ihrer Kinder. Jugendarbeit würde nicht in die Anonymität eines Jugendhauses abgeschoben, das weitab von den Eltern seine Angebote unterbreitet.

7.6. Mobile Jugendarbeit

Neben der Möglichkeit, Jugendarbeit in Jugendhäusern oder in »überdachten Ecken«, »Cliquentreffs« durchzuführen, soll noch eine weitere Variante kurz vorgestellt werden, die in der Jugendarbeit immer mehr Resonanz findet: mobile Jugendarbeit. Sie ist vor allem in ländlichen Regionen ein längst überfälliger Ansatz.[15] Mobile Jugendarbeit geht von folgenden Überlegungen aus:

1. In Dörfern und kleineren Ortschaften ist die Versorgung Jugendlicher durch Jugendarbeit mangelhaft. Jugendliche müßten oft beschwerliche Wege und lange Fahrtzeiten in Kauf nehmen, um in eine Einrichtung der Jugendarbeit zu gelangen. Für Kinder und jüngere Jugendliche hat diese Situation oft zur Konsequenz, daß Angebote der Jugendarbeit kaum wahrgenommen werden. Diese Tatsache war Anlaß, durch mobile Jugendeinrichtungen (Jugendbusse, Spielmobile, fahrbare Diskotheken) mit wechselnden Standorten, Kindern und Jugendlichen ein Angebot zu machen.

2. Große Einrichtungen der Offenen Jugendarbeit werden von vielen Jugendlichen nicht mehr angenommen. Sie favorisieren eher Klein- und Kleinsteinrichtungen wie Jugendtreff, Teestube, Bistro, Jugendraum. Diese Einrichtungen sind überschaubar und in ihrer Wohnnähe. Diese Eigenschaften machen die Attraktivität dieser Treffpunkte aus. Solche

15 Vgl. 5. Jugendbericht der Landesregierung Nordrhein-Westfalen. Hrsg.: Ministerium für Arbeit, Gesundheit und Soziales des Landes Nordrhein-Westfalen. Düsseldorf 1989, S. 96.

Angebote können einzelne Räume (»überdachte Ecken«) oder mobile Einrichtungen sein.

3. Viele Jugendhäuser befinden sich in der Krise, weil sie von Jugendlichen nicht aufgesucht werden. Häuser stehen leer, müssen geschlossen werden, weil ihr Angebot bei den Jugendlichen keine Resonanz findet. Diese Tatsache hat Jugendarbeiter veranlaßt, nicht auf den Besuch von Jugendlichen zu warten bzw. über deren Wegbleiben zu klagen; vielmehr haben sie die Treffpunkte der Jugendlichen aufgesucht und außerhalb ihres Hauses Angebote unterbreitet. Wenn Jugendliche nicht ins Haus kommen, muß Jugendarbeit zu den Jugendlichen gehen. Dieser mobile Einsatz – aus der Not geboren – muß als echte Alternative zum Jugendhaus verstanden werden.

7.7. Zusammenfassung

Von zentraler Bedeutung für Jugendarbeit ist das personale Angebot, die Frage nach den Mitarbeitern. Ein zweiter wichtiger Punkt ist das Raumangebot, die Möglichkeit Jugendlicher, sich Räume zu erschließen, sie zu besetzen und für sich als Handlungs- und Erlebnisfelder zu gestalten.[16]

Das Raumangebot kann Jugendlichen in vielfältiger Form gemacht werden. Drei Modelle bieten sich besonders an: Jugendhaus, Cliquentreff und mobile Jugendarbeit. Das hier besonders ausführlich behandelte Modell »Cliquentreff« bietet den Vorteil, daß jede Stadt und Gemeinde in der Richtung dieses Vorschlages mitarbeiten und Angebote für die Jugendlichen machen könnte. Es besteht ferner die Möglichkeit, den sogenannten Unorganisierten, die den größten Teil derjenigen ausmachen, die nicht in den Genuß der Gelder des Bundes- und Landesjugendplanes gelangen, bedürfnisorientierte Angebote zu unterbreiten. Des weiteren würde bei diesem Konzept der Diskussion um die Ganztagsschule weder vorgegriffen, noch würde dieses durch eine neue Schulkonzeption hinfällig werden, da es so mobil wäre, sich jeder neuen Situation ohne weiteres anpassen zu können. Man würde nicht Gefahr laufen, teure Freizeithäuser zu bauen, ohne zu wissen, ob diese nach einem möglichen neuen Schulkonzept ihre Aufgaben noch erfüllen könnten. Schließlich hätte dieser Vorschlag genügend Raum, dem primären Bedürfnis nach geselliger Kommunikation wie auch dem Interesse und der Notwendigkeit nach Handlungs- und Erlebnisfeldern gerecht zu werden.

16 Vgl. L. Böhnisch/R. Winter: Pädagogische Landnahme. Weinheim: Juventa 1990, S. 132 bis 135; H. Becker u. a.: »das hier ist unser Haus, aber ...« Frankfurt: päd. extra 1984; H. Becker u. a.: Pfadfinderheim, Teestube, Straßenleben. Frankfurt: päd. extra 1984.

8. Jugendarbeit mit Kindern

8.1. Problemskizze

Der Begriff »Jugendarbeit« bedeutet nicht die Einschränkung der Zielgruppe der dritten Lerninstitution nur auf Jugendliche. Wenn Jugendarbeit mit einer längerfristigen Konzeption arbeitet, gehören drei Altersgruppen dazu: Kinder, Jugendliche und junge Erwachsene. Lange Zeit hat sich Jugendarbeit hauptsächlich mit Jugendlichen beschäftigt. Zur Zeit beobachtet man einen Trend zu verstärkter Arbeit mit Kindern sowohl in den Jugendverbänden als auch in der kommunalen Jugendarbeit. Der Zielgruppe der jungen Erwachsenen wird kaum Aufmerksamkeit geschenkt. Vielfach engagieren sich Jugendliche in der Gruppen- und Clubarbeit, wenn sie aus beruflichen oder anderen Gründen diese Arbeit nicht weiterführen können, finden sich in der Jugendarbeit kaum Möglichkeiten, mit diesen jungen Erwachsenen weiterhin verbunden zu bleiben. Für diesen Personenkreis müßte Jugendarbeit Interessenkreise, Clubs, Gesprächsrunden, Treffpunkte etc. anbieten und die jungen Erwachsenen ein weiteres Stück ihres Lebens begleiten.

In den folgenden Kapiteln sollen die beiden Bereiche näher dargestellt werden, die in der Jugendarbeit vor allem anzutreffen sind: Jugendarbeit mit Kindern und Jugendarbeit mit Jugendlichen. Um die Ausführungen jedoch nicht zu allgemein und abgehoben zu gestalten, soll nicht das breite Spektrum möglicher Jugendarbeit mit Kindern und Jugendlichen dargestellt werden. Vielmehr möchte ich mich, um einigermaßen konkret zu bleiben, auf das Feld der kirchlichen Jugendarbeit beschränken. Da der größte Teil der Jugendarbeit von kirchlichen Trägern durchgeführt wird, ist es legitim, diese Einschränkung zu wählen. Kirchliche Jugendarbeit gestaltet sich konfessionsabhängig und wiederum sehr unterschiedlich. Auch hier möchte ich mich, um meine persönlichen Praxiserfahrungen besser einbringen zu können, weitestgehend auf die kirchliche Jugendarbeit im katholischen Bereich beschränken.

8.2. Bedeutung der Gruppe für Kinder

Kinder im Alter zwischen 9 und 12 Jahren befinden sich im sogenannten »Hordenalter«, deshalb ist es vertretbar, diese in Gruppen zusammenzufassen. Kinder- und Spielgruppen haben im Sozialisationsprozeß eine nicht geringe Bedeutung. Einige Funktionen sollen genannt werden:

Entwicklungspsychologischer Aspekt: Kinder entwickeln sich in einer Gruppe Gleichaltriger gesünder, robuster und vielseitiger. Soziales Verhalten wird erst im Umgang mit anderen Kindern gelernt und führt durch ständiges Üben zum sicheren Verhaltensrepertoire.
Psychologischer Aspekt: In der Bundesrepublik ist die Zweikinderfamilie typisch. Dabei besteht für die Kinder z.T. die Gefahr, daß sie sich zu sehr auf die gegengeschlechtliche Rolle der Eltern fixieren. Hinzu kommt der Aspekt der Geschwisterreihe. Das älteste Kind ist vielfach in seiner Rolle festgelegt: Es muß vernünftig sein, Rücksicht nehmen, mithelfen etc. Dadurch neigt es eher dazu, später konservativ und introvertiert zu werden. In einer Gruppe kann es aus dieser Rolle heraustreten und z.B. die des »jüngsten Kindes in der Gruppe« einnehmen.
Sozialpsychologischer Aspekt: Die Gruppe ermöglicht es den Kindern, ihre in der Familie festgeschriebene Rolle zu wechseln. Sie können bewußt »untertauchen« oder Führungsaufgaben übernehmen. Das Kind kann durch die Vielfalt der Rollen Positionen im Gruppensoziogramm anstreben, die es weder in der Familie noch in der Schule einnehmen kann.
Soziologischer Aspekt: Durch Spielen zu einer gesunden persönlichen Entwicklung zu gelangen ist aufgrund der kinderfeindlichen Wohnungs- und Arbeitssituation sowie der Einstellung der Umwelt zu den Kindern vielfach nicht möglich. Deshalb ist die Kindergruppe ein wichtiger Erziehungsfaktor. In der Gruppe dürfen die Kinder endlich einmal laut sein, sich austoben; es spielt jemand mit ihnen; Gruppenleiter haben Zeit für sie, sind für sie da; sie müssen sich nicht alleine beschäftigen; sie haben einen Raum oder auch ein Umfeld, wo sie unbehelligt von Nachbarn spielen dürfen.
Pädagogischer Aspekt: Wenn in der Kindergruppe das Spiel u.U. dominiert, ist es nicht bloß ein »sinnloses Tun«, sondern kann sehr wichtige pädagogische Funktionen erfüllen. Im Spiel werden Fähigkeiten entdeckt, entwickelt und gefördert, im Spiel können Mißerfolge kompensiert werden etc. Dadurch, daß in der Kindergruppe viel gespielt wird, leistet die Gruppe für die Persönlichkeitsentwicklung des Kindes einen wichtigen Beitrag.

Da die Gruppe also für die Entwicklung des Kindes zur Persönlichkeit nicht unwichtig ist und recht breiten Raum zum Lernen sozialen Verhaltens bieten kann, muß es ein Anliegen der Gemeinde sein, möglichst vielen Kindern dieses Angebot zu unterbreiten.

8.3. Werbung für die Gruppe

Das ist bei weitem keine leichte Sache. Ich möchte hier von einer Werbeaktion berichten, die ich selbst durchgeführt habe. Dabei sollen auch Schwächen und Fehler genannt werden, weil aus ihnen sicher am besten gelernt werden kann.

Es liegt nahe, bei der Werbung bereits bestehende Gruppen wie Schulklassen, Konfirmanden, Erstkommunionkinder etc. anzusprechen. Die letzteren wurden während ihres Unterrichts gefragt, ob sie Interesse hätten, in eine Frohschargruppe zu gehen. Das Ergebnis war gleich Null. Auf diese Weise kann man unmöglich Kinder ansprechen und sie für die Jugendarbeit interessieren. Wer kann sich schon etwas unter »Frohschar« vorstellen? Eine andere Art der Werbung bestand darin, daß man in einem groß angelegten Werbezug auf die beginnende Jugendarbeit aufmerksam machte. In den Schulklassen wurden Handzettel ausgeteilt, in den Schulen Plakate befestigt, gleichfalls an den Kirchentüren. Darüber hinaus wurde in allen Gottesdiensten auf die Gruppen hingewiesen und nochmals Handzettel und Informationsblätter ausgeteilt. Gemessen an dem Aufwand war das Ergebnis recht mager: 15 Kinder kamen.

Ich habe in einer anderen evangelischen Gemeinde auf ähnliche Weise für Gruppen geworben und mit dem gleichen dürftigen Erfolg: 8 Kinder meldeten sich an. Daraus ist zu folgern, daß auf diese Weise Kinder und Jugendliche nicht richtig für die Jugendarbeit angesprochen werden.

Nun allerdings den Schluß zu ziehen, Kinder und Jugendliche interessierten sich nicht für die Gruppenarbeit, sie seien heute schwer zu motivieren, halte ich jedoch für falsch.

Ich hatte bei der Werbung den Adressaten zuwenig berücksichtigt. Ein weiterer Werbeversuch sollte dies bestätigen. Nach dem ersten Fehlschlag ging ich in die Schulklassen und übernahm selbst eine Unterrichtsstunde. Hier wurde nun nicht über Jugendarbeit *gesprochen*, sondern Jugendarbeit *erlebt*. Es wurden Spiele gemacht, gerätselt, Wettkämpfe veranstaltet etc. Am Ende der Stunde wurden die Kinder eingeladen, am nächsten Tag (man darf den Zeitpunkt nicht zu lange hinauszögern), zu einem Treffpunkt zu kommen, um dort in Gruppen eingeteilt zu werden. Das Interesse war sehr groß, viele Fragen wurden gestellt: »Darf mein Freund auch mitkommen?« »Kostet das was?« »Machen wir die Spiele auch in der Gruppe?« »Muß man dann immer kommen, oder kann man auch fehlen?« usw. Den Kindern wurde noch ein kleiner Zettel mit nach Hause gegeben, auf dem der Treffpunkt und die genaue Zeitangabe mit Schreibmaschine (!) geschrieben waren. Es ist wichtig, daß die Zettel einfach und mit Maschine geschrieben sind, nicht mit der Hand und ohne Zierschrift, denn diese können Kinder nur schwer entziffern. Das Ergebnis war: 140 Kinder warteten am Treffpunkt. Bei einer zweiten ähnlichen Werbung zu einem späteren Zeitpunkt kamen noch einmal etwa 120 Kinder. Ich kann folgenden Schluß ziehen:

Die These, Kinder und Jugendliche sind für Jugendarbeit nur noch schwer ansprechbar, stimmte nicht. Wenn man die Kinder persönlich anspricht, sie erleben läßt, was man unter Jugendarbeit versteht, lassen sie sich begeistern und machen gerne mit.

8.4. Programme für Gruppen

8.4.1. Allgemeine Anregungen

Die Frage nach dem Programm ist für den Gruppenleiter sehr entscheidend. Er fürchtet, daß ihm die Ideen ausgehen werden, daß es immer schwieriger werden könnte, die Gruppe zu beschäftigen. Einige Anregungen sollen hier gegeben werden:

Erlebnis- und Handlungsfelder: Nach den anthropologischen Überlegungen braucht der Mensch vor allem Handlungs- und Erlebnisfelder. Diese Aussage sollte der Orientierungsrahmen für die Programmgestaltung sein. Kinder wollen in der Gruppenstunde etwas erleben, sie wollen aktiv sein.

Partnerschaftlichkeit: Gruppenarbeit ist nicht so zu verstehen, daß der Gruppenleiter denkt, plant und für die Gruppenstunde verantwortlich ist, daß die Kinder etwas geboten bekommen möchten. Gruppenarbeit soll die Teilnehmer befähigen, mitzudenken, zu planen und Verantwortung zu übernehmen. Erleben und Handeln beziehen sich auch auf die Mitarbeit.

Um mit einer Kindergruppe Partnerschaftlichkeit zu üben, kann man in folgenden Schritten vorgehen:

1. Schritt: Für die ersten Gruppenstunden wird der Gruppenleiter für die Gruppe stellvertretend entscheiden, was in der Stunde gemacht werden soll. Dabei geht er davon aus, daß die Kinder überfordert wären, sollten sie von Beginn an sagen können, was sie wollen. Sie müssen erst erleben, was möglich ist, und lernen, ihre Interessen anzumelden.

2. Schritt: Der Gruppenleiter wird immer mehrere Vorschläge gleichzeitig machen, damit die Mitglieder entscheiden können, was ihnen liegt. Auf diese Weise werden sie herausgefordert, ihre Meinung zu äußern und über die Gruppengestaltung mitzuentscheiden. Vielleicht kommen sogar neue Vorschläge oder Anregungen, die der Leiter auch unbedingt aufgreifen sollte. Dadurch werden die Kinder ermutigt, eigene Ideen einzubringen.

3. Schritt: Mit einigen Kindern, zunächst mit den aktiven, plant der Gruppenleiter gemeinsam die nächste Gruppenstunde. Die Kinder kommen zum Leiter nach Hause, und dort besprechen sie gemeinsam, was sie machen wollen. Bei der Durchführung helfen die Kinder kräftig mit. Sie sind mitverantwortlich für die Stunde.

4. Schritt: Es wird zur Regel, daß der Gruppenleiter immer mit zwei anderen Mitgliedern die nächste Stunde vorbereitet und mit diesen die Gruppe gemeinsam anleitet. Alle Kinder werden somit aktiv an der Programmgestaltung und -durchführung beteiligt. Der Gruppenleiter ist gleichfalls aktiv, indem er Ratschläge erteilt und die Kinder unterstützt, damit sie bei der Durchführung des Programms Erfolg haben.

5. Schritt: Einige Kinder planen allein eine Gruppenstunde, sie lassen sich vom Leiter beraten, Materialien geben, unterstützen usw.

6. Schritt: Die Gruppe hat es gelernt und sich darin geübt, Bedürfnisse und Interessen anzumelden bzw. so einzubringen, daß sie ihre Gruppenstunden eigenständig plant und durchführen kann.

8.4.2. Ideen für die Programmgestaltung

● *Spiele, Wettkämpfe, Quiz*

Spiele im Freien, Gesellschaftsspiele, Brettspiele, Quizrunden, Rätselrunde, Puzzle-Spiele, Hausstafette, Hausstationen mit Brettspielen, Postenlauf, Stadt-Rallye, Spiele-Casino, Zauberrunde usw.

● *Sport, Turniere*

Sport-Spiele, Gymnastik, Schwimmbad, Minigolf, Trimm-Dich-Pfad, Olympiade, Turniere aller Art (z.B. Fußballturnier, Fahrradturnier), Völkerball, Rollschuh-Hockey, Kegeln u.a.

● *Malen, Basteln*

Malen, Zeichnen, Comics malen oder zusammenstellen, Plakate entwerfen, Poster malen, Malwettbewerb, Brieffreundschaften, Basteln, Werken, Weihnachts- bzw. Osterkarten malen und verkaufen, Chemiekasten-Versuche, Mikroskop-Versuche, Elektrokasten-Versuche, Modelleisenbahn, Carrera-Autorennen usw.

● *Lesen, Diskutieren*

Diskutieren, Collagen erstellen, Interviews, Kurzgeschichten besprechen, Geschichten vorlesen oder erzählen, Märchenstunde, Vorlesewettbewerb, Kriminal- und Gespenstergeschichten vorlesen oder erzählen, Wandzeitung, Gruppenzeitung, Schriftstellerei, Pro- und Kontra-Diskussion, Redeschlacht, Fernsehgericht usw.

● *Bauen, Gestalten*

Seifenkistenrennen, Floß bauen, Hütte bauen, Drachen basteln, Segelflugzeug, Schiff basteln, Sammeln, Tauschen, Lieblingstiere vorstellen, Blumenpflege, Gräberbetreuung, Flohmarkt, Pfarrfest, Raumgestaltung, Putz- und Aufräumaktion usw.

● *Besichtigungen, Kurse*

Besichtigungen (Ausstellungen, Feuerwehr, Bibliothek, Polizei, Museum, Stadtverwaltung, Pfarramt, Bauernhof, Reitschule, Fabrik etc.), Veranstaltungen besuchen, Tierheimbesuche, Sternwarte, Zirkus, Erste-Hilfe-Kurs, Schminkkurs, Funkstation besichtigen, Eisdiele, Café, Zoobesuch, Kinobesuch, Kirmes-, Jahrmarktbesuch, Morsen, Sternkunde, Kompaßlehre, Verkehrserziehung, Gitarrenkurs usw.

● *Filme, Fotos*
Film ansehen, Ton-Bild, Kurzfilm, Fernsehsendung, Tonbandaufzeichnung, -aufnahmen, Foto- und Filmarbeiten, Fotolaborarbeiten, Foto- und Bildausstellung, Fotowettbewerb, Foto-Report usw.

● *Theater, Meditation*
Modenschau, Verkleidung, Kasperle-, Puppenspiel, Theater, Sketche, Rollenspiel, Planspiel, Gruppenparlament, Kreativitätsimpulse, Pantomime, Zirkus, Hörspiel, Yoga, autogenes Training, Meditation, Kinder- und Jugendgottesdienst usw.

● *Singen, Tanzen*
Singrunde, Instrumentalkreis, Hit-Parade, Pop-shop, Tanzstunde, Tanzveranstaltung, Tanzabend für Eltern, Kontakte zu anderen Gruppen usw.

● *Feste, Parties*
Kinderfest, Party, Geburtstagsfest, Witzrunde, Grillparty, Martinszug, Nikolausfeier, Adventsfeier, Weihnachtsfeier, Osterfeier, Muttertag, Elternnachmittag, Fastnachts- oder Karnevalsball usw.

● *Fahrten, Ferienlager*
Wanderung, Waldspaziergang, Heimatkunde, Naturkunde, Fahrradtour, Schneewanderung, Winterspiele, Nachtwanderung, Hüttenaufenthalt, Wochenendausflug, Zelten, Lagerfeuer, Bildersuchfahrt, Bootsfahrt, Wasserspiele usw.

● *Aktionen, Unternehmungen*
Altennachmittag, Besuch bei älteren Bürgern, Aktion »Ausländische Nachbarn«, Aktion »Gute Tat«, Geschenk- und Spendeaktion, Altpapier, Altkleidersammlung, Krankenhausbesuch, Aktion »Energie sparen«, Aktion »Sauberer Wald«, Umweltschutzaktionen, Soziale Aktion, Schulaufgabenhilfe, Aktion »Dritte Welt« usw.

● *Fernsehshows*
Allein gegen Alle, Dalli-Dalli, Montagsmaler, Pyramide, Der große Preis, Auf los geht's los, Alles oder Nichts, Wetten, daß . . . usw.

Diese 185 Tips sind eigentlich nur Oberbegriffe, sie können weiter unterteilt werden, z. B.:

● Basteln: mit Holz, Ton, Papier, Stroh, Leder, Silberdraht, Stoff usw.

● Spiele (drinnen): Gesellschaftsspiele, Brettspiele, Ratespiele usw.; Spiele (draußen): Laufspiele, Bewegungsspiele, Suchspiele, Ballspiele usw.

● Besichtigung: Was gibt es in einer Stadt/einem Ort alles an Sehenswürdigkeiten? Handwerksbetriebe, Künstler, Zeitungsredaktion, Rotes Kreuz, Feuerwehr, Polizei, Fabrik, Bauernhof, Friedhof, Museum, Ausstellungen usw.
Mit ein wenig Phantasie lassen sich weit über 200 Ideen für die Programmgestaltung zusammentragen. Sicher haben die Gruppenmitglieder ebenfalls viele Ideen, so daß keine Langeweile aufkommt.[1]

8.5. Gewinnung und Schulung von Gruppenleitern

Man kann in der Gemeinde bereits engagierte Erwachsene sowie Vorsitzende von Vereinen (Mütterverein, Kirchenchor, auch nichtkirchliche Vereinigungen) nach Adressen von Jugendlichen fragen, die sie kennen und die sie für eine Mitarbeit in der Jugendarbeit für aufgeschlossen halten. Auf diese Weise bekommt man eine Liste von Namen möglicher Mitarbeiter. Je nach Anzahl der genannten Namen können sich einige Erwachsene (z.B. Pfarrer, Lehrer, Kindergärtnerin) die Arbeit teilen, und jeder sucht die Jugendlichen auf, die ihm persönlich bekannt sind. Auf diese Weise kann man in kürzester Zeit viele Jugendliche ansprechen. Ob man sie für eine Mitarbeit in der Jugendarbeit allerdings gewinnen kann, hängt von folgenden Voraussetzungen bzw. Bedingungen ab:

- Jugendliche müssen persönlich angesprochen werden.
- Es ist von Vorteil, gleichfalls die Eltern über das Vorhaben zu informieren.
- Es müssen klare Vorstellungen von Jugendarbeit im allgemeinen und vom Arbeitsbereich im speziellen entwickelt sein.
- Jugendliche lehnen eine Mitarbeit aus sachlichen Gründen ab (wenn sie sich z.B. Gruppenarbeit mit Kindern nicht zutrauen). Fehlende Kenntnisse in der Gruppenarbeit sollten in einer Schulung mit den Jugendlichen abgebaut werden.
- Ein Hinweis auf evtl. Schulung andernorts schreckt die Jugendlichen eher ab, als daß er sie motiviert. Es ist daher wichtig, die Schulung an Ort und Stelle (d.h. in der Gemeinde) anzubieten.
- Sehr interessiert sind junge Menschen an Gruppenpädagogik, Spielpädagogik, Soziologie, Psychologie, allgemeiner Pädagogik etc., da diese Kenntnisse ihnen Sicherheit in ihrer Arbeit vermitteln.
- Für ein Angebot, die ersten Gruppenstunden mit allen Gruppenleitern gemeinsam vorzubereiten, sind die Jugendlichen sehr dankbar; es nimmt

1 Vgl. J. Schilling: 3 × 52 Gruppenstunden. Ideen und Tips für den Gruppenleiter. München: Kösel 1987[4]; J. Schilling: Leitfaden für Gruppenleiter. München: Kösel 1987.

ihnen die Angst, was und wie sie mit Kindern in Gruppen arbeiten bzw. umgehen sollen.

● Es empfiehlt sich in jedem Fall das Angebot an die Jugendlichen, die Gruppe zu zweit übernehmen zu dürfen. Dadurch werden anfängliche Unsicherheiten überwunden.

● Wichtig scheint auch die Überlegung, unbefangen und ohne jedes Vorurteil allen Jugendlichen die Chance einzuräumen, mitmachen zu können und zu dürfen. Oft haben Gemeinden Schwierigkeiten, Jugendleiter zu finden, weil sie sich nicht von Vorurteilen gegenüber Jugendlichen oder deren Elternhaus freimachen können. Werden diese Punkte berücksichtigt, wird die These von der Passivität und dem Konsumverhalten junger Menschen nicht aufrecht erhalten bleiben. Meist sind sie durchaus bereit, sich zu engagieren, jedoch erwarten die jungen Menschen ein sachliches Angebot und Verständnis für ihre anfänglichen Hemmungen und Schwierigkeiten.

Die wichtigsten Punkte bei der Werbung von Gruppenleitern sind daher: *Konzept, Schulung sowie die Möglichkeit, die Gruppe zu zweit zu führen.* Die beiden ersten Bedingungen dürften wohl kaum umstritten sein, während manche an der dritten Voraussetzung evtl. Zweifel anmelden mögen. Als Einwände stehen u. a. die Überlegungen: Es könnte Rivalität unter den beiden Leitern entstehen; die Gruppe neige mehr zu einem der beiden Leiter; die Gruppe könnte sich spalten; die Gruppenmitglieder könnten die Gruppenleiter gegeneinander ausspielen; die Gruppenleiter könnten sich gehemmt fühlen etc.

Demgegenüber stehen die Argumente: Ein Jugendlicher hat zunächst Angst, alleine eine Gruppe zu führen, und begrüßt es, wenn er mit einem anderen, den er sich selbst suchen darf (das ist wichtig), zusammen eine Gruppe übernehmen kann. Man muß ebenfalls davon ausgehen, daß Jugendliche bereits einen recht gefüllten Terminkalender haben. Wird eine Gruppe zu zweit geführt, ist der Zeitaufwand für den einzelnen nicht allzugroß, da man sich sowohl in der Vorbereitung als auch in der Durchführung der Gruppenstunden u. U. abwechseln kann. Außerdem können zwei Gruppenleiter den einzelnen Mitgliedern mehr Zuwendung geben, ihnen u. U. besser raten und helfen. Wichtig ist das regelmäßige Abhalten der Gruppenstunden, da sonst die Gefahr des Auseinanderfallens der Gruppe zu groß ist. Zwei Gruppenleiter garantieren dies weit eher als ein einzelner. Mir scheint, daß mehr *für* als gegen eine Doppelbesetzung spricht.

Ein weiteres Problem ist die Frage nach dem Alter der Gruppenleiter(innen). Welche Altersstufen kommen für eine Gruppenleitung in Frage? Die Jugendverbände wünschen, daß ein Jugendlicher mindestens 16 Jahre alt sein sollte, sind jedoch bereit, Ausnahmen zu gestatten. Gegen diese Richtlinien der Jugendverbände ist grundsätzlich nichts einzuwenden.

Die Situation ist jedoch eine andere, wenn man von der Frage ausgeht:

Welche Altersstufe bietet für eine längerfristige Planung am ehesten die Gewähr, über einen längeren Zeitraum hinweg in der Jugendarbeit tätig zu sein? Ganz sicher fällt bei diesen Überlegungen die Altersstufe der 19- bis 20jährigen aus, denn diese Jugendlichen stehen vor dem Abitur oder dem Abschluß der Lehre und werden danach in der Regel zur Bundeswehr eingezogen. Bei Jugendlichen über 20 Jahren habe ich die Erfahrung gemacht, daß diese bereits einer anderen Generation angehören und z.T. die 13- bis 14jährigen Jugendlichen nicht mehr verstehen. Diese Altersstufe bietet sich daher nicht besonders für die Gruppenarbeit an. Folglich bleibt die Altersstufe der 14- bis 18jährigen. Sicher gibt es Bedenken gegen den Plan, 14- bis 18jährige Jugendliche als Gruppenleiter einzusetzen: Diese Jugendlichen haben selbst viele Probleme, sind noch nicht »fertig«, suchen nach Vorbildern, werden in der Aufgabe überfordert etc. Diese Einwände sollte man nicht leichtfertig überhören.

Trotzdem glaube ich, gibt es gute Gründe, unter bestimmten Voraussetzungen auch bereits jüngere als 16jährige Jugendliche als Gruppenleiter einzusetzen. Wenn jugendliche Leiter unter pädagogischer Führung beraten, betreut und ausgebildet, wenn die Leiter(innen) durch ein entsprechend attraktives Freizeitangebot darüber hinaus als eigener Kreis oder Club zusammengeschlossen werden, dann erscheint es mir möglich und richtig, diese Jugendlichen als Gruppenleiter(innen) einzusetzen. Werden beide Bedingungen erfüllt – *pädagogische Betreuung und Freizeitangebot* –, dann dürfte auch ein längerfristiges Vorhaben gesichert sein.

Die Tatsache, daß es nicht leicht ist, Jugendliche für die Leitung von Gruppen zu finden, ist nicht als Vorwurf an die Jugendlichen gedacht. Es versteht sich, daß ein Jugendlicher u.a. Hemmungen und Angst davor hat, eine Gruppe zu übernehmen; denn ihm fehlen die Voraussetzungen für einen solchen Einsatz. Diese Einstellung Jugendlicher ist nur zu begrüßen, wenn sie mit der Einsicht verbunden ist, daß zur Leitung einer Gruppe ein bestimmtes Sachwissen vonnöten ist. Deshalb ist eine systematische Schulung der Gruppenleiter unbedingt notwendig. Wer kann eine Schulung durchführen? Wo sollte sie stattfinden? Was sollte geboten werden? Diese Fragen sollen im folgenden beantwortet werden.

8.6. Schulung von Gruppenleitern »vor Ort«

Nicht jede Gemeinde hat eine ausgebildete Fachkraft hauptamtlich angestellt, die diese Aufgaben übernehmen kann. Es sei denn, mehrere Gemeinden schließen sich zusammen und stellen eine hauptamtliche Kraft für Jugendarbeit ein.

Geht man von der Mehrheit der Fälle aus, so verfügen die meisten Gemeinden über keine hauptamtliche Fachkraft. Wer könnte in diesem Fall die Leiterschulung übernehmen? Jeder Jugendverband (man sollte sich unbedingt einem Jugendverband als Mitglied anschließen) hat ausgebildete Fachkräfte angestellt und bietet regelmäßig auch in der Region, zu der die Gemeinde gehört, Schulungen für Gruppenleiter an. Daneben gibt es in vielen kirchlichen Dekanaten Teams, die ebenfalls Gruppenleiterschulungen durchführen.

Diese Angebote müssen für die einzelnen Gemeinden jedoch nicht unbedingt von Vorteil sein. Sie finden mitunter zu selten statt. Ist man auf diese Angebote angewiesen, bedeutet das für eine Gemeinde: Es muß eine recht gute Planung in der Jugendarbeit geben; denn die Gruppenleiter müssen zeitig angesprochen und ihnen muß der Termin der nächsten Leiterschulung mitgeteilt werden. Dieses Vorgehen bereitet allerdings aus der Sicht des Jugendlichen einige Schwierigkeiten.

- Er möchte sich im voraus nicht gerne festlegen.
- Er hat Hemmungen, allein an einer Leiterschulung teilzunehmen.

Diese Einwände Jugendlicher mögen, objektiv gesehen, unbegründet sein, sie haben aber für den Jugendlichen solches Gewicht, daß er aus diesen Gründen lieber auf eine Mitarbeit verzichtet. Hierin liegen vielfach die Schwierigkeiten, warum z. T. Jugendliche nur schwer zu motivieren sind, sich in der Jugendarbeit zu engagieren. Deshalb schlage ich einen anderen Weg vor, den ich mit bestem Erfolg mehrfach erprobt habe.

Zwei Wege bieten sich an: Man versucht mehrere Jugendliche gleichzeitig zu gewinnen (die praktisch in einer Clique ihre Angst oder Hemmungen überwinden), an einer Schulung teilzunehmen. Kann man zu mehreren ein Wochenende wegfahren, bekommt die Schulung einen ganz anderen, reizvolleren Aspekt. Viele Verantwortliche einer Gemeinde mißtrauen allerdings diesen Motiven Jugendlicher und lehnen nicht selten einen solchen Vorschlag ab.

Einen zweiten Weg will ich vorschlagen, dem ich große und reelle Chancen einräume, sehr effektiv für die Jugendarbeit einer Gemeinde zu sein. Es empfiehlt sich, die Leiterschulung am Ort, in der Gemeinde, mit eigenem Personal durchzuführen. Wie ist das zu bewerkstelligen? Wichtig ist, daß in der Gemeinde Personen gefunden werden, die diese Aufgabe übernehmen können. Welche Personen kommen dafür in Frage? Kindergärtnerinnen, Lehrer, Erwachsene mit einem für Jugendarbeit interessanten Hobby, Sozialarbeiter, Sozialpädagogen, Fürsorgerinnen (auch ehemalige) und andere Erwachsene, die im erzieherischen Bereich tätig sind oder waren. Es gilt also, den jetzigen oder früheren Berufsstand von Gemeindemitgliedern ausfindig zu machen. Unterzieht man sich dieser Mühe, wird man überrascht sein, wieviel potentielle Mitarbeiter in der Gemeinde wohnen. Dies besagt nun natürlich noch nicht, daß sie zur Mitarbeit bereit sind. Will man sie gewinnen, sind einige Bedingungen zu erfüllen:

- Von seiten der Gemeindeleitung dürfen keine Vorurteile gegen die Personen bestehen bzw. sie müßte diese abbauen und den Betreffenden unvoreingenommen begegnen.
- Für die betreffenden Personen sollte die Mitarbeit keinen zu großen Zeitaufwand bedeuten. Konkret besagt dies, daß sie vielleicht einmal im Monat zwei Stunden den Gruppenleitern über ein von ihnen gewähltes und für die Gruppenleiter relevantes Thema eine Schulung geben. Erklären sich vielleicht zwei Erwachsene zur Mitarbeit bereit, kann der eine mehr die theoretische Unterweisung und der andere die mehr praktische Anleitung übernehmen. Das bedeutet, daß die Leiterschulung sogar 14täglich stattfinden kann.

Sicher wird es nicht schwierig sein, jemanden zu finden, der z. B. Basteltips an die Gruppenleiter weitergibt. Man soll dabei auch ruhig an Männer und nicht nur an Frauen denken. Es ist also durchaus möglich, mehrere Erwachsene für Bastelarbeiten und andere Hobbies zur Mitarbeit zu finden, die dann vielleicht zweimal im Jahr aus ihrem »Spezialgebiet« Tips und Anregungen geben.

Bezüglich der theoretischen Unterweisung mag es bereits etwas schwieriger sein, Mitarbeiter zu finden. Doch auch hier sollte man nicht zu ängstlich sein. Es liegt für die Gruppenleiterschulung recht gutes und praxisbezogenes Buchmaterial vor, anhand dessen Erwachsene, denen die Materie nicht ganz fremd ist, sich relativ leicht orientieren und einarbeiten können. Es kommt nicht einmal so sehr darauf an, daß der Erwachsene die Thematik einwandfrei beherrscht. Mitunter ist ein gemeinsamer Lernprozeß viel erfolgreicher. Die Vorstellung Erwachsener, sie müßten stets besser orientiert sein als Jugendliche, ist sicher falsch und inzwischen in vielen Bereichen längst überholt. Vielleicht macht es auf Jugendliche einen sehr nachhaltigen Eindruck, wenn Erwachsene mit ihnen gemeinsam anhand eines Buches z. B. Gruppendynamik studieren und sich Gedanken machen, wie die Theorie in die Praxis umgesetzt werden kann.

Diese Überlegungen lassen eine weitere Bedingung erkennen: Erwachsene können zur Mitarbeit in der Jugendarbeit nur dann gewonnen werden, wenn ihr Engagement in ein Konzept eingebettet ist; wenn die betreffende Gemeindeleitung weiß, was sie will, und weiß, wie sich die Erwachsenen konkret einsetzen lassen. Ist das der Fall, kann man davon ausgehen, daß Erwachsene sich nicht weigern werden.

Ist nun trotzdem in einer Gemeinde kein Erwachsener zur Mitarbeit bereit, dann sollte man sich intensivst nach den Gründen fragen. Ergibt diese Analyse, daß tatsächlich kein geeigneter Erwachsener in der Gemeinde wohnt, dann bietet sich immer noch die Möglichkeit, mit anderen Gemeinden zusammenzuarbeiten; denn es ist kaum vorstellbar, daß in mehreren Gemeinden niemand wohnt, der sich in der vorgeschlagenen Weise in der Jugendarbeit engagieren könnte. Ich betone »könnte«; denn vielfach liegt es nicht an den Erwachsenen, die oft zur Mitarbeit bereit sind, sondern es liegt an der Gemeindeleitung, die entweder nicht die Notwendigkeit der Jugendarbeit einsieht oder aber Erwachsene nicht gerne mitarbeiten läßt. Es stellt sich also die Frage nach der Wichtigkeit. Welchen Stellenwert wird der Jugendarbeit in der Gemeinde eingeräumt?

Damit soll nun nicht gesagt sein, daß der Gemeindevorsteher alles machen soll, daß er gleiches Interesse für Alten-, Mütter- und Jugendarbeit haben muß. Das kann er unmöglich. Worum es geht ist, daß er die Wichtigkeit von Jugendarbeit erkennt und alles dafür tut, sofern er sich nicht selbst für kompetent hält, daß er geeignete Mitarbeiter findet, an die er die Aufgabe delegieren kann. Diese Forderung allerdings kann man an jeden Gemeindevorsteher unabdingbar stellen.

Gehen wir noch einmal zum Ausgangspunkt unserer Überlegungen zurück. Es ging mir darum, nachzuweisen, daß es unter Umständen von großem Vorteil für die Jugendarbeit einer Gemeinde sein kann, wenn die Gruppenleiterschulung am Ort, in der Gemeinde, von Erwachsenen aus der Gemeinde durchgeführt wird. Welche Vorteile hat dieser Vorschlag?

● Jugendarbeit wird durch die Mitarbeit von Erwachsenen nicht in einen Sonderbereich abgedrängt, einen »Schonraum« oder auf eine wenig ernstzunehmende »Spielwiese«, wo die Jugendlichen beschäftigt sind und möglichst wenig Schaden anrichten können.

● Durch das Engagement von Erwachsenen wird Jugendarbeit für viele Eltern und Gemeindemitglieder durchsichtiger. Vorurteile können eher abgebaut werden, und die Jugendarbeit wird insgesamt aufgewertet.

● Erwachsene können der Jugendarbeit eher Rückhalt geben und sie vor Angriffen aus der Gemeinde schützen.

● Die Leiterschulung wird zu einer regelmäßigen Einrichtung, bei der die Gruppenleiter auf lange Sicht hin mehr lernen können als auf einmaligen Kursen. Sie wird zu einem wichtigen Treffpunkt aller aktiven Jugendlichen; sie können ihre Probleme mit der Gruppe besprechen, gemeinsame Programme planen und ihre Arbeit koordinieren.

● Durch regelmäßige Treffen werden das Wir-Gefühl und die Verantwortung für die Jugendarbeit bei den Jugendlichen gefördert. Ist die Leiterrunde attraktiv, dürfte die Nachfrage den Bedarf an Gruppenleitern vielleicht sogar übertreffen. Diese Vorteile legen die Empfehlung nahe, daß jede Gemeinde versuchen sollte, eine eigene Leiterschulung einzurichten. Dies schließt natürlich nicht aus, daß z. B. die ganze Leiterrunde regelmäßig an den vom Jugendverband angebotenen Schulungen teilnimmt. Es ist sogar wahrscheinlich, daß die Gruppenleiter aus sich heraus den Wunsch äußern, ebenfalls an den Schulungen teilnehmen zu dürfen. Sie würden dabei über ihren »Kirchturm« hinaussehen, andere Gruppenleiter kennenlernen, Erfahrungen austauschen und Neues hinzulernen.

8.7. Konzept einer Gruppenleiterschulung

Daß eine Schulung und möglichst eine kontinuierliche Schulung in der Gemeinde sinnvoll und notwendig ist, dürfte wohl kaum bestritten werden. Wie soll nun eine solche Leiterschulung aussehen? Was soll in ihr angeboten werden? Grundsätzlich wird eine regelmäßige Leiterschulung folgende Ziele verfolgen:

- Die Leiterschulung sollte mit dem *»Bericht aus der Gruppe«* beginnen. Der Gruppenleiter hat Gelegenheit, über Probleme in seiner Gruppe zu erzählen oder von Erfolgen zu berichten. Dieser »Bericht aus der Gruppe« erfüllt sehr wichtige Funktionen: Der Gruppenleiter kann sich seinen Ärger und seine Probleme mit der Gruppe von der Seele reden. Dieser Vorgang ist sehr bedeutsam, denn er lernt dadurch nicht nur, sich auszudrücken und Probleme zu formulieren, sondern durch das Sprechen redet er sich auch frei, die Frustration ist dann für ihn nicht mehr so groß. Durch den Bericht aller Gruppenleiter erlebt er selbst, daß andere ebenfalls Probleme haben, daß er nicht ganz alleine steht. Das führt zu Solidarität und gegenseitiger Hilfe.

  Gespräche über Probleme und Erfolge haben nicht nur einen informativen Wert, sie helfen auch, Probleme und ihre Ursachen zu erkennen, Erfolge anzustreben, Anregungen aufzugreifen und umzusetzen. Die Arbeit einzelner Gruppen wird durchsichtiger und für Erwachsene verständlicher. Sie können ihre Beratung gezielter anbieten und einsetzen.
- Neben diesem »Bericht aus der Gruppe« können einzelne *Gruppenprogramme* geplant bzw. angeregt oder vielleicht sogar ein Wochen- oder Monatsprogramm für alle Gruppen erarbeitet werden. Damit wird den Gruppenleitern nicht nur geholfen, werden ihnen nicht nur Anregungen für die nächsten Gruppenstunden gegeben, sondern die Jugendarbeit bekommt einen Rahmen der Offenheit und Überschaubarkeit. Kinder, Eltern und die Gemeinde werden über die Gruppenaktivitäten und -programme informiert. Auf diese Weise wird gleichzeitig Öffentlichkeitsarbeit betrieben, die in der Jugendarbeit allzuoft vernachlässigt wird, dabei aber sehr wichtig ist.
- Als dritte Bedingung ist zu nennen: *Eine Leiterschulung muß Kenntnisse vermitteln.* An welche Kenntnisse ist da gedacht? Es ist falsch, speziell nur an Wissensvermittlung zu denken. Die Schule übernimmt diese Aufgabe über Gebühr, so daß eine Gruppenleiterschulung nicht in einen

Schulbetrieb »ausarten« darf. Dies ist wichtig für die Erwachsenen zu wissen, die diese Schulung leiten:

- Es geht nicht um abfragbares Wissen.
- Es gibt keine Benotung.
- Es gibt keine Reglementierung und Disziplinierung.
- Es gibt keine Bevormundung.

Die Gruppenleiter engagieren sich freiwillig in ihrer Freizeit für fremde Kinder. Das verdient nicht nur Respekt und Anerkennung, sondern damit werden die Jugendlichen auch Mitarbeiter und Partner der Erwachsenen.

Es geht in der Leiterschulung also nicht primär um Wissensvermittlung. Ich glaube, daß vor dem Wissen die Erfahrung steht. Die Leiterschulung führt als erstes zu originären Erfahrungen, die für die Persönlichkeitsentwicklung des Menschen sehr wichtig und bedeutungsvoll sind. Diese originären Erfahrungen führen ein wenig von der »Verkopfung« durch die Schule weg und tragen dafür mehr zur Entfaltung des Gemütes bei. Wie verwirklicht man in der Leiterschulung dieses Ziel? Es sind dies die Bereiche des Spiels, des Musischen, Kreativen und Phantasievollen, die gefördert werden sollen. Es ist allerdings nicht möglich, in diesem Rahmen ganze Programme zu diesem Thema zu entwickeln. Hier seien nur einige Stichworte zu diesen Bereichen genannt. Die Gruppenleiter sollen zuerst selbst die Erfahrung gemacht haben, daß eine Sache Freude bereitet, bevor sie diese an ihre Gruppen weitergeben. Deshalb soll in der Leiterschulung gespielt, gesungen, Musik gemacht, Geschichten vorgelesen und erzählt werden; mit den verschiedensten Medien experimentiert und mit viel Materialien gebastelt werden. Wird dies in der Leiterschulung durchgeführt, wird der Erwachsene eine Überraschung erleben: Die jungen Menschen entwickeln ein großes Nachholbedürfnis und fallen z. T. in die »Kinderstufe« zurück. Das mag einen Erwachsenen zunächst schockieren, denn er hat verantwortliche Jugendliche erwartet, mit denen er partnerschaftlich umzugehen gedachte. Hier muß der Erwachsene sich vor Urteilen und Wertungen hüten. Diese Phase des Zurückfallens in die Kinderstufe ist nicht nur für Gruppenleiter wichtig, damit sie ihre Gruppenmitglieder besser verstehen können, sondern ist, entwicklungspsychologisch gesehen, ein sehr gesundes und heilendes Verhalten, das man nur sehr vielen oft allzu früh alt und vernünftig gewordenen Erwachsenen wünschen kann. Nicht umsonst verspricht man sich in der Psychiatrie von einer Tanz- und Spieltherapie wie von Arbeiten mit Materialien wie Ton und Holz eine heilende Wirkung.

Soll die Leiterschulung sich also in diese gerade beschriebene Richtung entwickeln, braucht der Erwachsene keine Panik oder Angst zu bekommen, weil dieses Verhalten dem des Schulischen so fern ist, sondern er soll sich darüber freuen und sich unbedingt davon anstecken lassen und mitmachen; denn dieser originären Erfahrungen bedarf er notwendig, um die Jugendlichen und die Kinder in den Gruppen besser verstehen zu können.

Es geht nicht primär um *Verstandeswissen,* sondern um *Menschlichkeit,* die andere versteht, um Beziehungen, auf die man eingehen kann. Es geht um Menschen, die bereit sind, mit den jungen Menschen zu lernen, zu experimentieren, originäre Erfahrungen zu sammeln, kreativ und schöpferisch zu sein.

● Eine vierte Bedingung soll eine Leiterschulung erfüllen: *die Befriedigung des Bedürfnisses* der Jugendlichen *nach Geselligkeit.* In der Jugendkunde besteht Einhelligkeit darüber, daß die personen-, cliquen- und gesellungsorientierten Aktivitäten gegenüber den sachorientierten Angeboten in der Jugendarbeit dominieren. Wenn das ein allgemeines Bedürfnis Jugendlicher ist, muß man auch davon ausgehen, daß die jugendlichen Gruppenleiter dieses Bedürfnis in die Leiterschulung mit einbringen. Das besagt:

- In der Leiterrunde soll man diesem Bedürfnis nach Geselligkeit nachkommen dürfen. Wird dies von der Leitung verhindert, werden die Gruppenleiter wenig Freude an der Leiterschulung haben und dementsprechend auch seltener daran teilnehmen.
- Die Leiterrunde muß attraktiv sein. Wenn junge Menschen ihre Freizeit für die Jugendarbeit »opfern«, dann soll dieser Einsatz auch in der Weise honoriert werden, daß die Leiterrunde für sie eine wichtige Bezugsgruppe und ein gern aufgesuchter Treffpunkt wird.

Deswegen soll die Leiterschulung neben »Bildungsangeboten« auch unbedingt »Freizeitangebote« machen, d. h., die Runde der Gruppenleiter muß quasi als eigene Gruppe, Clique oder Club verstanden werden, der für sie selbst Angebote macht. Diese Angebote können etwa darin bestehen, daß man ein Wochenende auf einer Hütte verbringt, einen Ausflug macht, gut Essen geht, eine Party veranstaltet, Kegeln oder Minigolf spielt, ins Theater geht, sich einen Film ansieht und andere Dinge mehr. Diese Angebote sind insofern wichtig, als sie die Gruppenleiter für ihren Einsatz in der Jugendarbeit etwas entschädigen, ihnen etwas Freude bereiten und die Runde zu einem guten Zusammenhalt findet, ein Team entsteht und darüber hinaus durch diese Attraktivität die Leiterrunde für sich selbst wirbt, so daß man ziemlich sicher sein kann, daß sich genügend Jugendliche zur Mitarbeit finden werden.

● Als letztes soll nun nochmals auf den Aspekt der *Wissensvermittlung* verwiesen werden. Ich stelle ihn hier bewußt an den Schluß der Überlegungen.

Wie diese Wissensvermittlung in einem Schulungsprogramm konkret aussieht, kann hier nur angedeutet werden.

- Der Gruppenleiter und seine Gruppe (Was erwartet er von seiner

Gruppe? Was meint er, werden die Kinder von ihm und der Gruppe erwarten? Was muß er rechtlich über Aufsichtspflicht, Haftpflicht u. a. Fragen wissen? Was muß er über den Jugendverband wissen?),
- Ziele und Aufgaben von Jugendarbeit,
- Kreativität und Phantasie,
- Spielpädagogik,
- Einführung in die Gruppenpädagogik und Gruppendynamik,
- Einführung in die Pädagogik (Erziehungsziele und -stile),
- Einführung in die Psychologie (Entwicklungs- und Lernpsychologie).[2]

8.8. Jugendverbandsarbeit

Es mag vielleicht der Eindruck entstanden sein, daß hier die Jugendgruppe vor Ort, d.h. die Gemeindejugend favorisiert wird. In einigen Diözesen besteht dieser Trend: weg vom Jugendverband und hin zur Gemeindejugend. Diese Entwicklung halte ich nicht für glücklich und möchte sie auch nicht unterstützen. Jede Gemeinde sollte ihre Jugendarbeit innerhalb eines Jugendverbandes anbieten. Das schließt nicht aus, vielmehr ein, daß sich diese Jugendverbandsgruppe in der Ortsgemeinde engagiert und sich dort beheimatet fühlt. Die Jugendverbandsarbeit darf nicht so verstanden werden, daß sie an keine Gemeinde gebunden wäre und in einem undefinierten Raum arbeite. Gerade in einer Zeit der Heimatlosigkeit ist das Zugehörigkeitsgefühl zu einer Gemeinde sehr wichtig.

Welche Aufgaben haben Jugendverbände? Wie nützen sie dem Gruppenleiter? Einige Aufgabengebiete der Jugendverbände seien genannt:

1. Jugendverbände ermöglichen Kontakte und Erfahrungsaustausch über die eigene Gruppe hinaus.
2. Jugendverbände sind ein Sprachrohr der Jugendlichen in Kirche und Gesellschaft.
3. Jugendverbände ermöglichen das Lernen sozialen, religiösen und politischen Verhaltens.
4. Jugendverbände erstellen Informations- und Arbeitsmaterial, Schulungs- und Bildungsangebote.
5. Für bestimmte Projekte, Aktionen oder Unternehmungen vermitteln sie finanzielle Unterstützung, z.B. für Schulungen, Ferienlager, Material- und Sachbeschaffung.
6. Die Mitglieder werden durch eine Verbandszeitschrift über alle wichtigen Ereignisse informiert.

2 Vgl. J. Schilling: Leitfaden für Gruppenleiter. München: Kösel 1987.

7. Der Gruppenleiter und die Gruppenmitglieder sind durch ihre Mitgliedschaft automatisch versichert.
8. Der Gruppenleiter erhält einen Gruppenleiterausweis, der ihm und seiner Gruppe bei städtischen und öffentlichen Einrichtungen Vorteile verschafft, z. B. verbilligte Eintrittspreise.

Darüber hinaus werden durch die Mitgliedschaft die Jugendverbände gestärkt, so daß sie in jugendpolitischen Fragen auf Landes- und Bundespolitik über den Landes- und Bundesjugendring, in dem alle Jugendverbände zusammengeschlossen sind, Einfluß nehmen können. Aus diesen Gründen ist eine Mitgliedschaft in einem Jugendverband sehr zu empfehlen.

Natürlich ist nicht alles Gold, was glänzt. Auch die Mitgliedschaft in Jugendverbänden hat Nachteile und Schattenseiten. Obwohl die Jugendverbände demokratisch organisiert sind, treffen im Grunde nur Verbandsfunktionäre Entscheidungen. Einem »einfachen« Gruppenleiter fehlt oft der Durchblick, er kennt die politischen Taktiken nicht, beherrscht die Fachsprache nicht und hat gar nicht die notwendige Zeit, um sich so zu informieren und vorzubereiten, daß er tatsächlich mitreden und entscheiden könnte. Insofern besteht hier ein Widerspruch zwischen Anspruch und Wirklichkeit.

Da die Jugendverbände in den einzelnen Gremien der verschiedenen Stufen gewählte Vertreter aus der Jugendarbeit brauchen, liegt eine Gefahr darin, daß Gruppenleiter für andere und weitere Aufgaben im Verband geworben werden. Manchem Gruppenleiter geht es dabei dem Sprichwort gemäß: Zuerst reicht man ihnen den kleinen Finger, dann wollen sie die ganze Hand.

So gut das demokratische Prinzip der Jugendverbände ist, so gefährlich kann es für den Gruppenleiter sein, z. B. daß er sich verzettelt, indem er immer mehr Aufgaben übernimmt und frühzeitig »verheizt« wird.

8.9. Zusammenfassung

Kinderarbeit gehört zur Jugendarbeit. Dies ist jedoch nicht alternativ zur Arbeit mit Jugendlichen zu verstehen, sondern in einem langfristig angelegten Konzept sollte Jugendarbeit beide Zielgruppen einbeziehen.

Für die Betreuung von Kindergruppen müssen die Gruppenleiter gut ausgebildet werden. Schulungen bieten Jugendbüros und Jugendverbände an. Zu denken ist auch an eine kontinuierliche Schulung vor Ort, die von Erwachsenen aus der Gemeinde durchgeführt werden kann.

Voraussetzung für die Gewinnung von Jugendlichen als Gruppenleiter ist: Der Jugendarbeiter muß ein Konzept haben; er muß Schulung, ständige Betreuung sowie Clubs und Treffs für die Gruppenleiter anbieten. Ob sich Jugendliche engagieren ist vielfach eine Frage der guten Beziehungen zum Jugendarbeiter und zu den anderen Gruppenleitern. Ist die Gruppe attraktiv, wird es kaum an Mitarbeitern fehlen.

Bei der Programmgestaltung sollten die anthropologischen Grundüberlegungen Ausgangspunkt und Basis sein: Der Mensch braucht Handlungs- und Erlebnisfelder. Dies entspricht einer anthropologisch basierten und bedürfnisorientierten Jugendarbeit.

9. Jugendarbeit mit Jugendlichen

9.1. Problemskizze

Untersuchungen über das Freizeitverhalten Jugendlicher machen deutlich, daß die geschlossene Gruppe zwar für Kinder, aber nicht für Jugendliche die geeignete Form der Gesellung ist. Die freie, offene Gesellungsform einer Clique, eines Cliquentreffs oder eines Jugendclubs wird von den Jugendlichen vorgezogen.

Gruppenarbeit mit Kindern bis etwa 12 Jahre ist sinnvoll und der Altersstufe gemäß. Mit Jugendlichen ab etwa 13 Jahren sollte man jedoch von der geschlossenen Gruppe abrücken und mehr die Clubform empfehlen. Untersuchungen zur Jugendkunde haben gezeigt, daß geschlossene Gruppen mit 14- bis 16jährigen oder noch älteren Jugendlichen nur mit größtem pädagogischen Einsatz und Geschick erhalten werden können. Sobald der Leiter ausfällt, löst sich die Gruppe sehr schnell in ihre Cliquen auf. Dagegen ist die Clubform wesentlich stabiler. Die Führung eines Clubs wechselt zwar oft; der Club vermag jedoch aus eigener Kraft Krisen zu verarbeiten, die keine geschlossene Jugendgruppe, selbst unter guter Leitung, überstehen würde. Dies läßt erkennen, daß die Clubform für das Jugendalter wohl die geeignetere Gesellungsform ist.

Es soll in diesem Kapitel jedoch nicht nur um die eine Gesellungsform des Clubs oder Cliquentreffs gehen, weitere Möglichkeiten wie z.B. Interessengruppe, Diskothek, Teestube sollen diskutiert werden.

9.2. Jugendclub, Cliquentreff

In anderem Zusammenhang habe ich bereits diese Gesellungsform erklärt und beschrieben. Hier sollen nur kurz die wichtigsten Faktoren des pädagogischen Feldes eines Clubs genannt werden:

● **Emotionale Ebene:** Nach anthropologischen Überlegungen ist die Emotionalität das Herzstück des Menschen. Der Mensch sucht vor allem nach positiven Beziehungen. Im Club kann der Jugendliche in seiner Clique diese Beziehungen pflegen. Es geht ihm dabei weniger um Programminhalte als vielmehr um persönliche Kontakte. Durch das Angebot der Geselligkeit wird diesem Bedürfnis Rechnung getragen.

● **Psycho-motorische Ebene:** Jugendliche wollen handeln und erleben, nicht nur passiv konsumieren. Allerdings muß man erkennen, daß Jugendliche es vielfach verlernt haben, Initiative zu entwickeln. Im Jugendclub sollen Jugendliche die Möglichkeit erhalten, selbst aktiv zu werden: Geselligkeit zu pflegen und Erlebnisse zu suchen.

● **Rationale Ebene:** Neben dem Geselligkeitsbedürfnis darf man nicht übersehen, daß Jugendliche Gesprächspartner suchen, mit denen sie aktuelle Themen und persönliche Probleme diskutieren können, oder daß sie Bildungsangebote erwarten bzw. selbst arrangieren, weil sie z. B. an sozialpolitischen Themen interessiert sind.

● **Interaktionelle Ebene:** Der Jugendliche bedarf eines Feldes, auf dem er die Rolle eines Erwachsenen üben kann. In den institutionellen Bereichen der Gesellschaft herrscht das Prinzip der Minimierung von Fehlern vor. Das heißt für die Jugendarbeit, daß der Jugendliche ein Experimentierfeld vorfinden muß, das ihm erlaubt, Fehler zu machen. In diesem Bereich ist es sodann auch notwendig, daß dem Jugendlichen Erwachsene als Interaktionspartner begegnen, die ihm feed-back geben. An ihnen soll er ablesen können, welches Ergebnis sein Verhalten hat, was er u. U. anders machen sollte, ohne dabei Gefahr zu laufen, für seine Fehler negative Sanktionen zu erhalten.

● **Normative Ebene:** Das Clubleben stellt für die Beteiligten eine politische Situation dar. Jugendliche erfahren, daß der Club aufgrund seiner gesellschaftlichen Strukturierung, nämlich Offenheit, Dynamik, Fluktuation etc. einer Leitung und Satzung bedarf. Sie müssen sich am Clubleben beteiligen und entscheiden, ob sie eine autoritäre oder demokratische Führung im Club zulassen. Das gewählte oder ernannte Leitungsteam hingegen lernt, sein Mandat nicht durch Macht und Autorität zu mißbrauchen.

● **Kompensatorische Ebene:** Es wäre für die Jugendarbeit ein verhängnisvoller Fehler, das verengte Bildungsbewußtsein deutscher Bildungstradition auch auf die Jugendarbeit zu übertragen, in dem Geselligkeit mit »ungeistig« und »unernst«, Muße mit Müßiggang gleichgesetzt wird. Der Club kann eine letzte Enklave sein, in der eine bewußte, freizeitbezogene Lebensform gepflegt wird, die für menschliche Gesellung, Kultur und Politik wertvoll ist. Im Jugendclub kann ein Kontrastprogramm zur Arbeit entwickelt werden, in dem die Geselligkeit das dominierende Element darstellt.

● **Politische Ebene:** Bereits in seiner Entstehungsgeschichte besaß der Club die doppelte Funktion: Geselligkeit zu pflegen und Politik zu betreiben. Diese Bedeutung kann auch heute wiederum in den Jugendclubs Eingang finden. Jedoch nicht nur in der Art, daß politische Themen und Fragen im engeren Sinne diskutiert werden, sondern auch, daß politische Bildung im weiteren Sinne durch das Sozialisationsfeld Club angeboten und ermöglicht wird.

● **Gesellschaftliche Ebene:** Die größere Zahl von Teilnehmern im Jugendclub ermöglicht eine hinreichende Differenziertheit, welche der einer Gesellschaft annähernd entspricht. Dadurch besteht für die Clubteilnehmer die Möglichkeit, ihre Fähigkeiten und Wahlmöglichkeiten auszubilden: Auszukommen, mit anderen zu lernen, Leben in einer konfliktreichen Gesellschaft ertragbar zu machen, Fähigkeiten zu Unternehmungen zu entwickeln.

In der Praxis der Jugendarbeit kann man davon ausgehen, daß sich Jugendliche sehr gerne in einem Club engagieren wollen. Sie entwickeln bei der Raum- und Programmgestaltung sehr viel Initiative und Organisationstalent. Passivität oder Konsumverhalten kann den Jugendlichen in der Gründungsphase eines Clubs sicher nicht nachgesagt werden. Eher muß man ihr Engagement bremsen.

9.3. Interessengruppen

Interessengruppen unterscheiden sich vom Club insofern, als die Jugendlichen sich um ein *Sachinteresse* gesellen. Primär beschäftigt sich eine Interessengruppe mit einer bestimmten Sache, wobei das Geselligkeitsbedürfnis keineswegs unwichtig ist und bei allen Überlegungen und Aktivitäten eine entscheidende Rolle spielt. Man kann nicht ausmachen, wie viele Interessengruppen in der Jugendarbeit möglich sind, die Anzahl kann so groß sein, wie es Interessen gibt. Einige sollen als Beispiel genannt werden: Sport-, Schallplatten-/Disko-Kreis, Singegruppe, Theaterring, Hobby-AG, Tanzkreis usw. Diese Aufzählung mag genügen, um zu erkennen, daß sich die Interessenkreise auf zwei Ebenen bewegen:

- der Interessenkreis übernimmt die Aufgabe, Veranstaltungen für andere Jugendliche zu organisieren und durchzuführen;
- der Interessenkreis ist zwar für alle offen, beschäftigt sich aber nur intern mit einem speziellen Hobby.

Beide Formen sind legitim und sollten in der Jugendarbeit möglich sein.

Ich greife zwei Beispiele heraus, an denen die Arbeitsweise eines Interessenkreises aufgezeigt werden kann.

● **Filmkreis:** Die Medienerziehung gehört immer mehr zu den wichtigsten Aufgaben der Jugendarbeit. Ein Filmkreis kann diese medienpädagogische Aufgabe übernehmen. Es bietet sich dabei z. B. an, sich der Bundesarbeitsgemeinschaft Jugendfilmclub e. V. in Aachen als Mitglied anzuschließen. Diese Stelle verleiht nicht nur preisgünstig Filme, wichtiger ist, daß es sich dabei um ausgezeichnete oder empfohlene Filme handelt und daß zu jedem Film entsprechendes Material mitgeliefert wird, das für eine Diskussion hilfreich ist.

Aufgabe eines Filmkreises ist u. a.: Vor Beginn des Filmes den Besuchern in einer Einführung Kriterien zur Beurteilung zu geben. Im

Anschluß an die Filmvorführung besteht Gelegenheit zur Diskussion. Durch dieses Angebot kann vielleicht erreicht werden, daß Jugendliche ermuntert werden, sich über Filme zu informieren, zu äußern und Kritik zu üben. Dieses gesetzte Ziel ist jedoch recht schwierig, und es ist zweifelhaft, ob Jugendliche (vor allem in der Anfangsphase) diese Aufgaben ohne Beratung erfüllen können. Auch hier ist Unterstützung durch Erwachsene notwendig.

Ein Filmkreis könnte vielleicht ein- oder zweimal im Monat einen Film für die ganze Gemeinde zeigen. Es steht dem Kreis aber auch frei, weniger Filme für die Allgemeinheit auszusuchen und vorzuführen, dafür jedoch einen Filmkreis mit Mitgliedern aufzubauen. Das hätte folgende Vorteile:

Man kann die Erfahrung machen, daß Filme mit niedrigem Niveau eine hohe Besucherzahl haben und umgekehrt Filme mit hohem Anspruchsniveau wenig Besucher anziehen. Diese Situation verleitet Jugendliche dazu, eher Filme mit geringem Anspruch zu zeigen, da sie für ihr Engagement gerne ein großes Publikum haben.

Dem Filmkreis mit Mitgliedern geht es sicher eher um Filme mit hohem Niveau. Sie wollen sich mit den im Film gezeigten Themen auseinandersetzen.

Ich schlage für die Jugendarbeit eine Zwischenform vor, d. h., der Filmkreis sollte sich zunächst intern Filme ansehen und sie diskutieren. Besonders gute, aussagekräftige Filme sollten dann einem größeren Kreis zugänglich gemacht werden.

Wie sollte sich nun ein Filmkreis organisieren? Man wird in der Jugendarbeit immer wieder zwei Organisationsformen feststellen können:

- *»Totaldemokratie«,* d. h. keine Organisation, alle sind für alles verantwortlich;
- *»Totalorganisation«,* d. h., als erstes ist man darauf bedacht, Satzungen, Statuten oder Ordnungen zu entwerfen.

Beide Formen sind Extreme und werden von den Jugendlichen sehr bald als solche erkannt und verändert. Berater sollten sich durch diese Organisationsformen nicht erschrecken lassen. Sie sollten wissen, daß auch die Organisationsfindung einen Prozeßcharakter hat. Jugendliche brauchen Zeit, bis sie die Organisationsform gefunden haben, die realistisch ist und von ihnen auch eingehalten werden kann. Verlieren die Erwachsenen bei diesem Prozeß die Geduld und neigen sie dazu, eine endgültige Ordnung vorzuschreiben oder doch wenigstens deren Findung zu forcieren, müssen sie damit rechnen, daß Jugendliche sich verweigern. Jugendliche lehnen eine Ordnung von »oben« per se ab. Wird diese dennoch durchgesetzt, halten sie sich nicht daran. Will man erreichen, daß die Jugendlichen sich eine Ordnung zu eigen machen, dann müssen sie selbst daran mitarbeiten.

● **Sport-AG:** Als zweites Beispiel will ich einige Hinweise auf die Arbeit einer Sport-AG geben. Dieser Kreis kann für eine Gemeinde ein sehr interessantes Programm zusammenstellen, z. B.:

- wöchentliches Angebot von Fußball und Tischtennis;
- monatliches Angebot in Kegeln, Billard und Gymnastik;
- Angebote in Trimm-dich, Schwimmen, Minigolf u. a. Sportarten.

Entsprechend diesen Angeboten kann einmal im Jahr ein Turnier veranstaltet werden, an dem ein Wanderpokal ausgespielt wird. Diese Turniere können für die Kinderstufe, die Jugendstufe und z. T. im Wettkampf mit Erwachsenen angeboten und ausgetragen werden. Solche Turniere bieten viele Möglichkeiten: Zusammenarbeit zwischen Kinder- und Jugendstufe; zwischen Jugendlichen und Erwachsenen; Angebote für nicht-organisierte Jugendliche, Kontaktmöglichkeiten mit anderen Gemeinden, die zum Turnier eingeladen werden usw.

Eine Sport-AG kann also recht viele und wichtige Funktionen innerhalb der Jugendarbeit einer Gemeinde übernehmen.

9.4. Diskothek

Fragt man Jugendliche nach ihren Freizeitinteressen, wird in der Regel unter den ersten fünf Freizeitaktivitäten »Musik hören« und »Tanzen« genannt. Geht man in der Jugendarbeit vom Konzept der Bedürfnisorientierung aus, so ist es unmöglich, Jugendarbeit zu planen und durchzuführen, in der diese beiden Interessengebiete ganz oder zum größten Teil fehlen. Ich habe häufig die Erfahrung gemacht, daß Erwachsene der Argumentation einer bedürfnisorientierten Jugendarbeit zugestimmt haben und sich auch überzeugen ließen. Wenn es dann jedoch um die konkrete Umsetzung ging, wenn als Konsequenz u. a. regelmäßige Tanzveranstaltungen oder die Einrichtung einer Diskothek in der Gemeinde gefordert wurden, dann waren alle Argumente und alles Diskutieren umsonst. Gegen Tanzveranstaltungen und eine Diskothek bestehen z. T. so viele Vorurteile, daß die emotionale Ablehnung keinem rationalen Argument zugänglich ist.

Ich will hier nun keine Scheindiskussion führen und beweisen, daß Tanzveranstaltungen und die Einrichtung einer Diskothek in der Jugendarbeit notwendig sind. Ich setze folgende Überlegungen als bereits diskutiert und einsichtig voraus:

- Jugendarbeit muß bei den Bedürfnissen Jugendlicher ansetzen.
- Dort, wo der junge Mensch sich am ehesten verlieren kann, wo er glücklich ist, muß Jugendarbeit ansetzen.
- Musik und Tanz als Teil der Geselligkeit übernehmen bei der Persönlichkeitsentwicklung des Jugendlichen eine wichtige Funktion.

● Es ist nicht unwichtig, aus welcher Motivation heraus eine Tanzveranstaltung oder eine Diskothek angeboten wird. Handelt es sich lediglich um ein kommerzielles Interesse, das von Jugendlichen vielfach zu Recht als »Ausbeutung« bezeichnet wird, sollte es auch ohne Bedenken abgelehnt werden.

● Jugendarbeit ist eine Lerninstitution, ein kommerzielles Unternehmen erhebt diesen Anspruch nicht. Deshalb darf man wichtige Bereiche der Bedürfnislage Jugendlicher nicht kommerziellen Einrichtungen überlassen, das wäre pädagogisch unverantwortlich.

Da Jugendliche nun einmal gerne tanzen und diese Tatsache nicht wegzudiskutieren ist, müssen aus pädagogischer Verantwortung heraus auch in der Jugendarbeit regelmäßig Tanzveranstaltungen für Jugendliche angeboten werden.

Ich will im folgenden nicht auf die Einzelveranstaltung »Tanz« eingehen, sondern auf die Dauereinrichtung einer Diskothek, weil letztere einen größeren pädagogischen Aufwand und Einsatz erfordert und darüber hinaus auch für einzelne Tanzveranstaltungen genügend Anregungen bietet.[1]

Eine wichtige Vorbemerkung sei noch angebracht: Wenn in der Jugendarbeit Tanzveranstaltungen oder Diskothekenbetrieb angeboten werden, dann nicht um der Freizeitindustrie und kommerziellen Unternehmen Konkurrenz zu bieten, da würde die Jugendarbeit aufgrund ihrer geringen Möglichkeiten sicher unterliegen. Jugendarbeit geht es nicht um ein konkurrierendes, sondern um ein pädagogisches Angebot. Das sollte deutlich betont und den Besuchern erklärt werden, so daß ihnen die Freiheit der Wahl bleibt, welche Einrichtung sie besuchen wollen.

Wie soll das pädagogische Konzept einer Diskothek aussehen? Jugendliche suchen eine Diskothek auf, um zu tanzen, Musik zu hören, mit anderen sich gesellig zu treffen, Kontakte zu knüpfen. Ein Diskjockey hat die Platten zusammengestellt, sagt sie an, kommentiert sie und nimmt Wünsche der Besucher entgegen. Lichtorgeln und andere Lichtquellen werden mit dem Abspielen von Platten gekoppelt, wodurch besondere Reize und Effekte erzielt werden.

Die Anzahl der Besucher ist schwer anzugeben. Minimum scheint die Zahl von 30 bis 40 Besuchern zu sein. Der Wunsch jugendlicher Veranstalter ist es jedoch, möglichst viele Besucher anzusprechen, was pädagogisch jedoch nicht unbedingt anzustreben ist. Es ist sowohl für die jugendlichen Verantwortlichen als auch für ein pädagogisches Konzept nicht sinnvoll,

1 Vgl. J. Schilling: Diskothek im Jugendhaus. Weinheim: Juventa 1986; J. Schilling: Kommerzielle Diskotheken und Diskotheken in der Jugendarbeit. Ergebnisse einer empirischen Untersuchung in Nordrhein-Westfalen. In: Jugendforum 7/8/1988, S. 199 bis 208; J. Schilling: Diskotheken in der Jugendarbeit. Überlegungen zu einer pädagogischen Konzeption. In: deutsche jugend 7/8/1988, S. 347 bis 352.

allzu viele Besucher einzuladen bzw. ihnen Eintritt zu gewähren. Die Jugendlichen werden überfordert, eine Veranstaltung kann ihnen aus den Händen gleiten. Will man pädagogische Ziele setzen, muß die Gruppe überschaubar sein oder sich in überschaubare Kreise untergliedern lassen.

Bezüglich der Altersgruppe kann man keine allgemeinen Aussagen machen. Es kommt darauf an, welche Zielgruppe in der Gemeinde angesprochen werden soll. Eine Gruppe von Jugendlichen, die an Tanz wohl ein großes Interesse, aber wenig Möglichkeiten dazu hat, sind die 14- bis 16jährigen Jugendlichen. Ob man für diese Altersstufe eine Diskothek einrichten soll, ist sicher nicht unumstritten. Die 16- bis 18jährigen Jugendlichen wären eine weitere Zielgruppe; für ältere Jugendliche eine Diskothek anzubieten, ist aus der Sicht der Jugendarbeit vielleicht nicht mehr so notwendig, da die Interessenlage dieser Teilnehmer bereits so erwachsenenorientiert ist, daß sie eher deren Einrichtungen aufsuchen.

Als allgemeine pädagogische Bedeutung einer Diskothek könnte man nennen: Die Diskothek ermöglicht den Jugendlichen Abschirmung und Abstand von der Welt der Erwachsenen, der Schule und der Arbeit. Dies geht so weit, daß durch die Musik, auch durch deren Lautstärke, die eigenen Gedanken verdrängt werden. Die Kombination von Musik, Technik, Rhythmus, Lautstärke und der menschlichen Situation verhilft zu einer Erfahrung von Dynamik, Vitalität und gibt ein Gefühl von Ergriffensein. Hier können Jugendliche vorübergehend von sich selbst befreit und entlastet, z.T. eins mit der Seite werden, die aus den Tiefen des Irrationalen und Emotionalen lebt. Man kann und muß einstimmen, den Takt und Rhythmus, die jeweilige Steigerung und die Spannungen mitvollziehen, am eigenen Leibe empfinden. Es ist Erfahrung von Körperlichkeit und psychischer Reaktion. Das Prasseln des Schlagzeugs, die Stimmen und Lichteffekte, der Wechsel von Dissonanz und Harmonie und die Stimme des Diskjockeys schaffen jene extreme und starke Empfindung, die der Mensch immer wieder oder wenigstens eine Zeitlang sucht, vergleichbar durchaus dem Erlebnis, wie die Begeisterung auf dem Fußballfeld mitreißt oder wie der Alkohol über Körper und Wahrnehmung Gewalt gewinnt. Es besteht kein großer Unterschied, ob einer tanzt oder bei der Musik mehr oder weniger mitgeht oder völlig ruhig an seinem Tisch sitzen bleibt. Die Beschlagnahme ist für alle gleich stark und unausweichlich.

Wichtig für die Einrichtung einer Diskothek sind folgende Überlegungen, die bereits einen Teil des pädagogischen Konzeptes ausmachen:

● **Einrichtung:** Es ist eine aus der Erfahrung wie aus der Wissenschaft belegte Tatsache, daß der Raum das Verhalten prägt. Daher ist es sinnvoll, besonderen Wert auf die Ausstattung und Einrichtung der Diskothek zu legen. Will man ein bestimmtes Verhaltensniveau der Besucher erreichen oder setzt man es sogar voraus, dann sollte durch die Einrichtung des Raumes dieser Anspruch auch erkennbar sein. Es ist nicht so, wie vielfach argumentiert wird, daß Jugendliche sich am wohlsten fühlen, wenn sie auf die Einrichtung keine Rücksicht nehmen müssen. Folgende Argumente sprechen dagegen:

- In kommerziellen Diskotheken akzeptieren Jugendliche auch die vom Raum vorgeschriebene Verhaltensanweisung.
- Wenn für die Einrichtung der Diskothek und für deren Erhaltung und Zustand Jugendliche verantwortlich sind, die Diskothek zu ihrer eigenen Sache geworden ist, haben sie ein großes Interesse, daß ein bestimmter Verhaltensstil gepflegt wird.
- Wenn man ein pädagogisches Konzept verfolgt, das man den Jugendlichen erklärt hat, kann man auch bestimmte Verhaltensweisen erwarten.

● **Theke:** Die Theke hat eine besondere pädagogische Bedeutung und sollte in einer Diskothek nicht fehlen. In der Regel wird eine Diskothek von Cliquen und »Stammkunden« besucht. Ist man aber aus pädagogischen Überlegungen heraus an neuen Besuchern interessiert, muß man davon ausgehen, daß diese sich nicht sofort anderen Cliquen anschließen und sich zu ihnen an den Tisch setzen werden. Hier bietet die Theke eine wichtige »Eingangsstufe«. Der Jugendliche kann sich an die Theke stellen oder setzen, ohne bereits Kontakte mit anderen aufnehmen zu müssen, und dennoch bietet gerade das Dastehen oder Dasitzen wiederum am besten Gelegenheit, ungezwungen ins Gespräch zu kommen. Die Theke kann ein ganz wichtiger erster »Kontaktbereich« sein.

● **Räume:** Einer Diskothek sollten neben dem Hauptraum noch ein oder zwei Nebenräume zur Verfügung stehen; denn erst sie ermöglichen Einzel- und Gruppengespräche und andere Aktivitäten als lediglich Plattenhören und Tanzen. Vielfach werden von Erwachsenen diese Nebenräume mit der Befürchtung abgelehnt, sie böten nur Gelegenheit für Zärtlichkeiten und andere intime Begegnungen. Dazu ist zu sagen: Zärtlichkeiten halten sich in erheblich engeren Grenzen als Erwachsene vielfach vermuten und behaupten.

Es ist vor allem eine Frage des pädagogischen Konzeptes, inwieweit dieser Bereich den Jugendlichen auch zugestanden wird. Dieses Problem soll hier nicht behandelt werden, nur werfe ich die Frage auf: Wenn kirchlicherseits die Ehe so hoch eingeschätzt wird, was wird von der Kirche pädagogisch getan, damit dieses Ziel auch erreicht wird? Ist das eine vertretbare Methode, alles zu verbieten? Oder sogar so zu argumentieren: Was die Jugendlichen im sexuellen Bereich tun, interessiert uns nicht, das können sie tun, wo sie wollen, nur in unseren kirchlichen Räumen nicht?! Bei der Forderung nach Nebenräumen geht es darum, daß vom Raumangebot her bereits signalisiert wird, daß außer Tanzen und Musikhören auch andere Angebote möglich sind. Worin diese bestehen, soll anhand des Programmangebotes diskutiert werden.

● **Programm:** Es wurde bereits darauf hingewiesen, daß die jugendpflegerische Diskothek sich von der einer kommerziellen unterscheidet. Der Diskothek in der Jugendarbeit geht es nicht in erster Linie um Geld. Die Diskothek soll sich finanziell zwar selbst tragen, sie muß deshalb auch mit Gewinn arbeiten. Dieser muß sich aber in dem Rahmen halten, daß nicht mehr erwirtschaftet wird, als für die Deckung von Unkosten und für Anschaffungen notwendig ist. Entsprechend müssen z. B. auch die Getränkepreise niedrig und für die Besucher erschwinglich sein.

Welche Programme könnten in einer Diskothek angeboten werden? Es empfiehlt sich, nur kurze Programmfolgen einzufügen, die etwa 15 bis 30 Minuten dauern. Bei einem zu langen Programm würden die Tanz- und Musikfreunde zu ungeduldig. Bietet man systematisch und regelmäßig stets zur gleichen Zeit ein Programm an, so können die Besucher, die dieses ablehnen, eine Pause einlegen oder erst nach diesem kommen, andere, die dableiben, signalisieren Bereitschaft bzw. Interesse an dem Programm.

9.5. Teestube, Café, Bistro

Die Diskothek ist ein sehr wichtiges Angebot in der Jugendarbeit. Doch sollte dies nicht das einzige sein. Wünschenswert ist, wenn ein Zusatzangebot, d. h. ein ganz anders gestaltetes Angebot den Jugendlichen gemacht werden kann: die Einrichtung einer Teestube, eines Bistro oder eines Cafés. Diese Einrichtungen verfolgen eine ganz andere pädagogische Zielsetzung als z. B. die Diskothek. Für ein Café kann als pädagogisches Feld genannt werden:
- leise, gedämpfte Musik,
- gemütliche Einrichtung,
- gepflegter Stil,
- Betonung des Gespräches,
- Leseecke,
- Kurzvorträge mit anschließender Diskussion,
- Tanz.

Man wird Jugendlichen nicht gerecht mit der Meinung: Sie wollten nur laute Musik hören, gammeln und könnten sich nicht gepflegt benehmen. Dieses allgemeine Klischee sollte unbedingt in der Jugendarbeit korrigiert werden. Befragungen von Jugendlichen haben ergeben, daß sie z. B. den Walzer an zweiter Stelle der beliebtesten Tänze nannten. Wo aber können Jugendliche Walzer tanzen? Wo haben sie beispielsweise Gelegenheit, ihre neuesten Kleider »auszuführen«? Das Angebot einer Teestube oder eines

Cafés könnte gerade diese Überlegungen in ihr Konzept aufnehmen. Wenn zwischen dem Raumangebot und dem Verhalten eine Wechselwirkung besteht, dann ist es richtig, daß die Diskothek einen bestimmten Jugendtyp prägt. Daraus folgt, daß durch andersartige Angebote wie Teestube oder Café ebenfalls ein bestimmter Jugendtyp geprägt wird.

9.6. Teamerschulung

Das Leitungsteam einer Diskothek, einer Teestube oder eines Bistro bedarf einer Schulung, um seinen Aufgaben gerecht werden zu können. Folgende Themen könnten in einer Teamerschulung behandelt werden, wobei die Reihenfolge keine Wertung darstellt:
- Autorität, Leitung, Teamarbeit,
- Gesprächsformen, Diskussionsleitung,
- Medienpädagogik, Einsatz von Medien,
- Gruppenpädagogik, Gruppendynamik,
- Spielpädagogik,
- Fragen der Pädagogik,
- Bedürfnisse und Interessen Jugendlicher,
- Probleme der Programmgestaltung,
- Motivation zur Mitverantwortung und Mitverwaltung,
- Politische Bildung,
- Zusammenarbeit mit der Gemeinde,
- Öffentlichkeitsarbeit.

Es kann hier nicht die Aufgabe sein, konkrete Vorschläge zu unterbreiten, wie diese Themen in einer Teamer-Schulung behandelt werden sollten, das würde den Rahmen dieser Arbeit überschreiten.

9.7. Jugendparlament

9.7.1. Aufbau

In den bisherigen Ausführungen – sowohl im theoretischen als auch im praktischen Teil – wurde häufig auf das Ziel der Jugendarbeit hingewiesen: *Förderung der Selbständigkeit von Jugendlichen.* In der Jugendarbeit sollten möglichst viele Bereiche in ihre Kompetenz übergehen, ihnen möglichst viel Eigenständigkeit und Eigenverantwortung zugestanden werden. Wird dieses Ziel konsequent angesteuert, gelangt man automatisch zu der Forderung nach einer »parlamentarisch« organisierten und geleiteten Jugendarbeit. Diese logische Konsequenz impliziert allerdings eine Reihe von Problemen. Politische Bildung in der kirchlichen Jugendarbeit? Wieweit haben kirchliche Amtspersonen ein Mitspracherecht? Könnte sich ein Jugendparlament auch gegen den Pfarrer entscheiden und stellen?

Das Synodenpapier über »Ziele und Aufgaben kirchlicher Jugendarbeit« spricht eindeutig davon, daß kirchliche Jugendarbeit auch eine politische Dimension hat, zum politischen Engagement führen *muß* und daß die Jugendlichen als echte Partner zu verstehen sind. Das klingt alles zwar theoretisch recht schön, wenn es jedoch um die Durchführung geht, hat man eher den Eindruck, daß dies nicht gewünscht, ja sogar häufig unterbunden wird.

Ich will im folgenden von einem konkreten Versuch berichten, wie ein Jugendparlament initiiert und aufgebaut wurde. Die einzelnen prozessualen Phasen, die zum Jugendparlament geführt haben, lassen sich zusammenfassend so darstellen:

1. Phase: Zu Beginn der Arbeit in der Gemeinde wurde die Jugendarbeit im autoritativen Stil geleitet. Diese Position wurde bewußt angenommen mit dem Ziel einer Ablösung, sobald die ersten Grundlagen für die Jugendarbeit geschaffen waren. In dieser ersten Phase, die etwa acht Wochen dauerte, wurden die anstehenden Entscheidungen soweit wie möglich zwar mit den Jugendlichen besprochen, jedoch waren zu dieser Zeit noch keine Jugendvertreter ernannt bzw. gewählt.

2. Phase: Nach dieser ersten Anlaufphase war eine Wahl von Jugendvertretern in der Form eines Pfarrjugendleiters noch nicht angebracht, da sich die Jugendlichen selbst untereinander noch zuwenig kannten. Deshalb wurden zwei Jugendliche provisorisch und vorübergehend als Pfarrjugendleiter/-leiterin ernannt.

3. Phase: In der folgenden Phase ging es vor allem darum, die Dynamik der Gruppe von jugendlichen Verantwortlichen in der Jugendarbeit zu beobachten. Durch eine Reihe von Aktionen, Ausflügen, Wochenendseminaren etc. wurde versucht, die Gruppe sich zu einem Team entwickeln zu lassen, das neue Beziehungen aufnehmen und ein Sachinteresse in den Mittelpunkt ihrer Zusammenkünfte stellen konnte. Zu dieser Zeit, etwa nach einem dreiviertel Jahr, wurden von den Jugendlichen Wahlen für die Pfarrjugendleitung gefordert und auch durchgeführt.

4. Phase: Der Führungsstil der Pfarrjugendleitung war weitgehend autoritär. Sie suchte zwar das Gespräch mit den Jugendlichen, beteiligte sie aber nur wenig an ihren Entscheidungen. Hier nun wurde ein weiterer Schritt eingeleitet, der darin bestand, der Leiterrunde (bestehend aus allen aktiven Jugendlichen in der Jugendarbeit) mehr Kompetenzen zu übertragen. Auf diese Weise wurden die beiden Pfarrleiter an die Leiterrunde gebunden und brauchten diese auch für die Durchsetzung und Ausführung ihrer Pläne. Erste Ansätze demokratischer Spielregeln waren erkennbar.

5. Phase: Aus der Zusammenarbeit zwischen Pfarrjugendleitung und Leiterrunde entwickelten sich zwei wichtige Einsichten:

- Die Pfarrjugendleiter fühlten sich häufig arbeitsmäßig und zeitlich überfordert. Ihnen wurde zuviel Arbeit aufgelastet.

- Die Leiterrunde hatte das Gefühl, zuwenig Entscheidungskompetenz zu besitzen und lediglich ausführendes Organ der Beschlüsse der Leitung zu sein.

Ein Kompromiß wurde gefunden. Zu den beiden Pfarrjugendleitern wurden zwei weitere hinzugewählt. Das neue Pfarrleitungsteam verteilte die Aufgabenbereiche in der Jugendarbeit unter sich und war bemüht, aus der Leiterrunde weitere Mitarbeiter zu gewinnen. Hiermit war bereits ein entscheidender Schritt in Richtung Parlament getan. Im Team wurden demokratische Verhaltensweisen notwendig; die Mitarbeiter wurden in die Verantwortung einbezogen; die Leiterrunde entwickelte sich zur kritischen Instanz gegenüber dem Team. Der Schritt zur Anregung eines Parlamentes war nicht mehr weit.

6. Phase: Als die Wahl eines neuen Teams erneut bevorstand, wurde der Vorschlag vorgebracht, die Jugendarbeit in die Verantwortung eines Parlamentes zu stellen, d.h. alle Aktiven in der Jugendarbeit an der Verantwortung mitzubeteiligen. Jedoch sollte man auch hier den Prozeßcharakter nicht aus den Augen verlieren. Für diese Form der Jugendarbeit hatte keiner hinreichend Erfahrungen, so daß der Versuch ein nicht problem- und risikoloses Experiment war. Deshalb entschloß man sich, zunächst für ein halbes Jahr ein Jugendparlament ad experimentum zu wählen und nach Ablauf dieser Frist endgültig zu entscheiden, ob diese Form der Verwaltung der Jugendarbeit weiterbestehen bleiben sollte. Nach der ersten Probezeit hatte sich das Jugendparlament hervorragend bewährt und wurde von den Jugendlichen als die einzig sinnvolle Art, Jugendarbeit zu betreiben, angesehen.

9.7.2. Organisation

Ich möchte die *These* aufstellen: Jugendliche sind begabt und fähig, die Aufgaben in der Jugendarbeit in Selbstverwaltung und Eigenverantwortung zu übernehmen, wenn sie zu dieser Aufgabe allmählich hingeführt werden und Erwachsene sich als Berater engagieren.

Als Ziel des Jugendparlamentes wurde in der Satzung angegeben: »Das Jugendparlament hat die Aufgabe, die Jugend- und Gruppenarbeit der Pfarrei sinnvoll durchzuführen. Die im § 2 aufgeführten Personen handeln im Sinne des Parlaments. Dieses wird dafür Sorge tragen, daß von seiten der Jugendlichen alles unternommen wird, daß Jugendarbeit möglich ist und daß die Erwachsenen der Gemeinde neben den Jugendlichen mitarbeiten und die Jugendarbeit nicht zugrunde gehen lassen ...«

Daraus ergeben sich für die Jugendarbeit insgesamt wie für das Jugendparlament speziell folgende praktische Konsequenzen: Wenn die Jugendlichen für die Jugendarbeit verantwortlich zeichnen, muß ihnen auch die entsprechende Kompetenz eingeräumt werden. Es geht z.B. nicht, daß Jugendliche über Dinge in ihrem Bereich entscheiden und der Pfarrer diese Beschlüsse nicht anerkennt, oder der Pfarrer hält Informationen oder bestimmte Verfügungsgewalten für sich zurück. Vielmehr war es das Ziel, den Jugendlichen die volle Chance einzuräumen, sich in der Verantwortung der Jugendarbeit zu üben.

Um diese Regelungen für alle Beteiligten durchschaubar zu machen und auch verbindlich festzulegen, wurde eine Satzung erarbeitet, die zunächst vorläufigen und provisorischen Charakter hatte, was jedoch bewußt so gehandhabt wurde, um die Jugendarbeit nicht durch Satzungen zu blockieren. Deshalb wurde auch eine Gruppe damit beauftragt, an der Satzung ständig weiterzuarbeiten und sie zu verbessern. Die provisorische Satzung war zunächst jedoch für alle verbindlich.

Als kritische Anmerkung zur Entstehung der Satzung sei folgendes gesagt: Jugendliche sind schnell mit der Forderung nach einer Satzung; sie sind aber weniger eifrig bei der detaillierten Ausformulierung dieser; und noch weniger geübt, eine einmal aufgestellte Satzung nun auch konsequent einzuhalten.

Einen groben Satzungsentwurf hatten die Jugendlichen sehr schnell entworfen. Jedoch bei der Kleinarbeit verließen sie bald die Lust und das Durchhaltevermögen. Sie mußten die Erfahrung machen und sich darin üben, bei der Erstellung der Satzung sich möglichst viele konkrete Situationen vorzustellen und für eventuelle Fälle in der Satzung Regelungen zu finden. Dieses Vorgehen ist natürlich recht mühsam und zeitaufwendig. Hier wollten die Jugendlichen sich dann schon eher mit einer provisorischen Lösung begnügen. In der Praxis zeigte es sich dann, welche Mängel solche Satzungen haben können. Jedoch bestanden wir darauf, daß alle Beteiligten sich strikt an die Satzung zu halten hatten. Man konnte Änderungsvorschläge der ständigen Kommission schriftlich vorlegen, die dort gesammelt wurden und nach drei Monaten dem Jugendparlament zur neuen Entscheidung vorgelegt werden sollten. Änderungen konnten jedoch nur mit einer Zweidrittel-Mehrheit aller aktiven Jugendlichen vorgenommen werden. Durch diese beiden Regelungen sollte erreicht werden, daß Jugendliche lernten, mit Satzungen zu leben und umzugehen, und sie nicht nach Belieben zu ändern suchen.

Satzungen dürfen jedoch nicht so rigide sein, daß sie bei besserer Einsicht nicht geändert werden können. Deswegen die Auflage: Die Satzung ist vorläufig und muß regelmäßig überarbeitet, d.h. verbessert werden. Die Einhaltung und Weiterarbeit an der Satzung brachte das Jugendparlament in eine kritische Phase. Ein Teil der Jugendlichen wollte sich streng an die Satzung halten (in der Regel waren es die Initiatoren und Mitautoren der Satzung), ein anderer Teil wollte die Satzung ganz abschaffen, der dritte Teil rief nach Verbesserungen, brachte sie aber selbst nicht ein. In dieser Phase ist eine pädagogische Beratung unbedingt notwendig; denn sonst scheitert ein Jugendparlament, noch bevor es zu arbeiten begonnen hat.

Kenntnisse der Gruppendynamik, pädagogisches Geschick und der feste Wille, den Jugendlichen zu helfen, ihre Probleme so zu lösen, daß ihre

Intention gewahrt und sogar verbessert zur Wirkung kommt, sind vonnöten.

In der Satzung wurde auch die Organisation des Jugendparlaments festgelegt. Das Jugendparlament ist eine Interessenvertretung Jugendlicher in Selbstverwaltung. Dem Jugendparlament stehen vor: Der Parlamentsvorsitzende und sein Stellvertreter. Des weiteren gehören dem Jugendparlament an: die Hauptverantwortlichen der einzelnen Ressorts, deren Sekretäre und Mitarbeiter. Der Parlamentsvorsitzende, sein Stellvertreter und die Hauptverantwortlichen wurden von allen Jugendlichen der Pfarrei gewählt. Im Jugendparlament hatte der Pfarrer die Funktion eines Präsidenten, dem die Entschlüsse des Jugendparlaments vorgelegt werden mußten und die durch seine Unterschrift »Rechtswirkung« hatten.

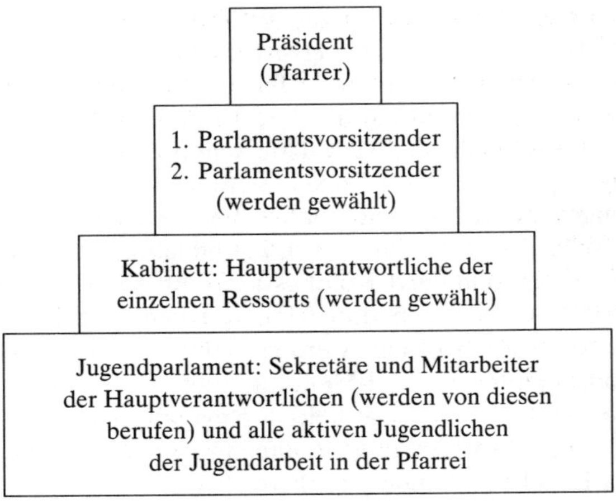

Der Pfarrer konnte durch sein Veto einen Beschluß vorläufig verhindern. Der Beschluß ging dann an das Parlament zur neuerlichen Diskussion zurück. Würde das Jugendparlament jedoch auf seinem Beschluß unverändert weiterbestehen, würde dieser Konflikt zunächst im Jugendausschuß der Pfarrei diskutiert, der sich paritätisch aus Jugendlichen und Erwachsenen zusammensetzte. Würde hier keine Lösung des Konfliktes gefunden, könnte der Vermittlungsausschuß angerufen werden. Dieser setzte sich wie folgt zusammen: zwei Vertreter des Pfarrgemeinderates (der Pfarrer und ein anderes Mitglied) und ein Vertreter aus dem Jugendausschuß und entsprechend drei Vertreter des Jugendparlaments. Das Ergebnis dieser Beratung sollte für alle Beteiligten verpflichtend sein.

Zur Größe des Parlaments und des Kabinetts, das sich aus den beiden Vorsitzenden und dem Hauptverantwortlichen zusammensetzt, sei angemerkt, daß man sie auf die Zahl von Mitarbeitern beschränken sollte, die eine gute Arbeit garantiert. Für das Kabinett sind dies entsprechend den Regeln der Gruppendynamik etwa fünf bis zehn Personen. Weniger als fünf Personen ist nicht ratsam, da die Gruppe zu geringe soziale Realität besitzt. Die geschaffenen Beziehungen hängen dann zu sehr von den Personen und ihren individuellen gegenseitigen Einflüssen ab. Eine größere Gruppe tendiert wiederum dazu, sich in Untergruppen aufzuspalten, und damit wird eine formelle Strukturierung notwendig. Große Gruppen werden zu schwerfällig und langsam; sie neigen leicht zu spontaner Fraktionierung. Deshalb scheint es ratsam, die Größe des Kabinetts mit etwa 6 bis 8 Personen festzusetzen. Für die Größe des Parlaments gelten diese Regeln nicht. Eine größere Gruppe mit der Möglichkeit zur Fraktionsbildung ist eine politische Realität, mit der es gilt, zu experimentieren und neue Lernerfahrungen zu machen.

9.8. Zusammenfassung

Jugendarbeit mit Jugendlichen sollte mehr in offenen Gesellungsformen erfolgen. Jugendclub und Cliquentreff bieten Jugendlichen die Möglichkeit, sich einerseits gesellig zu treffen und andererseits Initiative und Aktivitäten zu entwickeln. Beide Seiten sind für die Persönlichkeitsentwicklung des jungen Menschen wichtig.

Weitere Erlebnis- und Handlungsfelder neben dem Club sind der Interessenkreis, die Diskothek, die Teestube, das Café, das Bistro. Diese Gesellungsformen bedürfen trotz ihrer informellen Struktur einer Organisationsform, die sich Jugendliche selbst erarbeiten sollen.

Diese offenen Angebote stoßen auf großes Interesse bei Jugendlichen und sind sehr stabil; sie bedürfen der Beratung durch einen Jugendarbeiter und der Schulung des Leitungsteams.

Die Öffentlichkeit erwartet vielfach auch von den offenen Angeboten der Jugendarbeit »sinnvolle« Programme. Geselligkeit zählt in der Regel nicht dazu. Deshalb ist Öffentlichkeitsarbeit wichtig, die Erwachsenen deutlich macht, daß Jugendliche den gleichen Anspruch erheben, ihre Freizeit so gestalten zu dürfen wie Erwachsene: nämlich vor allem gesellig zu sein. Was Erwachsene für sich als gut empfinden und leben, sollten sie Jugendlichen ebenfalls zugestehen.

10. Chancen und Tendenzen in der Jugendarbeit

Quo vadis Jugendarbeit? Diese eingangs aufgeworfene Frage muß man sich am Ende des Buches erneut stellen. Von der Theorie und ihrem Selbstverständnis her ist Jugendarbeit neben Familie und Schule/Beruf eine dritte Lerninstitution. Jugendarbeit ist ein dynamisches Lernfeld, das sich den Gegebenheiten einer Gesellschaft einerseits anpaßt und andererseits kritisch entgegenstellt. Dies entspricht einer dynamisch sich verändernden Gesellschaft. Auf einige Tendenzen in der Entwicklung der Jugendarbeit soll abschließend kurz eingegangen werden.

10.1. Jugendarbeit und Arbeit mit Kindern

Vor allem die Offene Jugendarbeit wird immer häufiger von Kindern (7 bis 12 Jahre) und jüngeren Jugendlichen (13 bis 15 Jahre) genutzt. Auch in den Jugendverbänden ist eine Verschiebung von der Jugend- zur Kinderarbeit festzustellen. Die Ursachen sind besonders darin zu sehen, daß Jugendliche von der Jugendarbeit kaum erreicht werden, da ihre Angebote den Bedürfnissen Jugendlicher nicht entsprechen. Die Einrichtungen leiden unter Besucher- bzw. Mitgliederschwund. Lange Zeit war man bemüht, Jugendliche zu gewinnen, aber ohne besonderen Erfolg. Die Folge ist, man wendet sich enttäuscht von den Jugendlichen ab und den Kindern zu, die noch begeisterungsfähig und für Angebote der Jugendarbeit dankbar sind.

Ein weiterer Grund ist darin zu sehen, daß die Arbeit mit Jugendlichen immer problematischer wird. Jugendarbeiter sehen sich überfordert und resignieren. Dies vor allem, weil sie angesichts des knappen Stellenmarktes und der geringen Aufstiegsmöglichkeiten in diesem Beruf lange Zeit in der Jugendarbeit tätig sind, obwohl sie für eine derartige Arbeit nicht mehr die innere Spannkraft und Ausgeglichenheit besitzen. Jugendarbeit wird zur Routine, Jugendarbeiter suchen sich die Zielgruppen aus, mit denen sie am wenigsten Probleme erwarten und am ehesten Erfolgserlebnisse verbuchen können.

10.2. »Jungenarbeit« und »Mädchenarbeit«

Der Jugendarbeit wird vorgehalten, sie sei vor allem Jungenarbeit. Das angestrebte Ziel der Jugendarbeit, durch die Koedukation die Lebenslage der Mädchen zu verbessern, sei nicht erreicht worden. Von der feministischen Bewegung, vor allem aber vom 6. Jugendbericht[1] wird die Forderung aufgestellt, Mädchenarbeit gehöre in alle Bereiche der Jugendarbeit. Es geht um das Ziel, Mädchen eine selbst-bestimmte und selbst-verantwortete Identität und Lebensplanung zu ermöglichen. »Lernfelder und Lernchancen sind zu eröffnen, in denen

- Mädchen frei von männlichen Standards und Blicken, sich ihrer selbst, ihrer Eigenschaften, Fähigkeiten und Fertigkeiten vergewissern können,
- Mädchen ein neues Selbst-Verständnis und Selbst-Bewußtsein über ihre Gleichwertigkeit entwickeln können,
- Mädchen für ihre Persönlichkeit und ihr Lebenskonzept neue Handlungsspielräume entdecken, erproben und gestalten können.«[2]

Mädchenarbeit will Mädchen und jungen Frauen ermöglichen, in patriarchale Strukturen und ihre Wirkweisen Einsicht zu nehmen und sich ihrer bewußt zu werden, um sich aus ihnen zu befreien, sich zu behaupten und sich eine eigenständige Identität als Frau zu erarbeiten.[3]

Mädchenarbeit als Anti-Jungenarbeit verstanden, führt aber zu Einseitigkeiten. Sie muß ergänzt werden durch eine »reflektierte Jungenarbeit«. *Sielert* wählt diese Formulierung »reflektierte Jungenarbeit«, weil sie weniger mißverständlich und am unverdächtigsten ist. Er lehnt Formulierungen wie »antisexistische Jungenarbeit« ab.[4]

Mädchenarbeit basiert bereits auf einer weitentwickelten Frauenforschung, demgegenüber gibt es jedoch noch keine vergleichbare Männerforschung. Somit basiert Jungenarbeit nicht auf solch einem theoretischen Fundament wie die Mädchenarbeit. Reflektierte Jungenarbeit ist keine Defizitpädagogik, sie bietet Jungen Informationen und Erfahrungen an, die in der bisherigen Sozialisation nicht möglich waren. Sie muß Jungen helfen, Grenzerfahrungen zu machen und ernst zu nehmen, auszuwerten und die Unterscheidung treffen zu können, welches Tun verantwortbar oder sogar notwendig ist und welche Aktion die Integrität anderer verletzt. Die Konfrontation mit Neuem ist pädagogisch jedoch erst dann ergiebig, wenn das Bekannte stabilisiert und gesichert wurde. »Wenn Jungen spü-

1 Vgl. 6. Jugendbericht. Verbesserung der Chancengleichheit von Mädchen. Hrsg.: Der Bundesminister für Jugend, Familie, Frauen und Gesundheit. Bonn 1984

2 R. Klees u. a.: Mädchenarbeit. Weinheim: Juventa 1989, S. 15.

3 Vgl. ebenda, S. 14.

4 Vgl. U. Sielert: Jungenarbeit. Weinheim: Juventa 1989, S. 38.

ren, daß sie mit ihrem bisherigen männlichen Verhalten nicht völlig ›danebenliegen‹, wenn ihre Initiative, ihre Experimentierlust, ihr Interesse an Auseinandersetzung und Grenzerfahrung und ihre Stärke akzeptiert sind, wächst die Bereitschaft, sich mit unbekannten, vielleicht auch weniger geachteten Verhaltensweisen zu beschäftigen.«[5] »Reflektierte Jungenarbeit kann solche ›Erfahrungsräume‹ schaffen, kann Situationen gestalten, in denen Jungen, ohne ihr Gesicht zu verlieren, zärtlich, liebevoll, gefühlvoll, zugeneigt und verbindlich sind. Sie kann Gedeihräume schaffen, in denen Jungen lernen, zuzuhören, kleinere Erfolge zu feiern und sich Ruhe zu gönnen, ohne gleich das nächste Ziel ›in Angriff‹ nehmen zu müssen.«[6]

10.3. Jugendarbeit und mobile Jugendarbeit

Der Trend zur mobilen Jugendarbeit geht in zwei Richtungen. Zum einen geht mobile Jugendarbeit weg von den zentralen Jugendhäusern, die von relativ wenigen Jugendlichen frequentiert werden, hin zur Dezentralisierung, d.h. zu kleineren Einrichtungen, »überdachten Ecken«, Jugendclubs. Dabei geht man von der Überlegung aus, daß Jugendliche nicht weite Wege zum Jugendhaus zurücklegen, sondern sich eher in ihrer Wohnnähe treffen. »Mobil« besagt in diesem Zusammenhang, daß Jugendarbeiter zu den Jugendlichen hingehen und dort, wo sie sich treffen, Aktivitäten anbieten. Dies geschieht durch Containerfahrzeuge, Busse, Zelte, Garagen, Keller oder gemietete Räume. Hier sind die Phantasie und das Organisationstalent von Jugendlichen und Jugendarbeitern gefragt.

Die zweite Richtung der mobilen Jugendarbeit versteht sich als »street work«, d.h., Jugendarbeiter (hier besser Sozialarbeiter) gehen auf die Straßen, zu den Jugendlichen hin und nehmen zu ihnen Kontakt auf, um sie später z.B. in ein Jugendhaus zu integrieren. Diese Art des »Straßenarbeiters« ist eine notwendige und moderne Form der Sozialarbeit. Streetwork findet ihren Einsatz vor allem, um »schwierige« Jugendliche zu erreichen. Sie wendet sich an delinquent handelnde Straßengruppen, city gangs, Suchtgefährdete bzw. Drogenabhängige, aggressive Jugendliche, gewalttätige Fußballfans, Jugendliche mit neonazistischen Orientierungen. Diese Art mobiler Jugendarbeit steht in der Tradition gemeinwesenorientierter Arbeit. Als zentrale Aufgabe stellt sich hier die Verhinderung von Ausgrenzungs- und Stigmatisierungsprozessen marginalisierter Jugendli-

5 Ebenda, S. 41.
6 Ebenda, S. 42.

cher, indem Formen der Einzel- und Gruppenarbeit kombiniert werden.[7] Es geht hier also weniger um Jugendarbeit als um Sozialarbeit mit gefährdeten Jugendlichen.

10.4. Jugendarbeit und Jugendkulturarbeit

Zur Zeit kann man in der Kinder- und Jugendarbeit von einem »Kulturboom« sprechen, der vergleichbar ist mit der explosionsartigen Ausweitung der politischen Bildung Anfang der 70er Jahre. Dieser Boom bezieht sich nicht nur auf Großveranstaltungen wie Musikkonzerte, sondern auch auf kulturelles Agieren als zentrales Handlungsprinzip von Jugendarbeit. Es geht um dezentrale, überschaubare Angebote wie Workshops, Theatergruppen, Angebote wie Fotoarbeit, Malerei, Gestalten, Formen, Literatur, Tanz, Musik, Medienarbeit, Kleinkunst, Film, Video etc.[8] Kinder- und Jugendkultur war lange Zeit integraler Bestandteil der Jugendverbandsarbeit. Diese hat die Entwicklung in der Bedürfnisstruktur Jugendlicher sehr spät erkannt, so daß sich neue Arbeitsgemeinschaften und Organisationsformen der Kulturarbeit angenommen haben. Zwei Fragen werden diskutiert:

- Findet durch das Angebot und die neuen Anbieter von Jugendkulturarbeit in der Jugendarbeit eine Zersplitterung oder eine Ausdifferenzierung, Erweiterung statt? Die Antwort ist kontrovers. Die Jugendverbände sehen eine Zersplitterung, die sie ablehnen und für sehr gefährlich halten. Die neuen Anbieter halten es für eine gute Entwicklung. Jugendliche können außerhalb der etablierten pädagogischen Einrichtungen ihren Bedürfnissen nachgehen.
- Bedeutet Kulturarbeit ein unpolitisches Angebot? Kulturelle Jugendbildung wird in der Tendenz mehr und finanziell besser gefördert als z.B. politische Bildung, weil erstere aus der Sicht der jeweiligen Träger offensichtlich harmloser ist. Hier geht man von einem falschen Verständnis von Kultur aus. Kulturelle Bildung ist immer auch gleichzeitig politische Bildung.[9]

7 Vgl. Achter Jugendbericht. Hrsg.: Der Bundesminister für Jugend, Familie, Frauen und Gesundheit. Bonn 1990, S. 116.

8 Vgl. 5. Jugendbericht der Landesregierung Nordrhein-Westfalen. Hrsg.: Ministerium für Arbeit, Gesundheit und Soziales des Landes Nordrhein-Westfalen. Düsseldorf 1989, S. 103.

9 Vgl. N. Erhard u. a.: Kinder- und Jugendkultur. In: deutsche jugend 4/1990, S. 157 bis 170.

10.5. Jugendarbeit und Geselligkeits- und Erlebnispädagogik

Geselligkeit und Erlebnisse dürfen in der Jugendarbeit nicht als attraktive Methoden verstanden werden, um Jugendliche zu locken oder zu motivieren. Geselligkeit ist ein Wert an sich und darf auch nicht verpädagogisiert werden. Wenn Kinder und Jugendliche sich gesellig beschäftigen, geschieht dort Sozialisation in eigener Regie. Der Pädagoge sollte solche Situationen nicht nur zulassen, sondern geradezu schaffen und fördern.

Geselligkeits- und Erlebnispädagogik basieren auf den anthropologischen Überlegungen, daß der Mensch ein erlebendes und handelndes Wesen ist. Entsprechend sollte Jugendarbeit Erlebnis- und Handlungsfelder anbieten.

Eine Pädagogik der Geselligkeit und des Erlebnisses sollte als Arbeitsprinzip des Jugendarbeiters verstanden werden, das als Basis für sein ganzes Handeln in der Jugendarbeit dient. Dieses Arbeitsprinzip schließt Beratung, Animation, Einzelfallhilfe u.a. keineswegs aus.

10.6. Jugendarbeit und Ganztagsschule

Der gesellschaftliche Trend zur Ganztagsschule ist im vollen Gange. Begründet wird er mit Überlegungen zur Familie und zur Frauenemanzipation. Immer weniger Kinder und Jugendliche wachsen in intakten Familien auf, Eltern sind derzeit überfordert und befinden sich in einer krisenhaften Entwicklung. Dies macht Ganztagsschulen immer notwendiger.

Auch aus der Sicht der Emanzipation der Frau wird die Ganztagsschule gefordert. Die Frauen könnten nach der Geburt des Kindes nach relativ kurzer Zeit ihre Berufstätigkeit wieder aufnehmen; sie müßten kein schlechtes Gewissen haben und fürchten, daß ihre Kinder nicht gut versorgt wären, während sie arbeiten gehen.

Im Zusammenhang mit der krisenhaften Entwicklung der Familie wird immer offener von einer Schulsozialarbeit gesprochen. Es überrascht, daß man dieses Tätigkeitsfeld als Sozialarbeit und nicht als Sozialpädagogik bezeichnet. Hier ist wiederum der Trend festzustellen, Jugendarbeit als eine sozialarbeiterische Einrichtung zu verstehen. Dies ist aus der Sicht der Kinder und Jugendlichen, die man generell nicht als »abnormal« bezeichnen sollte, wie auch aus dem Selbstverständnis von Jugendarbeit abzulehnen.

Die vermehrte Einführung von Ganztagsschulen fordert von der Jugendarbeit, aber auch – sogar in weit größerem Maße – von der Schule eine Neuorientierung. Jugendarbeit muß von der Schule als dritte gleichberechtigte Lerninstitution anerkannt werden; Kooperation und Partnerschaft beider Institutionen sind unabdingbar. Hier muß die Schule von ihrer dominierenden und arroganten Position erheblich abrücken. Jugendarbeit dagegen muß Selbstbewußtsein und Kompetenz entwickeln. Nur so kann es zur notwendigen partnerschaftlichen Kooperation kommen.[10]

10.7. Jugendarbeit und Vernetzung

Vernetzung ist ein neues, modernes Wort in der Jugendarbeit. Darunter ist zu verstehen, daß Jugendarbeit nicht länger isoliert für Kinder und Jugendliche Angebote macht, sondern sich in ein gesamtes Raum- und Programmangebot einer Stadt oder eines Stadtteiles zu integrieren hat. Die verschiedenen lokalen Programme von Schulhort, Vereinen, Volkshochschule, kulturellen Trägern und Gruppen, Musik- und Kunstschulen sowie öffentlicher und privater Veranstalter sollen »vernetzt« werden. Für eine ganze Stadt oder für ganze Stadtteile sollen die Angebote geplant, abgesprochen und angeboten werden. Dies gilt im Miteinander verschiedener Altersgruppen; nicht nur hinsichtlich der Programme, sondern auch des Raumangebotes.

Jugendarbeit verstand sich bisher als eigenständiger Bereich, ohne sich um die anderen Anbieter sonderlich kümmern zu müssen. Sie hatte sich selbst in Isolation begeben. Wenn es ihr nicht um Ideologie und Eigenherrschaft geht, sondern um ihre Zielgruppe, muß sie sich öffnen und sich als ein Teil der Freizeitanbieter verstehen und sich entsprechend darstellen. In Anbetracht der starken (vor allem kommerziellen) Konkurrenz und der rückläufigen Besucher- bzw. Mitgliederzahlen muß Jugendarbeit ihre Ideologie vom Monopol der Freizeitarbeit aufgeben und sich in einem vernetzten Angebot engagiert einbringen.[11]

10.8. Jugendarbeit und Kommerz

Jugendarbeit besaß lange Zeit das Monopol, Anbieter im Freizeitbereich zu sein. Sie mußte sich zwar schon immer gegen einzelne kommerzielle Einrichtungen, vor allem gegen die Diskothek, wehren. Inzwischen versuchen kommerzielle Einrichtungen, durch gezielte Jugendmarketing-Programme den Freizeitmarkt zu beherrschen. Geldinstitute gründen Jugend-

10 Vgl. E. Raab/H. Rademacker: Jugendarbeit im Schlepptau der Schule. Bildungspolitische Grenzen der Schul-Sozialarbeit. In: L. Böhnisch u.a. (Hrsg.): Abhauen oder bleiben? München: Piper 1980, S. 168 bis 183; L. Böhnisch/R. Münchmeier: Wozu Jugendarbeit? München: Juventa 1987, S. 187 bis 200.

11 Vgl. L. Böhnisch/R. Münchmeier: Pädagogik des Jugendraums. Weinheim: Juventa 1990.

clubs, Kaufhäuser richten eine ganze Verkaufsetage mit gemütlichen Treffs, Café, Musik- und Spielshops ein, Reiseunternehmer organisieren preisgünstige Fahrten und Erlebnisse etc. Dieser Entwicklung hat Jugendarbeit kaum etwas entgegenzusetzen, mit den kommerziellen Anbietern in Konkurrenz zu treten ist ein nutzloses Unterfangen.

Wie kommt es, daß die kommerziellen Unternehmen für Jugendliche attraktiver sind als die Angebote der Jugendarbeit? Die kommerziellen Anbieter erforschen den Markt und die Zielgruppe mit sehr aufwendigen empirischen Methoden. Ihr Ergebnis: Junge Käufer wollen als solche ernst genommen, als ganz »normale« Menschen betrachtet werden, ihre Bedürfnisse, vor allem nach Geselligkeit, Entspannung und Erlebnis werden aufgegriffen.

Untersuchungen zur Jugendkunde und Jugendarbeit kommen zu gleichen Ergebnissen. Eine Jugendbefragung in Regensburg (1986) z.B. zeigt als Ergebnis: Jugendliche erwarten vor allem 1. Kontakt, Geselligkeit, 2. Freundschaft, 3. Erlebnisse, Aktionen. »Jugendliche erwarten von der Teilnahme an den Angeboten der verbandlichen Jugendarbeit vorrangig ein freundschaftliches und geselliges Zusammensein mit Gleichaltrigen, das bei den Jüngeren möglichst mit gemeinsamen Erlebnissen und Aktionen verbunden sein sollte.«[12]

Alle Untersuchungen über das Freizeitverhalten Jugendlicher kommen zu demselben Ergebnis: Jugendliche wünschen Geselligkeit und Erlebnisse. Eine anthropologisch-bedürfnisorientierte Jugendarbeit muß also Handlungs- und Erlebnisfelder anbieten. Darüber hinaus muß sich Jugendarbeit gegenüber dem Kommerz durch ihr Selbstverständnis profilieren. Die Freizeitindustrie hat an jungen Menschen nur wegen ihres Geldes und als potentielle Käufer Interesse. In der Jugendarbeit geht es um ein anderes Menschenbild. Es geht um ganzheitliche Förderung der Persönlichkeit, es geht nicht um Manipulation, sondern um Emanzipation. Will Jugendarbeit ihren Stellenwert im Freizeitbereich behalten, muß sie an ihrem Selbstverständnis arbeiten und sich offensiv in der Öffentlichkeit profilieren. Wegen der Wichtigkeit von Jugendarbeit für den Sozialisationsprozeß von Kindern und Jugendlichen ist Jugendarbeit herausgefordert, ihren Part als dritte Lerninstitution engagiert zu übernehmen und auszuführen.[13]

12 H. Hillmeier: Kommerzielle Freizeitanbieter. Herausforderung für die Jugendarbeit. Hrsg.: Bayerischer Jugendring. Schriftenreihe 20, München 1988, S. 22.

13 Vgl. H. Hillmeier: Das verkaufte Vergnügen: Die Kommerzialisierung der Freizeit Jugendlicher als Herausforderung für die Jugendarbeit. In: J. Sandmann (Hrsg.): Innovation statt Resignation. Hrsg.: Fachhochschule München. Fachbereich Sozialwesen. München 1989, S. 176 bis 192.

10.9. Jugendarbeit und Sozialarbeit

Wie bereits an anderer Stelle ausgeführt, ist in der Jugendarbeit eine Tendenz von der Jugendpflege (Sozialpädagogik) hin zur Jugendfürsorge (Sozialarbeit) festzustellen. Gründe liegen u. a. darin:

- Professionalisierung: Jugendarbeiter suchen ihr Klientel und finden es in den »anomalen« Jugendlichen.
- Legitimationsdruck: In der Arbeit mit Randgruppen kann der Jugendarbeiter die Berechtigung für seine Stelle und Arbeit besser legitimieren.
- Politisches Interesse: Die Verwalter der öffentlichen Finanzmittel sind vor allem daran interessiert, daß Jugendliche kein Problem für die Gesellschaft darstellen. Der Einsatz von Jugendarbeit soll die Jugendlichen von der Straße holen und sie in die Gesellschaft integrieren.

Wer das Geld hat, bestimmt auch die Ziele und den Weg. Da Jugendarbeit in bezug auf ihre Finanzierung von öffentlichen Institutionen abhängig ist, geben diese der Jugendarbeit teilweise eine Zielrichtung vor, die abzulehnen ist, weil sie dem Sinn und den Zielen von Jugendarbeit nicht entspricht und den Tod der Jugendarbeit bedeuten würde. Es ist ein wichtiges Ziel dieses Buches, Jugendarbeitern wie öffentlichen und privaten Entscheidungsträgern bewußt zu machen, worin der Eigenwert und das Selbstverständnis von Jugendarbeit zu sehen sind. Die Veränderung bzw. Klärung muß erst in den eigenen Köpfen beginnen, bevor man sich dann offensiv für die Ziele und den Stellenwert von Jugendarbeit in unserer Gesellschaft einsetzt.

Sozialpädagogik versteht sich als ein Handlungs- und Theoriefeld, das neue Bereiche erschließt und ihnen zu relativer Selbständigkeit verhilft. Als ein pädagogisches Pionierfeld ist sie gekennzeichnet durch Flexibilität und die Fähigkeit zur pädagogischen Aufarbeitung historisch neuer gesellschaftlicher Problemlagen. Jugendarbeit ist ein Handlungsfeld der Sozialpädagogik. Sie ist wie die Sozialpädagogik im präventiven Bereich tätig, ist keine Reaktion auf Defizite und vertritt eine offensive Haltung. Ohne eine offensive Jugendhilfe ist das Verfassungsgebot von der Gleichheit und der Persönlichkeitsentfaltung aller nicht garantiert.[14] Jugendarbeit als dritte Lerninstitution ist in einer dynamisch sich entwickelnden pluralistischen Gesellschaft notwendig.

14 Vgl. H. Hottelet u. a.: Offensive Jugendhilfe. Stuttgart: Klett 1978, S. 38.

11. Ausgewählte Literatur

Allerbeck, K./Hoag, W.: Jugend ohne Zukunft? München: Piper 1985.

Arbogast, Chr./Tippelt, R.: Jugendarbeit. München: Kösel 1981.

Baacke, D.: Jugend und Kulturen. Weinheim: Juventa 1987.

Böhnisch, L. (Hrsg.): Jugendarbeit in der Diskussion. München: Piper 1973.

Böhnisch, L./Münchmeier, R.: Wozu Jugendarbeit? Weinheim: Juventa 1987.

Erhard, N. u.a.: Kinder- und Jugendkultur. In: deutsche jugend 4/1990, S. 157 bis 170.

Erl, W.: Jugendarbeit im Experiment. Tübingen: Katzmann 1971.

Giesecke, H.: Die Jugendarbeit. München: Juventa 1971.

Giesecke, H.: Wozu noch Jugendarbeit? In: deutsche jugend 10/1984, S. 443 bis 449.

Hoppe, J. R. u.a.: Alltag im Jugendclub. München: Juventa 1979.

Hurrelmann, K. u.a.: Lebensphase Jugend. Weinheim: Juventa 1985.

Klawe, W.: Arbeit mit Jugendlichen. Weinheim: Juventa 1986.

Klees, R. u.a.: Mädchenarbeit. Weinheim: Juventa 1989.

Lange, K. u.a.: Alltag des Jugendarbeiters. Neuwied: Luchterhand 1980.

Lenk, H. (Hrsg.): Handlungstheorien – interdisziplinär II. München: Fink 1978.

Macha, H.: Emotionale Erziehung. Frankfurt: Lang 1984.

Müller, C. W. u.a.: Was ist Jugendarbeit? München: Juventa 1964/1986.

Oerter, R./Weber, E. (Hrsg.): Der Aspekt des Emotionalen in Unterricht und Erziehung. Donauwörth: Auer 1975.

Olbrich, E./Todt, E.: Probleme des Jugendalters. Berlin: Springer 1984.

Opaschowski, H.: Arbeit, Freizeit, Lebenssinn? Opladen: Leske 1983.

Preis, U.: Rechtsprobleme bei Eingriffen in die Finanzgrundlagen der Jugendhilfe. Hrsg.: Jugendringe in NRW. Düsseldorf o.J.

Schilling, J.: 3 × 52 Gruppenstunden. München: Kösel 1980.

Schilling, J.: Der Jugendclub. München: Kösel 1982.

Schilling, J.: Kursbuch Jugendarbeit. München: Kösel 1983.

Schilling, J.: Erwachsene Mitarbeiter in der Jugendarbeit. München: Kösel 1984.

Schilling, J.: Erziehungsfeld Jugendarbeit. Ein Versuch zur didaktischen Abgrenzung und Festlegung. In: Jugendwohl 6/1981, S. 223 bis 227; 7/1981, S. 259 bis 264.

Schilling, J.: Methodenbuch Jugendarbeit. München: Kösel 1982 (Bd. 1), 1985 (Bd. 2).

Schilling, J.: Diskothek im Jugendhaus. Weinheim: Juventa 1986.
Schilling, J.: Leitfaden für Gruppenleiter. München: Kösel 1987.
Schilling, J.: Freizeit & Geselligkeit. Inhalte der Geselligkeitspädagogik. München: Kösel 1989.
Schilling, J.: Rechtsfragen in der Jugendarbeit. München: Kösel 1990.
Schilling, J.: Politische Bildung in der außerschulischen Jugendarbeit. Ein Konzept mobiler Jugendarbeit. In: Der Bürger im Staat 1/1974, S. 67.
Schilling, J.: Mobile Jugendarbeit. Konzept eines Modells »Cliquentreff«. In: deutsche Jugend 6/1979, S. 268 bis 276.
Schilling, J.: Mobile Jugendarbeit – Die unbekannte Möglichkeit. In: Theorie und Praxis der Sozialen Arbeit 10/1983, S. 341 bis 345.
Schilling, J.: Bedürfnis- und cliquenorientierte Jugendarbeit. In: Jugendwohl 11/1979, S. 405 bis 412; 12/1979, S. 447 bis 451.
Schilling, J.: Ziele und Methoden der Arbeit in einem Jugendfreizeitheim – Plädoyer für eine Geselligkeitspädagogik. In: Jugendwohl 1/1983, S. 3 bis 9.
Schilling, J.: Jugendarbeit und Geselligkeit. Die Bedeutung einer Geselligkeitspädagogik für die Jugendarbeit. In: Jugendforum 1/2/1987, S. 3 bis 13.
Schilling, J.: »Sie sitzen doch eigentlich nur die ganze Zeit herum ...« Zur Bedeutung von Geselligkeit in Jugendhäusern. In: deutsche jugend 2/1990, S. 67 bis 71.
Schilling, J.: Aktive und attraktive Jugendarbeit. Anthropologische und didaktische Überlegungen zur Jugendarbeit. In: Jugendforum 2/1986, S. 3 bis 7.
Schilling, J.: Pädagogische Anthropologie als Grundlage sozialpädagogischen Handelns. In: Jugendwohl 8/9/1990, S. 358 bis 370.
Schilling, J.: Feste feiern in der Jugendarbeit. Pädagogische und anthropologische Überlegungen zum Fest. In: Jugendforum 3/1988, S. 71 bis 81.
Schilling, J.: Spielen in der Jugendarbeit. In: Jugendwohl 6/1989, S. 279 bis 286.
Schleiermacher, F. D. E.: Versuch einer Theorie des geselligen Betragens. In: Schleiermacher. Kritische Gesamtausgabe. Hrsg.: H.-J. Birkner u. a. Berlin: Gruyter 1984, Bd. 2, S. 164 bis 184.
Sielert, U.: Die Mitarbeiter in den Jugendverbänden. München: Juventa 1978.
Sielert, U.: Jungenarbeit. Weinheim: Juventa 1989.
Weber, H. / Ziegenspeck, J.: Die deutschen Kurzschulen – Historischer Rückblick – Gegenwärtige Situation – Perspektiven. Weinheim: Beltz 1983.
Wollenweber, H. (Hrsg.): Außerschulische Jugendbildung und Jugendarbeit. Paderborn: Schöningh 1981.

12. Stichwortverzeichnis

Unterrichtsgestaltung im Umbruch

Ermutigung für LehrerInnen der Unterstufe
Von Prof. Dr. U. Drews und Dr. sc. B. Rehak
1990, 64 Seiten, broschiert, 18 Abbildungen, DM 10,80
ISBN 3-472-00678-1

Die kleine Broschüre verfolgt zwei Ziele: Zum einen, den Pädagogen Hilfen zu geben bei der Bewältigung didaktisch-organisatorischer Probleme in den unteren Klassen. Das bezieht sich auf den Umgang mit dem Lehrplan, die Gestaltung des Klassenraums, Möglichkeiten des Projektunterrichts, der didaktischen Differenzierung und auch auf die Zensierung. Ein besonderes Kapitel ist dem Anfangsunterricht, d. h. der Einstiegsphase in das Schulleben gewidmet. Zum anderen werden Ergebnisse einer wissenschaftlichen Untersuchung über Schulerwartungen vorgetragen, die mit Vorschulkindern und am Ende der Klasse 1 durchgeführt wurde.

Luchterhand